傅晨 王飞 著

幼儿园探究性课程研究与实践

本课题成果获山东省省级教学成果奖（证书号JJ20221166）

U0641204

山东教育出版社

·济南·

图书在版编目（CIP）数据

幼儿园探究性课程研究与实践 / 傅晨，王飞著. — 济南：山东教育出版社，2023.8
ISBN 978-7-5701-2566-1

Ⅰ.①幼…　Ⅱ.①傅…　②王…　Ⅲ.①幼儿园－课程－教学研究　Ⅳ.①G612

中国国家版本馆CIP数据核字（2023）第134811号

YOUERYUAN TANJIUXING KECHENG YANJIU YU SHIJIAN

幼儿园探究性课程研究与实践

傅晨　王飞　著

主管单位：山东出版传媒股份有限公司

出版发行：山东教育出版社

地址：济南市市中区二环南路2066号4区1号　　邮编：250003

电话：（0531）82092660　　网址：www.sjs.com.cn

印　　刷：潍坊大东在线印刷有限公司

版　　次：2023年8月第1版

印　　次：2023年8月第1次印刷

开　　本：710毫米×1000毫米　1/16

印　　张：21.5

字　　数：305千

定　　价：78.00元

（如印装质量有问题，请与印刷厂联系调换）印厂电话：0536-2256101

前　言

　　从第一所学前教育机构诞生至今，我国学前教育发展已有百年。纵观百年，幼儿园课程发展是一个历史动态的过程，既受到教育理论演变的影响，也受到教育实践中政策变化、本土交流等的影响。回溯历史，总结和梳理课程实践，可以清晰地看到在持续推进幼儿园课程发展的道路上，"高质量"成为近年来学前教育的价值追求及努力方向，而学前教育走向"高质量"的过程中，"探究"成为幼儿园课程高质量发展洪流中的一朵浪花，奔涌在幼儿园的实践中，滋养着幼教同仁的心田。

　　随着课程改革的不断推进，在课程构建中尊重幼儿的天性和立场，把幼儿作为课程的中心显得尤为重要。经过多年的探索与实践，高校幼儿园科学教育团队与一线幼教工作者共同研讨，推进了幼儿园探究性课程的建设与发展。幼儿园探究性课程是以"循性而动，追随儿童"为课程思想，以自然探究类、游戏探究类、生活探究类为课程内容，实现师幼探究精神"双培育"，以深度学习为特征的高质量创新性课程模式。

　　回首幼儿园探究性课程十余年的演变历程，幼儿园探究性课程在课程团队成员的呵护下，从一个呱呱坠地的婴儿成长为活力四射的少年。2012 年至 2015 年是幼儿园探究性课程体系的开发阶段，由高校幼儿园科学教育团队与一线幼教工作者结成"教研共同体"，确立幼儿园探究性课程体系，架构探究性课程体系内容框架。2015 年至 2019 年是幼儿园探究性课程体系实施阶段，在一线园所与专家团队携手过程中，凝练出"现场＋课程＋剖析＋行动＋验证"的调研模式，探索出行之有效的"1+6"进阶式课程研磨机制，即高校专家两个月一次对幼儿园"园本化课程建设资源建设、一日活动流程、课程案例剖析、儿童素养评估、园本教研研究、菜单式教师培训"六个方面系统指导，实现课程的专业化研究。2019年至今，我们顺应新时代学前教育高质量发展形势，不断完善"探究性课程"体系内容，践行"高校＋园所"合作机制，实现师幼探究精神和探究习惯"双培育"。此外，在对教师与幼儿的探究精神和探究习惯双培育的过程中，我们聚焦幼儿的深度学习，研发高质量课程推进路径，通过实施完整课程，打造"完整教育"，培育"完整儿童"精神，从而实现探究性课程的价值创新。

本书是幼儿园探究性课程团队历时十余年的结晶，是落实"追随儿童，追随自然"课程理念，实现"让探究成为习惯，让快乐永葆童年"培养目标过程中的结晶，也是注重幼儿潜能的开发、探究能力的提高以及促进幼儿健全人格形成的实践探索的结晶。本书主要有以下三个特色：

第一，细化幼儿园探究性课程要素，并将课程内容落到实处。本书根据泰勒的目标模式理论，从课程目标、课程内容、课程实施、课程评价四个方面出发，细化幼儿园探究性课程中各要素的相关内容。经过数年打磨，通过园所实践与高校专家论证相结合的方式，幼儿园探究性课程的各要素内容在不断调整后得以沉淀。首先，明确幼儿园探究性课程"乐于探索与发现""善于思考与表达""敢质疑好创造"的三维目标。其次，基于五大领域课程相整合的思想，体现"生活化、游戏化、探究性"，确立自然探究类、游戏探究类、生活探究类三大系列课程内容。最后，基于幼儿园探究性课程与项目课程的内在关联性，将项目式流程"开始阶段、发展阶段、结束阶段"引入幼儿园探究性课程的组织与实施，并在本书第四章以具体案例的方式，将探究性课程的思想理念与课程内容落到实处。

第二，贯彻《幼儿园保育教育质量评估指南》指导精神，制定相应的评价表。2022年教育部发布《幼儿园保育教育质量评估指南》，构建了幼儿园保教质量评估指标体系，勾画了有质量的幼儿园保教工作的基本样态。在这一文件精神的指引下，着力了解幼儿成长发展轨迹及状况，了解课程在实施过程中的适宜性、教育的有效性，以便调整、改进、发展课程，从而形成合理的教育预期，满足和促进幼儿发展的需要，为幼儿提供适合其特点且卓有成效的教育。在实践过程中，形成教师、幼儿、同伴及园外专家等教育者共同组成的评价团队，本着"真实观察、客观解读、适切调整"的评价理念，将评价贯穿于教育的全过程，在幼儿的探究过程中持续观察、记录，动态评估。首先，锁定影响学前教育质量的重要因素"师幼互动质量"，在探究性课程中制定"幼儿园探究性课程师幼互动质量评价表"，在诊断现阶段师幼互动水平的同时，持续推动教师专业发展、课程质量的不断提升。其次，把握幼儿园探究性课程的核心，抓住"问题"这一核心要素。为更好地促进幼儿发展，制定"幼儿园探究性课程幼儿问题解决能力评价表"。再次，为助力教师把握小班、中班及大班幼儿的特点，促进不同年龄阶段幼儿在三类课程内容中的发展，制定"幼儿园探究性课程的三类课程内容评价指标表"。最后，为综合把握幼儿园探究性课程在课程目标、课程内容、课程组织与实施、课程评价四个方面的实施程度，制定"幼儿园探究性课程质量评价表"。

第三，始终尊重幼儿天性，促成师幼共成长。应用心关注儿童成长的需要，尤其要重视儿童天性释放的价值，循性而动，给他们提供一个能够真正作为儿童生活的环境和自由发展的空间，使儿童在无忧无虑的状态下自由自在地张开想象的翅膀，创造属于自己的世界，让孩子浸润其中，生根发芽，开花结果。

本书的撰写离不开各实践园所的参与和支持。借此感谢山东省实验幼儿园宋玲园长、山东省宁阳县葛石镇石集幼儿园张瑞泉园长、山东省交通运输厅幼儿园孙菁园长、山东农业大学幼儿园吕秀云园长，以及山东省泰安市教研室教研员闫兴芬主任，幼儿园探究性课程的实践部分凝聚了他们的心血。此外，感谢山东师范大学研究生刘西岳（负责审校50609字）、李卉（负责审校50283字）、李莹（负责审校40098字）、郝文琪（负责审校 39010 字）所做的审校工作。感谢山东教育出版社领导的大力支持，同时感谢本书责编孙文飞、苏文静的辛勤劳动。

期望本书能够给读者的学习、研究带来启发。由于作者水平有限，书中难免存在疏漏和错误之处，诚恳地欢迎广大读者提出宝贵的意见和建议。

傅晨于泉城济南

2023 年 2 月

目 录

第三章 幼儿园探究性课程体系建构

第一章

幼儿园探究性课程的由来

一、政策引领：追求幼儿课程的内涵发展与质量提升

2001 年 7 月，教育部印发《幼儿园教育指导纲要（试行）》（以下简称《纲要》)。《纲要》指出"要尽量创造条件让幼儿实际参加探究活动，使他们感受科学探究的过程与方法，体验发现的乐趣"[①]。可见，《纲要》强调幼儿是在自主探究的过程中发展的，幼儿园教育应注重幼儿探究精神和探究习惯的养成。

2010 年 7 月，教育部颁布的《国家中长期教育改革和发展规划纲要（2010—2020 年）》指出，"把提高质量作为教育改革发展的核心任务"[②]。我国学前教育事业进入快速发展期，幼儿园课程改革也迎来崭新的发展阶段。在这一文件指导下，有学者提出"教师要倡导启发式、探究式等学习方式"[③]。

2012 年 10 月，教育部颁布《3—6 岁儿童学习与发展指南》（以下简称《指南》)。《指南》中指出，"要充分尊重和保护幼儿的好奇心和学习

---

① 中华人民共和国教育部：《幼儿园教育指导纲要（试行）》，北京师范大学出版社 2002 年版，第 1 页。

②《国家中长期教育改革和发展规划纲要（2010—2020 年）》（中发〔2010〕12 号）。

③ 刘颖：《〈国家中长期教育改革和发展规划纲要（2010—2020 年）〉对幼儿园课程发展的指导意义》，载《幼儿教育》2010 年第 33 期。

兴趣，帮助幼儿逐步养成积极主动、认真专注、不怕困难、敢于探究和尝试、乐于想象和创造等良好学习品质"[①]。《指南》充分考虑到了幼教工作者在实施保教过程中的可操作性，搭建了教育理念与实践之间的桥梁。《指南》的颁布为幼儿园课程改革带来了新的动力，对幼儿园课程标准的制定起到了重要指引作用。

2016年教育部修订了《幼儿园工作规程》。《幼儿园工作规程》从幼儿本位出发，强调幼儿园教育要"面向全体幼儿"，"引导幼儿个性健康发展"，为幼儿"创设良好的教育环境"。[②]《幼儿园工作规程》的修订与颁布，标志着有计划、有组织的全国性幼儿园课程改革的开启。

2018年11月，《中共中央 国务院关于学前教育深化改革规范发展的若干意见》指出，"到2035年，全面普及学前三年教育，建成覆盖城乡、布局合理的学前教育公共服务体系，形成完善的学前教育管理体制、办园体制和政策保障体系，为幼儿提供更加充裕、更加普惠、更加优质的学前教育"[③]。可见，高质量发展仍是学前教育领域的价值追求和努力方向。

2022年2月，教育部发布《幼儿园保育教育质量评估指南》（以下简称《评估指南》），其以科学质量观为指导，聚焦保育教育过程，推动保育教育科学发展。《评估指南》突出儿童为本、突出过程导向、突出持续改进，进一步提出幼儿园应尊重幼儿的年龄特点和发展规律，强调儿童、教师、家庭之间关系的重要意义，强调育人共同体的建立，将教育指向未来。同时，"评估内容"中指出儿童决策应该渗透在生活的各个细节中，支持幼儿的探究、试错、重复等行为，与幼儿一起分享游戏经验。[④]

---

① 中华人民共和国教育部：《3—6岁儿童学习与发展指南》，首都师范大学出版社2012年版，第3页。

②《幼儿园工作规程》（中华人民共和国教育部令第39号）。

③《中共中央 国务院关于学前教育深化改革规范发展的若干意见》（教基〔2018〕706号）。

④ 梁慧娟：《儿童为本 过程导向 持续改进——聚焦过程质量的幼儿园保育教育质量评估》，载《上海托幼》2022年第4期。

2022 年 10 月 16 日，中国共产党第二十次全国代表大会召开，习近平总书记对过去五年的重大成就和新时代十年的伟大变革进行了全面系统的总结，对新时代新征程的奋斗目标和工作任务进行了严密细致的部署。[①] 在人才战略地位上，习近平总书记强调"必须坚持科技是第一生产力、人才是第一资源、创新是第一动力"等；在人才发展布局上，习近平总书记提出"要坚持教育优先发展、科技自立自强、人才引领驱动"；在人才培养规格上，习近平总书记指出要"全面贯彻党的教育方针，落实立德树人根本任务"。此外，习近平总书记指出，"加快义务教育优质均衡发展和城乡一体化，优化区域教育资源配置，强化学前教育、特殊教育普惠发展"。

综上所述，2010 年以来的幼儿园课程实践变迁，事实上是以百年的课程改革成果为基础的发展。回溯历史，总结和梳理课程实践，可以清晰地看到在持续推进幼儿园课程发展的道路上，高质量已成为近年来学前教育的价值追求及努力方向。在学前教育走向高质量的过程中，"探究"一直以来都是学前教育政策文件所强调的、适合幼儿的学习方式之一。因此，幼儿园应建立与幼儿身心发展相适应的、根植于儿童生活的、以幼儿为中心的探究性课程，这是提升幼儿园课程质量的刚性要求。

---

① 郝亚明：《从五个主题词来深刻把握新时代的民族工作——学习党的二十大精神》，载《西北民族研究》2022 年第 12 期。

二、实践解惑：如何尊重幼儿天性，师幼探究精神双培育

"天性"是人先天具有的品质或性情。在新文化运动、五四运动的影响下，中国教育领域掀起了一场批判封建传统教育和引进西方教育思想的热潮，美国哲学家、教育家杜威的儿童中心论和其学生克伯屈的"设计教学法"对我国基础教育的影响极大。著名教育家陶行知、陈鹤琴、张雪门等的教育思想对当代学前教育产生了深远影响。陶行知是创造教育理论的首创者，他认为儿童是创造产业的人，而不是继承产业的人，应特别重视对儿童创造力的培养。陈鹤琴建议，"应根据幼儿特点，多给儿童感性的知识，创造各种环境和条件，多让儿童接触大自然和社会生活，多观察、多运动，扩大他们的眼界，增进幼儿的科学常识，发展他们的智力"。刘晓东认为，"天性是人身上的自然性、宇宙性，它是自然意志、世界意志、宇宙意志"[1]；也有学者指出，天性是指自然对人发展的规定性，它是个体生命勃发的内在冲动，是对个体进行教育的准则。天性包含一切与生俱来的东西，它一方面指人在幼体阶段所具有的好奇、欲望、幻想等自然成长的力量，另一方面指人的品行的最初形态，是个体实现自我的起点。[2] 关于"儿童的天性"，蒙台梭利认为，儿童体内存在"内在教师"，而"内在教师"便是自然本身，是儿童的天性，它指引着儿童成长。[3]《纲要》则直接阐明"玩是孩子的天性"。还有学者认为儿童的天性是感知这个世界，了解周围环境，学习、想象、探索充斥

---

[1] 刘晓东：《论教育与天性》，载《南京师范大学学报（社会科学版）》2003 年第 4 期。

[2] 苗曼：《天性引领教育——幼儿教育变革路向探寻》，南京师范大学 2012 年博士学位论文，第 12-20 页。

[3]［意］玛利亚·蒙台梭利著，江雪编译：《有吸收力的心理》，天津人民出版社 2003 年版，第 52 页。

着学前儿童生活的方方面面。①

怎样尊重儿童的天性呢？杜威曾提出"儿童期不仅为未来生活做准备，它具有自身存在的价值"②。即儿童不能只为将来活着，也应为现在生活，他们应该享受童年这一特殊的时期。儿童期的特殊性恰恰在于他们的身心尚未成熟，暂时不需要承担任何社会责任，"玩"便是儿童生活中天经地义的事情。③我国著名教育学家陶行知、陈鹤琴、张雪门主张从中国的国情出发，尊重儿童和解放儿童，以促进儿童个性的和谐发展。他们主张学以致用，崇尚亲身感知、亲自实践。刘晓东认为，"教育应当以人的天性为前提，顺应儿童的天性，采择符合儿童天性的内容并以适当方式传递给儿童"，他进一步指出，"尊崇天性、尊重儿童、解放儿童"④。

面对教育的"应然状态"，具体的"实然状态"引发研究者的关注与思考：首先，幼儿园园所课程建设方面，很多幼儿园提倡将游戏精神渗透到课程实施的过程中，但在课改过程中，因园所科研、教研和师资的不足，课程推进深度受到制约。其次，在教师对课程实施的操作方面，教师课程组织能力及管理能力有限，且可借鉴的课程方案和教科研机制缺乏，系统的师幼探究习惯专业化课程实施路径更是无从谈起，导致教师心向往而力不足。最后，在幼儿发展方面，幼儿的自主探究权利被剥夺，主要表现在很多幼儿园只有探究的形式，没有探究的本质，探究表面化、形式化，幼儿的探究过程处于教师的高度掌控之中，其探究、好玩的天性没有得到尊重与支持。

因此，正是在教育的"应然状态"与"实然状态"之下，我们立足于儿童的天性，提出师幼探究精神和探究习惯的双培育。

---

① 荆玉梅：《学习——学前儿童的天性》，载《文教资料》2007年第27期。
② ［美］杜威著，王承绪译：《民主主义与教育》，人民教育出版社2017年版，第6页。
③ 赵婷：《游戏是儿童释放天性的重要出口》，载《文教资料》2021年第11期。
④ 刘晓东：《论教育与天性》，载《南京师范大学学报（社会科学版）》2003年第4期。

三、现实转向：对高质量幼儿园课程理论与实践研究

《纲要》强调学前教育课程的设计和实施应该考虑本地、本园和本班的实际情况。此后，幼儿园课程园本化的多元实践与探索成为学前课程改革的热点。2022 年《评估指南》指出推进科学保育教育，幼儿园高质量园本课程呈现出多样化的格局，通过不断实践和探索实现了课程理念的转化，体现了课程由封闭转向开放、由预设转向生成、由关注结果转向关注过程、由关注普适知识转向关注幼儿个体经验的实践探索。基于这一价值追求，幼儿园探究性课程团队专家思考长期以来研究幼儿科学教育、蒙台梭利教育和 STEM 教育。经过多年努力，幼儿园探究性课程应运而生。

儿童本位的科学教育，应是"支持和引导幼儿主动探究、经历探索和发现，获得有关周围物质世界及其关系的经验的过程"。学前儿童的科学，即是儿童对事物表现出好奇心、提出问题、进行探究、寻求解释的一系列探究活动，尽管儿童最后并没有得出在成人看来"正确的"结论。学前儿童的科学是一种经验层次的科学知识，是一个自我建构的过程，是对客观世界的独特理解。[①]

在《童年的秘密》中，蒙台梭利指出："有时候，一件最细小的事情会开辟出一个无止境的新领域。因为人天生就是一个寻觅者、一个探究者，如果没有对那些最初似乎并不重要的事实的发现，人就不可能前进。"[②] 在蒙台梭利看来，探究力引领儿童去探寻和发现。在幼儿时期，儿童总是那么好奇，不断提出各种问题，并要求对一些事物进行解释。例

---

① 洪秀敏：《学前儿童科学教育》，北京大学出版社 2015 年版。

② ［意］玛利亚·蒙台梭利著，单中惠译：《童年的秘密》，中国长安出版社 2010 年版，第 47 页。

如，"这些植物会有什么样子？""叶子为什么是绿色的？"等等。[①]

当前幼儿数学教育研究主要集中在新课程模式下的幼儿数学教育创新等方面。研究内容日趋丰富且细化，教师提问与反馈、儿童观察与指导、教育评价、学习品质培养、支架式教学等成为近十年早期数学教育研究中关注度较高的热点词汇，生活化、游戏化、操作化成为早期数学研究的新方向。

通过上述理论和研究新方向，可以发现，其共同特质便是把"幼儿的好奇心和学习兴趣放在首位，支持儿童在项目行动中探究，培育儿童的探究能力和精神"。因此，本书将高质量幼儿园课程理论聚焦于"幼儿园探究性课程"中，试图以"幼儿园探究性课程"为切入点和突破口，顺应建设高质量课程这一时代发展的趋势。

课程团队成员认真梳理了幼儿园探究性课程的相关研究书籍和文献，通过在知网数据库中进行检索，发现自我国新一轮基础教育课程改革以来，以"探究"为导向的学习、活动及课程等已成为教育界的研究焦点。

总体趋势分析

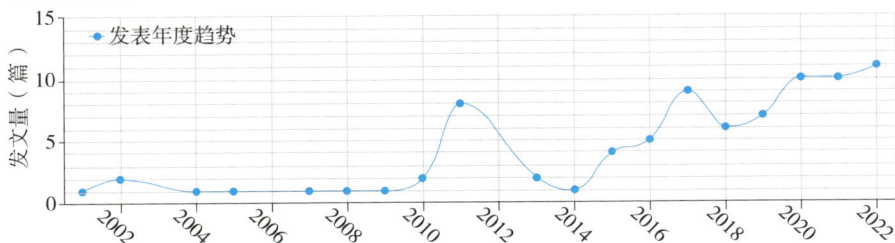

"幼儿园探究性课程"研究的总体趋势

由以上总体趋势图可以发现，在 2000 年基础教育课程改革背景下，学前教育领域的研究者开始关注幼儿园探究性课程。而在 2010 年教育部颁布《国家中长期教育改革和发展规划纲要（2010—2020 年）》后，幼儿园探究性课程的研究于 2011 年发文数量达到新的峰值，自此之后，

---

① 傅晨、张瑞泉、王雅飞：《追随儿童：透视 10 个幼儿园探究性课程故事》，东北师范大学出版社 2022 版，第 6 页。

幼儿园探究性课程的理论研究与实践推行日益吸引着学前教育研究者的目光。

至此，幼儿园探究性课程专家团队基于研究专长的共同特质，把握当下研究趋势，通过扎根研究的方式进行幼儿园探究性课程的理论与实践研究。

第二章

幼儿园探究性课程的理论支点

探究性课程是基于研究性学习发展的基础演变而来的，探究式学习作为一种与接受学习相对的学习方法，无论是东方还是西方，"在行动中学习"的思想渊源都可以追溯到很久之前。

首先，幼儿园探究性课程在东方思想中的渊源。孔子主张"先行其言而后从之"；墨子主张人的知识来源于自己的感官所能感觉到的实际。《礼记·中庸》认为，学习应该"博学之，审问之，慎思之，明辨之，笃行之"，将"行"作为学习过程中的重要环节。荀子主张"不闻不若闻之，闻之不若见之，见之不若知之，知之不若行之。学至于行而止矣"。南宋的颜元强调"实行"和"习动贵行"，强调在实际行动中巩固知识。

教育家陶行知提出"生活教育"的观点，他认为教的方法根据学的方法，学的方法根据做的方法。陈鹤琴重视"做"在儿童教育过程中的作用，提出了"做中学，做中教，做中求进步"的方法。与陈鹤琴并称"南陈北张"的幼儿教育学家张雪门推行幼儿园行为课程，他强调幼儿从行为中获得经验，主张"知而即行，行以求知"。

其次，幼儿园探究性课程在西方思想中的渊源。西方"从做中学"的教育思想可以追溯到公元前5世纪柏拉图的"儿童游戏场"，主要通过给儿童讲故事、做游戏等活动方式进行道德教育。到了16世纪，捷克教育家夸美纽斯在《大教学论》中提出直观性教学原则。18世纪法国教育家卢梭提出"教育应该是行动多于口训"，主张学生从实践中学习。

19世纪，瑞士教育家裴斯泰洛齐主张让每个儿童在劳动和生活中获得实际知识，他相信智慧和真理是从实际经验中发展而来的。德国教育家福禄培尔提出教育应遵循儿童的天性，应以儿童的自我行动为基础，促进儿童在活动中自然成长，并且他还设计了一套"恩物"，作为儿童游戏中的主要用具。

20世纪初，欧洲新教育运动兴起，意大利的蒙台梭利、比利时的德可乐利、德国的利茨、英国的尼尔和罗素等人相继建立新学校，采用游戏、园艺、手工和体操等活动形式，提高发展儿童的能力和个性，其中蒙台梭利的成就尤为卓著。她重视儿童的自发活动，精心设计了一整套器材、教具，对儿童的各种感官进行训练。同时，美国出现了进步主义教育运动，其中以杜威和克伯屈的影响最大。杜威的经验学习理论强调教学必须从学生的经验出发，重视学生的主动性，由学生自主建构和内化的学习结果比教师灌输的更有效且更有意义。克伯屈发展了杜威的"做中学"思想，创立了"设计教学法"，以单元活动为基本形式组织学生进行学习活动。美国心理学家布鲁纳主张运用"发现学习法"来进行教学，强调儿童的学习应该是主动发现的过程，而不是被动地接受知识，让儿童先动手进行探究活动，利用直觉思维进行动作表征，接着凭借头脑中已形成的表征来进行运用。瑞士心理学家让·皮亚杰的"发生认识论"主张认识的起点和基础是主客体相互作用双向建构的，他认为儿童是主动的，他们正是在先天遗传结构和图式的基础上，经过不断的同化、顺应和平衡而获得经验，不断形成新的认知结构，从而获得智力的发展。

一、视觉优先论

（一）视觉的优先地位

探究性课程的主要理论基础离不开视觉优先论的指导和运用。视觉具有明确的优先地位。[①] 视觉在感知中有突出的优先地位，讲感觉的时候，诸多书里面一举例就提到视觉。视觉的优先性延伸很广，有科学家猜测，"进化过程中，内心意识体验的萌发是和视觉信息神经处理机制的进化同步的"[②]。比如在幼儿园项目活动"萝卜大探秘"[③]中，当教师出示萝卜种子时，幼儿最直接的反应就是用眼睛去看。通过看，幼儿产生了天马行空的想象。轩轩说"我感觉青萝卜的种子很小"，苗苗说"白萝卜和心里美的，所以种子是红色的，青萝卜的种子是灰色的"，妙妙说"这些种子像我们家的鱼食一样"。可见，幼儿看到某件事物的同时，其意识体验也在萌发。这是一种探究，看即是一种探究，是主动的、探索性的。幼儿东张西望的过程，就是主动去搜索信息的过程，是在主动探究，在主动获取信息。

幼儿在对萝卜种子进行观察

---

① 陈嘉映：《感知·理知·自我认知》，北京日报出版社 2022 年版。

② ［澳］约翰·C.埃克尔斯著，潘泓译，《脑的进化：自我意识的创生》，上海科技教育出版社 2007 年版，第 204 页。

③ 案例来自山东农业大学幼儿园。

（二）认知语汇多半是视觉语汇

哲学上所讲的认识论，本质上认为，很多认知词汇就是视觉词汇。讲到知、知识、知道的时候，我们最先想到的就是看——视觉。我们的认知词汇基本上都是视觉词汇，这当然不是巧合，简单地说，视觉是理知化的，理知跟语言相连。因为看通向事物本身。比如在项目活动"一场真正的'龟兔赛跑'"[①]中，按照寓言故事《龟兔赛跑》的内容发展走向，小乌龟是反败为胜的一方，小兔子则是因沾沾自喜而失败的一方。但是小乌龟和小兔子比赛的结局注定都与寓言故事一样吗？幼儿结合幼儿园中的小乌龟和小兔子比赛这一教育资源，自主搭建了乌龟和小兔子的赛道，通过真实观看小乌龟和小兔子的比赛实况，他们看到"小兔子撒开腿，向前跑去；而小乌龟四条腿摆动着一步一步向终点跑去。小兔子很快就到达了终点，获得了比赛的胜利"。通过观看，他们对龟兔赛跑故事本身和故事背后的哲理有了更加理性的认知。

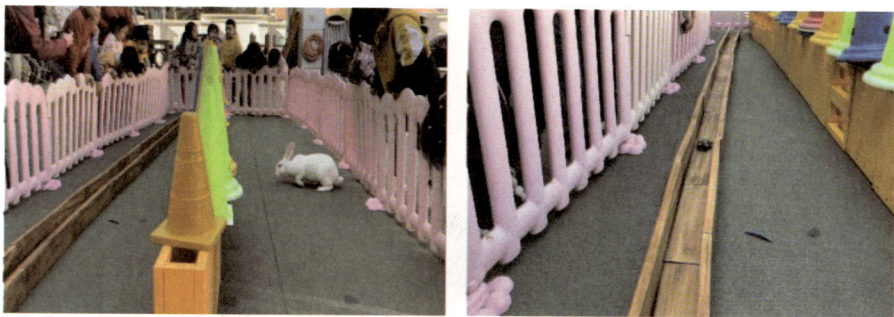

幼儿在真实情境下观看龟兔赛跑

（三）看见事物的本质和存在性

在项目活动"72 名泉"[②]中，幼儿就泉水进行了观察。从视觉内容来说，幼儿看见的不是泉水本身，而是看到了泉在咕嘟咕嘟冒泡，看到泉水的清澈、泉水中的鱼等。

① 案例来自山东省实验幼儿园。
② 案例来自山东省实验幼儿园。

幼儿在对泉进行实地参访

这些视觉内容，就是幼儿要画出他们所看到的事物。幼儿在参访完泉水回到幼儿园后进行了表征，幼儿要让他人看到画面中的色彩和线条，而不是泉的示意图。换句话说，幼儿不是要画出何物，他们恰恰是要去掉让他人直接面对的、感觉到的内容。

幼儿游泉结束后的表征作品

（四）从最有意义的地方看

既然视觉有着无可撼动的优先地位，那么就需要教师在幼儿园教育活动中，引领孩子发挥好视觉的有限作用，从最有意义的地方去看。因为只有感觉和具体的材料是孩子们直接感受到的，其他所有物和事，则是从感觉和材料的基础上推论出来的。结合孩子的感知来讲，通常情况下，孩子不是从一个具体事物的颜色、形状推论出那是一个特定的具体事物，而是孩子直接看到的就是某个特定的事物。例如在项目活动"由拯救蜗牛引发的探冰活动"[①] 中，幼儿只看到蜗牛的壳，不是从小单位看到大单位，也不是从大单位往小单位分解着看，而是在最有意义的地方看，并由这个最有意义的地方牵引出幼儿看到的整体形象。例如，蜗牛壳是一只蜗牛身上最有意义的地方，幼儿只看到蜗牛壳，就能直接感觉看到了一只蜗牛。

（五）视觉离不开周边环境

一个人的所见之事总是出现在一种叙事里，所以看到了什么这个问题并没有唯一答案。当不同的孩子在看同一个事物时会发现不同的答案，一个孩子究竟看到什么跟他此前看到什么、此后看到什么、联系着什么样的周边环境看是紧密相关的。比如，在项目活动"'榴'住色彩"[②] 中，幼儿在户外散步过程中路过石榴树旁时，一棵棵石榴树吸引了幼儿的注意力。教师通过与幼儿的交谈，发现有的幼儿看到了石榴本身，有的幼儿看到了石榴的颜色，有的幼儿则联系周边环境进行观察，看到了一棵一棵的石榴树。可见，不同幼儿看到的不同结果，与其已有经验和周围环境密切相关。

幼儿被石榴树所吸引

随着叙事框架的转变，幼儿所看到的事物也会转变。周边环境永远是我们教师第一要关心的，也就是要给幼儿一个整体叙事。正因如此，幼儿园课程建设中，环境创设才如此重要。例如在项目活动"我眼中的

---

① 案例来自东营市实验幼儿园。
② 案例来自山东省实验幼儿园。

'超市'"① 中，教师为了让幼儿更好地把握探究历程，整体回顾探究收获，利用班级墙面制作了项目流程图，并将幼儿的表征作品、收集到的材料进行呈现，让幼儿更好地与周围环境"相处"，从环境中汲取营养。

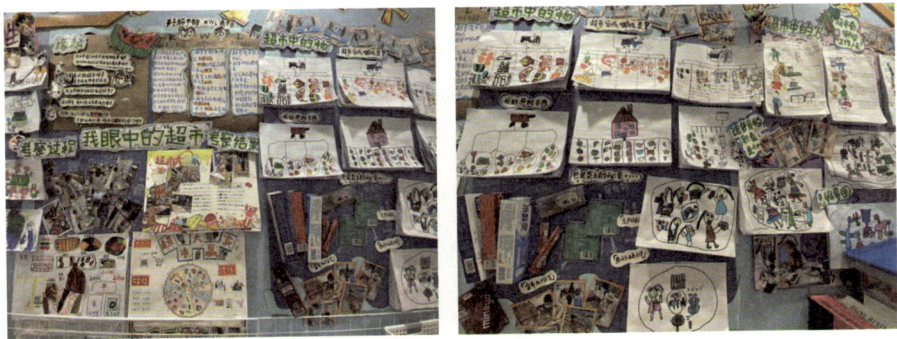

幼儿园班级环境创设示例图

二、具身认知论

（一）认知与反应

　　远距离的感知没有那么强烈的切身性，因为不那么切身，孩子不一定要对它立即做出反应，孩子可能会有考虑的时间，想想应该怎么反应。比如，在项目活动"嗨！鸡蛋"② 中，幼儿在探究"美味蛋饼"环节煎饼时，当油溅到幼儿身上时，他们立刻把手缩回来。这个切身感觉作为"知"的成分会减少，而"反应"的成分会增加。于此，在幼儿园活动中，老师可以旁观但很难旁触。

（二）触觉是主动探究

　　触觉有两个相反的方向，有些触觉是主动的，有些触觉是被动的。

---

① 案例来自山东省实验幼儿园。
② 案例来自山东省实验幼儿园。

大多数触觉不是主动的，比如，在项目活动"有趣的皮影戏"[①]中，当幼儿需要搭建戏台时，幼儿自愿结成小组进行探究。其中，有一组幼儿打算用PVC管进行制作，但由于PVC管材质较硬，在制作过程中有位幼儿的手被划了一下，这时，幼儿的触觉是被动的；而在具体搭建过程中，幼儿遇到了舞台长度、表演台高度和宽度等问题，在一步步解决这些问题的过程中，幼儿的触觉是主动的，用手摸是在探究，是主动探索。

幼儿用PVC管搭建戏台

（三）触觉探究通向实在

触觉和视觉都确定事物的存在，但这两种感觉获得的存在是不一样的。视觉获得的是形象、图像，如在项目活动"我的大山我做主"[②]中，孩子通过视觉，对轮胎的结构有了一定的认知。当幼儿去触摸轮胎时，发现轮胎是有重量的，那是真实的存在。而幼儿所看的书本上的图像是没有重量的，看到的不是二维的图像。幼儿能够用眼睛、身体"进入"三维世界，即触觉能够带来立体感和实质感。如搭建区新投放的一套搭建材料吸引了幼儿的注意，同时材料框中放置着一本拼装图像书。而幼儿在用搭建材料搭建的过程中，没有将这本书上的图画看成二维的，而是在实际搭建的过程中，搭出了塔和楼梯等立体事物。[③]可见，幼儿将二维物体转换成了三维的，这个转换过程需要触觉介入。在幼儿园探究

---

① 案例来自山东省实验幼儿园。
② 案例来自宁阳县葛石镇石集幼儿园。
③ 案例来自山东省实验幼儿园。

性课程的开发和建设中，离不开多让孩子去触摸，通过触摸感知"实在"。

幼儿用积木搭建出立体图形

（四）触觉器官接触事物时也在感知自身

手与眼睛一样都是探究性的，都认知对象，但两者有重要的区别。在手的探索中，孩子摸到一个具体事物的同时，手也有感觉，孩子也在感觉着自己手上的感觉。例如，在项目活动"一场真正的'龟兔赛跑'"中，幼儿用手摸小兔子，手在感知对象的同时也在感知自身，也就是说，手感兼有视觉与触觉。一个孩子摸到兔子是毛茸茸的东西，毛茸茸的所摸之物，也是孩子的感觉。幼儿在认知世界的同时，也在认知自己身体的感知。幼儿摸兔子，并说这是只兔子。幼儿摸，是为了摸兔子，不是为了摸自己的手，主题是兔子不是手，但是这个主题离不开手及手的感觉。

幼儿在触摸兔子

（五）上手性产生的重要探究感

探究性课程的理论基础讨论具身认知，从手的感觉切入应该是一条进路。眼睛是身体的一个部分，手也是身体的一个部分，但用眼睛去看与用手去摸是不一样的感知进路。例如，在项目活动"嗨！白菜"[①]中，幼儿用眼睛去看白菜时，丽丽说"它们长大了一点"，安然说"像一架小飞机"，嘟嘟说"像一只大蝴蝶"，依依说"有五片叶子啦"。而当幼儿用手摸一摸白菜时，曼语说"好痒"，大志说"好扎"，蓉蓉说"上面有小刺"。痒、扎是身体在感觉，但突出的不是认知，更多的是向内指向"感受"，不是向外指向"对象"。眼睛特别能认知，但不够具身。疼痛特别具身，但不够认知。

幼儿用眼睛观察白菜

幼儿用手触摸白菜

三、情动理论

（一）情动理论的发生过程

上述所体现的简单自动反射动作是所有神经过程的原型，感觉、思维、行动，这是这些现象能够出现的唯一顺序。例如，在项目活动"晒秋哩"[②]中，幼儿由于看到红红的山楂身上有了一块白白的"毛"；土豆

---

① 案例来自山东农业大学幼儿园。
② 案例来自山东省实验幼儿园。

长出嫩芽了，捏起来软软的……在视觉和触觉的基础上，幼儿进行了思考：汐汐说"这是发霉了"，乐乐说"土豆长芽是有毒的"，小雨说"这些水果没有放在冰箱里，所以坏掉了"。在思考的基础上，幼儿决定进行晒秋活动。

（二）情感诞生于身体的感触经验

斯宾诺莎把人的情感理解为"身体的感触"，正是这种身体感触产生了情感。情感诞生于身体的感触经验。例如，幼儿由于先前听爷爷说过"四八"宴，在心中埋下了一颗小小的种子；而当其在沙池区进行自主探究时，当孩子摆出各种瓶瓶罐罐、杯杯盏盏时，内心的这颗种子逐渐发芽，继而产生了"宁阳'四八'"①的探究活动。而当幼儿的心灵感到快乐时，则他活动的力量、行动的力量、存在的力量就增加。当幼儿对宁阳"四八"产生了浓厚的兴趣时，他们进行了持续的探究活动：幼儿在沙池区利用沙子、花草等材料制作了各种美味的食物。通过搓团、剪口、放树叶，制作了开心果；通过捏、刻、卷、剪等工艺，制作了瓦块鱼……最终，宁阳"四八"的美食盛宴得以完成。幼儿在动手操作的过程中，对家乡美食有了进一步的了解，对家乡文化有了一定的了解与传承。而在这种情感的推动下，激发幼儿对宁阳"四八"展开了"盛宴·创""美味·启""喜悦·享"等持续的探究。可见，幼儿对特定的人、事、物进行探究，由此触发情感，在探究的过程中产生了快乐。

（三）情感的等级落差导致情感发生流变

情感和身体的力量密切相关。快乐的时候，身体的力量增加；痛苦的时候，身体的力量受限制。快乐和痛苦两者之间存在一个等级落差，快乐会向痛苦转化，痛苦也会向快乐转化，这个落差导致了流变，这种流变会导致人在体验探究之后的情感活力来回变化。例如，在探究活动

---

① 案例来自宁阳县葛石镇石集幼儿园。

"运被大挑战"①中，当幼儿提出"如何将被子送到楼下"这一问题时，有的幼儿说"直接扔下去不就行了"，可是很快幼儿发现这样会把被子弄脏，而且可能砸到别人。这时，欣怡说"系在扶手上不就行了"，于是其他小朋友认真配合。这时幼儿是主动的，感到快乐，同时会跳跃，活动力、存在力就增加，其主动性、活动力和欢乐就同时爆发。反之，幼儿就变得被动，垂头丧气，运动的能力与活力就减少。在探究性课程中，之所以强调让幼儿去探究，是让幼儿的情感处于流变状态之中，成长过程就是在情感流变之中完成的。

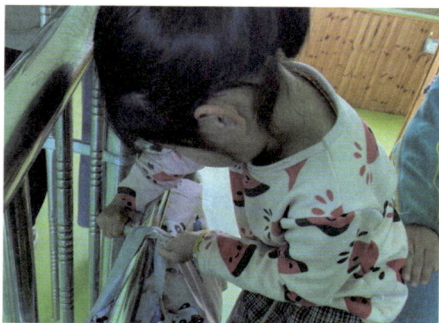

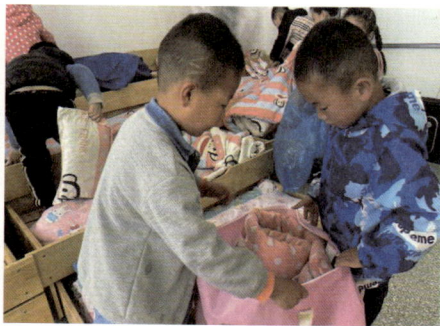

幼儿齐心协力完成"运被大挑战"

（四）情动理论可以引领师生建立和谐的情感共同体

上述已经指出，基于情动理论的教育方式是更具有说服力和吻合幼儿身心发展规律的教育方式。在很多场景里都可以看到是情动（情感）在塑造主体，是情动（情感）最初串联起了一个共同体。这个共同体的组织者是个充满魅力之人，其组织技术是以情动人，具有强烈的感染力。例如在项目活动"有趣的皮影戏"②中，班级教师为了让幼儿更全面、更真实地了解皮影戏，邀请皮影戏的传承人李娟老师来幼儿园表演皮影戏。李老师不仅演绎了经典剧目《大战蝎子精》，还表演了传统特色与现代元素相结合的剧目《南郭先生》《彩虹色的花》，幼儿们被跌宕起伏的故

① 案例来自宁阳县葛石镇石集幼儿园。
② 案例来自山东省实验幼儿园。

事情节和栩栩如生的人物所吸引，纷纷用掌声、喝彩声为本次精彩的演出点赞。李老师依靠其情动（情感）魅力获得了幼儿的认同和尊敬。而在班级教师与幼儿一起持续探究皮影的过程中，教师的情动不断地引发幼儿的情动。师幼在合作探究的过程中形成共同体，他们完成了选取剧目、搭建戏台、制作皮影、灯光调试等一些系列的探究活动，从这个意义上讲，教师以情动人的感染力非常重要。

皮影戏传承人介绍皮影　　　　　　　幼儿自主表演皮影戏

（五）情动理论促进儿童在探究中获得情感流变

　　孩子的情感在生成／流变，行动力与存在力也在生成流变，经过携带情动力量的探究性活动，助推孩子的情感生成与流变不再是抽象的和空洞的，而是获得了具体的内容。例如，在项目活动"萝卜大探秘"[①]伊始，幼儿排斥萝卜食品，左左说"萝卜闻上去怪怪的，我不喜欢吃"，辰辰说"萝卜不好吃，我不想吃"，梵梵说"我最讨厌萝卜了，臭臭的"。这一生活现象引起教师的注意，并思考怎样让幼儿从讨厌萝卜到爱吃萝卜进而养成不挑食的好习惯。由此，"萝卜大探秘"项目活动应运而生。幼儿经过种植萝卜、照顾萝卜、萝卜大丰收、萝卜美食、趣味萝卜等持续探究，他们不再讨厌萝卜，反而对萝卜产生了很浓的兴趣，自发使用萝卜这一食材制作出了很多美食。

---

　　① 案例来自山东农业大学幼儿园。

幼儿在对萝卜进行探究

可见，富有情动色彩的探究性活动是指向生命本身的，情动理论在促进儿童探究中获得的情感生成/流变，不是空洞的，有其内在的张力与强度及其限度。情动理论为探究性课程的建设与开展提供了内在的理论基础。探究性活动带给幼儿的情感是一种感染与被感染、承受与被承受的过程。情动理论给探究性课程提供了一个尺度，引领教师在活动中把握好情感活动的强度和承受力。

四、共同情感理论

共同情感理论作为一个理论被认识，最早是从 18 世纪的西方开始的。关于共同情感理论，经济学家亚当·斯密继承了休谟等人的思想，提出了"'共同感'理论"。洛克、卢梭等人的思想中也折射出共同情感的思想，洛克基于"感觉经验"的基础上提出的"白板论"[1]，卢梭提出的"只有人的教育和事物的教育归于自然的教育，这三种教育力量才能协调统一，进而达到教育的目的"[2]。从国内来看，颜之推的"慎交学友"，朱熹

---

① ［英］洛克著，傅仁敢译：《教育漫话》，人民教育出版社 1985 年版，第 24 页。
② ［法］卢梭著，李平沤译：《爱弥儿》，商务印书馆 1983 年版，第 29 页。

的"亲近益友"[1]，蔡元培的"美感教育"理论，陶行知的"师范教育的'艺友制'"思想[2] 等也都折射出共同情感的思想。

　　共同情感理论强化了探究性课程的方法论是家庭似的组织。在很多人看来，儿童的需要主要是一种源于机体的需要，也就是源于本能的需要。殊不知，儿童的需要也有源于心理层面的需要，如儿童有娱乐的需要、逃避现实的需要、情绪刺激的需要、社会学习的需要、交往的需要等。从共同情感理论的内核出发，恰当的途径是家庭似的组织。例如在项目活动"一场关于'桥'的旅行"[3] 中，当班级进行"我们的城市"主题学习时，幼儿的关注点集中在了有关桥的一系列问题上，教师敏锐地觉察到这一契机，生成了本次项目活动。鉴于项目活动受到幼儿已有经验的影响，当教师发现班里幼儿经验不一，无法聚焦驱动性问题时，教师采用"信息报"的方式，调动家长资源，鼓励幼儿与家长共同完成信息报"有趣的桥"。通过这一环节，有效丰富了幼儿关于桥的经验。可见，家庭似的组织是一个既有自然属性的共同体组织，也是一个有文化属性的共同体组织，探究性课程在家庭似的组织的推动下得以更好、更有效地进行。

幼儿与家长共同完成的信息报

----

① 杨雄、黄玉娇主编：《学前教育史》，西南师范大学出版社 2018 年版，第 41 页。
② 杨雄、黄玉娇主编：《学前教育史》，西南师范大学出版社 2018 年版，第 101 页。
③ 案例来自山东省实验幼儿园。

五、反思性思维理论

在《我们怎样思维》一书中，杜威对反思性思维做了系统阐释。杜威将反思性思维与那种毫无系统、缺乏证据及盲目顺从于传统和权威的常规思维做了比照。在他看来，常规行为基本上是由传统、权威和冲动所决定的，而反思性思维是对某个问题进行反复的、认真的、不断的深思。[①]

杜威进一步指出，反思性思维包含"感觉问题所在；联系已有知识和相关经验对问题进行理解和表征；根据已有知识经验提出解决问题的可行方案，形成假设；检验各种假设，从而选择最佳方案；提出假定的结论并进行推理，积极地进行实验的检验"等五个步骤。[②] 杜威把这些阶段概括为"思维五步法"，分别为暗示、理智化、假设、推理、用行动检验推理。但他认为这五个阶段的顺序不是固定不变的，而且"思维五步"在每一阶段均可展开。任何明显的检验也并不需要到最后阶段才进行，可以依照出现的结果，引导新的观察，做出新的暗示，随时进行调整。例如在项目活动"我们的创客空间"[③] 中，在"轨道初体验"探究环节，幼儿遇到了小球滚动不起来的问题。针对这一问题，幼儿联系已有知识经验对它进行分析，昊煜说"是因为轨道太长了"，开心认为小球动力不足的时候遇过坡道就很难过去。经过分析讨论，幼儿尝试用笔画一画设计图，并进行了验证。验证结束后，幼儿对这一方案进行了改造，改造后小球成功滚到终点，至此问题得以解决。

单中惠教授指出，杜威认为反思性思维具有以下特点：第一，反思

---

① ［美］约翰·杜威著，姜文闵译：《我们怎样思维·经验与教育》，人民教育出版社2005年版，第22页。

② ［美］约翰·杜威著，王承绪译：《民主主义与教育》，人民教育出版社2001年版，第34页。

③ 案例来自山东省实验幼儿园。

性思维是有意识的和受控制的。它并不是漫无目的的思想以及稍闪即逝的糊涂印象，也不是头脑中欲罢不能的心理活动。第二，反省性思维是连续性的。它是由一系列被思考的事情组成的，其中各个部分联结在一起，持续不断地向着一个共同的目标运动。第三，反思性思维是有严密逻辑的。它通常是头脑的逻辑能力的表现，所涉及的事物并不是直接感知的。第四，反思性思维是有目的的。它必须得出一个在想象之外能够得到证实的结论，即有确凿事实和充分理由的结论。第五，反思性思维是等同于信念的。它包含那些我们并无确定的知识，然而却确信不疑地去做的事情；也包含那些我们现时认为是真实的知识，而在将来可能出现疑问的事情。第六，反思性思维是有激励作用的。它能激励人们去探究，具有探究的勇气和精力，发扬怀疑和探究的精神，并作出自觉的和有意的努力。①

依据杜威的反思性思维理论，在幼儿园探究性课程中，教师鼓励幼儿在"做"和"经验"中展开对外界事物的探索和认知，在认识事物的过程中利用"反思性思维五步法"加以推理与判断，帮助幼儿把控探究方向，使得幼儿的发展不仅停留在知识经验层面，而且在能力及思维等方面也实现发展。杜威的反思性思维理论对幼儿园探究性课程中幼儿基于探究的方式开展学习多有助益，为本课程提供理论基础。

六、建构主义理论

建构主义代表人物皮亚杰认为，幼儿是在与周围环境相互作用的过程中，不断内化知识经验，改变原有的图式，使自身的认知结构得到发展的。学习的本质是一个自主建构的过程，建构是多元的，个体只有

---

① 单中惠：《杜威的反思性思维与教学理论浅析》，载《清华大学教育研究》2002 年第 1 期。

与环境交互作用，才能不断形成自己的认知。[①] 因而，学习是成人与儿童以及儿童与同伴之间合作建构的过程。例如，在项目活动"我也要西游"[②] 中，师幼围绕表演什么、怎么表演等问题进行了"人物鉴赏分析""九九八十一难，表演哪一难""设计剧本选角色""我们也遇到了八十一难""闭关修炼刻苦练功""西游我来演"等一系列的探究活动，整个探究过程是师幼、幼幼合作完成的，而幼儿也在合作的过程中，得以整合新旧经验。

幼儿合作制作如意金箍棒

幼儿合作进行表演

建构主义学习理论认为知识是相对动态的，而不是永恒不变的。学习新的知识是与原有的知识和经验改造重组和相互渗透之后构建新的知识体系。因此，幼儿认知的建构是需要在一定的活动中实现的，也是在主动发现问题并对其进行探索、思考、交流的过程中实现的。例如，在项目活动"我与菊花共成长"[③] 中，幼儿通过对已有经验的迁移，如像种菜一样种植泰皇菊，像照顾其他植物一样让泰皇菊多晒太阳。在种植过程中，幼儿第一次的菊花种植失败了，但幼儿在探究过程中获得了扦插菊花的新经验。可见，探究的过程是意义建构的过程，是幼儿新旧经验改造和重组的过程，幼儿园探究性课程是对建构主义学习理论的有效运用。

---

① 何妨：《幼儿园探究性课程的探索与实践》，北京师范大学出版社2021年版，第6页。
② 案例来自山东省实验幼儿园。
③ 案例来自山东农业大学幼儿园。

第三章

幼儿园探究性课程体系建构

一、幼儿园探究性课程概念

幼儿园探究性课程强调幼儿为获得科学素养，以类似或模拟科学探究的方式所开展的学习活动，随着活动的丰富和不断深入开展，逐渐建构成为课程体系。这一课程理念着重突出幼儿能够利用探究活动解决在活动中遇到的独特问题，从而获得发展。那么，何为探究？了解幼儿的探究学习是建构探究性课程的第一步。

（一）探究

探究，大体上可分为广义和狭义两种。广义上的探究指一切独立解决问题的活动，是人类的天性，是一种认知内驱力，可表现为好奇、好问、寻根究底。狭义的探究在对象和方式上与广义探究有很大的区别，专指科学探究（scientific inquiry）或科学研究。①

需要注意的是，儿童有其自身独特的学习方式和认知特点，正如皮亚杰所说，"认识既不来自客体，也不来自主体，而是发生于主客体的相互作用"，儿童通过与客观世界的相互作用获得对客体的认识。鉴于

---

① 靳玉乐：《探究学习》，四川教育出版社2005年版，第3页。

幼儿的思维正处于以具体形象思维为主、抽象逻辑思维逐步发展的阶段，因此，幼儿的探究不是成人意义上的科学探究，幼儿的探究只能且应当是具有启蒙性质的。所谓"启蒙"，含义有三：第一，对于科学探究的兴趣，应当加以保护、激发和延续，用生活化和游戏化的活动激发幼儿的好奇心和求知欲；第二，对于科学探究的方法，应在以探究为核心的科学过程中加以体验和感知，通过实践探索客体、尝试错误、调整方案、反思改进；第三，对于科学知识，应将其视为一种在探索过程中不断演进的、动态化的、阶段性的探索结果，而不是唯一和永恒正确的。

（二）探究性学习

探究性学习（Inquiry Learning）又称研究性学习，是人们在总结发现式学习[①]和有意义学习[②]经验的基础上提出的一种以学生自主探究为主的学习方式。

关于探究性学习，钟启泉认为探究性学习是指儿童通过自主参与获得知识的过程，掌握研究自然所必需的探究能力，同时形成科学概念，进而培养探索未知世界的积极态度[③]。刘云艳、张大均认为：幼儿探究性学习是当幼儿处于新的环境中，受到内在认识的需要而引发的一系列的实践和探索的过程。[④] 探究性学习是以问题为核心展开教学过程的一种高智能学习方式，幼儿在自主环境探索中提出自己的探究问题，在亲自动手、动脑实验中获得实践经验，体验科学研究的真实感，让学生体验到科学来自生活实践。

探究性学习是指幼儿以现实生活中的问题或任务作为出发点和落脚点，在教师指导下进行形式多样的探究性活动，以获取知识和技能，培

---

① Bruner, J.S.（1960）. *The Process of Education*: Cambridge, Mass: Harvard University Press, 1960.

② Ausubel, D.P.（1968）. *Educational Psychology*: *A Cognitive View*. New York: Holt, Rinehart & Winston.1968.

③ 钟启泉：《现代教学论发展》，教育科学出版社1988版，第37页。

④ 刘云艳、张大均：《幼儿探究行为与教师态度之关系的实验研究》，载《学前教育研究》2005年第1期。

养探究能力和应用能力，获得积极情感体验为目的的学习方式。探究性学习可以更好地帮助幼儿掌握科学概念，获得科学探究能力和技巧，增加对科学探究理解的各种亲身经历与体验。

（三）幼儿园探究性课程

幼儿园探究性课程的探讨是从探究性学习的基础上演变而来的，是近些年国内研究者在一次次教育改革过程中不断实践发展而来的。目前关于探究性课程尚未形成统一、明确的界定，在学前领域，专家学者也不断致力于对探究性课程的研究。当前研究者在探究性学习的基础上开发出园本化的探究性课程，即以探究性学习为基石，从而阐述什么是探究性课程。

当前学界对探究性学习与探究性课程的探讨仍不断深入。就二者关系而言，学者马志成在分析英国探究性课程过程中，认为探究性学习既是一种学习方式，又是一种课程，并将其称作"探究性学习课程"。[1] 这显然未区分探究性课程与探究性学习，一概而论为一种教育与学习方式。而在国内，学者普遍认为课程应是隐含着某种哲学假设或价值取向，隐含着某种意识形态以及对教育的某种信念的实践模式，强调是对教育价值观层面的理论体系的建构与发展。[2] 一提及课程，其范畴相对广而大，包含着对课程的心理学、社会学和哲学基础的探讨，对课程目标、课程内容、课程实施、课程评价等整个编制过程的分析与反思，对课程理论体系和研究范式的思索，等等。

目前大多学者致力于对探究性学习这一学习方式的理论及实践探讨，但对探究性学习体系化、园本化课程的论述较少。在幼儿园实践中，基于园本发展与特色办园的需求，实现课程的系统化、体系化是利于园所理念的长远发展的。但想要形成体系化的探究性课程，必然需要基于具体每个幼儿园班级开展的探究性学习活动，那探究性学习是如何与课程

---

① 马志成：《英国探究性课程的案例分析》，载《基础教育参考》2009 年第 11 期。

② 施良方：《课程理论——课程的基础、原理与问题》，教育科学出版社 1996 年版，第 1 页。

相衔接，成为探究性课程的呢？

从发展历程来看，自 20 世纪 80 年代以来，以探究性学习为基础重构基础教育课程成为世界各国课程改革的突出特点，各国不仅将探究作为一种学习方式，而且将探究作为课程的内容标准之一。[①] 而到了 21 世纪初，伴随着新一轮基础教育课程改革，探究性学习作为一种学习方式被写入各门具体学科的课程标准之中，在课程标准的推动下，有关探究的教学改革进行得如火如荼。随着探究性学习作为一种学习方式被写入学科的课程标准中，探究性课程进入人们的视线。

关于探究性课程，刘莉认为，探究性课程以"三自"理念为基础，以儿童的生活和兴趣为基本线索，以幼儿的探究学习为基本形式，通过自主生活活动、小组活动、室内外区域活动、体验式工作坊活动、浸入式节日活动等实施途径，发展儿童高阶思维，培养儿童爱思考、会质疑、善表达、敢挑战、能解惑等学习品质的活动总和。它强调儿童基于问题情境的探索，最大限度地尊重每个儿童，尊重他们的发展阶段和个体差异，从而培养儿童探究思维、问题意识及合作能力等。[②]

我们认为，幼儿园探究性课程是以"循性而动，追随儿童"为课程思想，以自然探究类、游戏探究类、生活探究类为课程内容，实现师幼探究精神双培育，以深度学习为特征的高质量创新性课程模式。[③]

---

① 叶玉凤：《高中历史探究性学习中运用元认知策略的对策研究》，广西师范大学 2022 年硕士学位论文。

② 刘莉：《探究性课程背景下促进幼儿自主学习的实践研究》，载《江苏教育研究》2020 年第 28 期。

③ 傅晨、张瑞泉、王雅飞：《追随儿童：透视 10 个幼儿园探究性课程故事》，东北师范大学出版社 2022 版，第 6 页。

二、幼儿园探究性课程体系

（一）幼儿园探究性课程体系演变过程

幼儿园探究性课程体系经历了开发阶段、实施阶段、提升阶段。

1. 探究性课程体系开发阶段（2012 年 12 月—2015 年 10 月）

第一，成立"教研共同体"，深化校园合作，为开展幼儿园探究性课程提供专业支撑。一线教师与高校教师协同合作，形成深度融合，不仅能解决一线教师的具体教学问题，同时可以弥补一线教师的理论欠缺，还能让高校教师了解最真实的课程实施情况。在"教研共同体"的推动下，幼儿园探究性课程的研究不断深入，将"进度"（即实践的进程）、"深度"（即认知与探究的深浅）和"热度"（即师幼互动的程度）和谐统一，从而使教学效益最大化，推进幼儿园探究性课程的建设与发展。

第二，确立幼儿园探究性课程体系。在"以儿童为本"思想理念的指导下，什么是幼儿真正需要的、感兴趣的课程，成为研究者关注的问题，结合蒙台梭利、STEM 教育、"5E"教学模式等思想理论的基础，由自然探究类、游戏探究类、生活探究类三类课程为内容的探究性课程得以完善。

第三，架构幼儿园探究性课程体系内容框架。3—6 岁儿童身心发展的特点决定了儿童需要通过行动建构自我与环境、社会和世界的连接。根据儿童精神成长理论，儿童期是儿童无意识本能自然展现的过程，儿童自我实现和精神成长要充分发展儿童无意识。[1]幼儿园探究性课程在尊重儿童自由、节律的基础上，鹰架儿童的探究，助力儿童实现探究方法、探究深度的突破。

---

[1] 刘晓东：《解放儿童》，江苏教育出版社 2008 年版，第 12 页。

2. 探究性课程体系实施阶段（2015年11月—2019年9月）

第一，高校专业化课程引领，理论与实践相结合。 在一线园所与专家团队携手过程中，凝练出"现场+课程+剖析+行动+验证"的调研模式，逐渐指导幼儿园探索环境打造，探究材料投放，探究中观察、追随及支持策略研究，撰写探究性学习故事、课程故事，以及研讨案例。

第二，探索行之有效的"1+6"进阶式课程研磨机制。 在此阶段，逐渐探索出行之有效的"1+6"进阶式课程研磨机制，即学院专家每两个月对幼儿园"本土化课程资源体系建设、菜单式教师培训、园所一日活动流程、课程案例剖析指导、儿童活动素养现场评估、园本教研验证研究"六个方面进行系统全面指导，前后经过四轮全面实践、调整和研磨，切实提升并助力园所提升课程建设质量。

3. 探究性课程体系提升阶段（2019年10月—2022年1月）

第一，师幼探究性习惯和探究性精神双培育。 顺应新时代学前教育高质量发展形势，经过多年实践与探索，发挥高校教师专业引领，不断丰富完善探究性课程体系内容，践行"高校+园所"师幼探究精神双培育机制，实现师幼探究精神和探究习惯双培育。

第二，聚焦深度学习，研发高质量课程推进路径。 幼儿深度学习是指幼儿在与周围环境互动的过程中，通过自己特有的学习方式积极主动地学习新的知识和经验，探索周围的社会环境、自然环境和物质世界，并将这些知识和经验纳入原有的认知结构和迁移到新的情境中以发展其高阶思维和问题解决能力的一种学习。[1] 探究性课程坚持"多维支持，多线推进，多元评价"的深度学习推进路径，并在此基础上提出在幼儿园课程中有效应用"5E"教学模式的相关建议，助力探究由浅入深，由简单走向复杂，由浅层思维走向高阶思维，让深度学习有效发生。

第三，培育儿童完整精神，实现探究性课程价值创新。 幼儿园探究性课程有别于中小学探究性课程的特点，这是3—6岁儿童身心发展特点

---

[1] 朱凤：《幼儿游戏中实现深度学习的支持性策略研究》，载《福建基础教育研究》2019年第12期。

所决定的。儿童通过行动，建构自我与环境、社会和世界的连接，同时构筑着自己精神世界的成长。通过对课程的不断完善，基于对儿童成长奥秘的认识，将自然教育、生活教育均纳入探究性课程类型，构建了三大类课程：自然探究类、游戏探究类和生活探究类课程。在理论研究和追随儿童、追随自然的过程中，实现了教师、儿童探究精神的共同塑造。

（二）幼儿园探究性课程体系架构

1. 课程思想理念："循性而动，追随儿童"

幼儿园探究性课程以"循性而动，追随儿童"为课程思想。儿童生来便具有无意识精神发展的潜能，教育是激发儿童内在精神潜能的手段，无论是皮亚杰儿童心理发展的"同化"与"顺应"机制，还是蒙台梭利"有吸收力的心理"，都说明只有遵循自然的法则，其内部的精神才能在生活中解放并表现出来。幼儿园探究性课程改变传统仅注重"行动—经验"建构，忽略整体精神培育现状，而是尊重儿童无意识，秉持"追随儿童，追随自然"思想，贯彻"循性而动，追随儿童"课程思想理念，以"兴趣生发—自主探究—成人支持—自由自律—成为我自己"策略助力幼儿以整体精神感知世界，实现自我与世界协调统一，成长为身心和谐完整精神儿童。

2. 课程目标体系：乐于探索与发现、善于思考与表达、敢质疑好创造

在"立德树人"的政策引领下，"培养什么样的幼儿"成为学前教育领域专家学者、一线教师热议的问题之一。基于我国政策文件与国内国际研究形势，我们明确幼儿园探究性课程力图实现"使探究成为习惯，让快乐永葆童年"的目的，在对课程内容、方法、形式的分析的基础上，依据幼儿的年龄特点和发展规律，结合《指南》和《幼儿园科学教育资源》，制定了幼儿园各年龄阶段三个维度的探究性课程目标，其具体内容如下表所示。

探究性课程各年龄阶段目标

内容维度	小班	中班	大班
乐于探索与发现	喜欢接触新事物，有初步的探究兴趣，愿意观察生活中常见的事物，乐于想象	运用多种感官探究事物，初步了解科学探究的方法，喜欢发现事物、现象的突出特点	主动参与探究活动，在提出问题的基础上尝试解决问题；乐意进行观察和简单的实验，发现事物的一般规律
善于思考与表达	愿意根据观察，结合生活经验进行思索，初步具有自己的观点，会用语言、动作等敢于表达探索的过程，表达自己的观点	善于根据观察，结合生活经验进行思索，并有自己的观点，运用多种方式，表达和交流自己的愿望和想法	善于根据观察，结合生活经验进行较深入的思索，有较为系统的观点；运用多元表征符号（语言、操作、情境、数字、图表、图形、图画等）较为系统地呈现自己的经历和想法
敢质疑好创造	有不同的观点和想法，敢于表达，并尝试使用一些简单的工具，初步体验小创造带来的乐趣	敢于提出不同的想法，喜欢动手动脑，尝试改造创作小物品	善于提出不同的想法，对自己的观点有所坚持，并进行证明，善于设计、调整与制作，有初步的想象力和作品表达力

3. 课程内容体系：自然探究类、游戏探究类、生活探究类

幼儿园探究性课程是基于科学、健康、语言、社会、艺术领域的综合课程，体现了学前教育的生活化、游戏化和探究性。幼儿园探究性课程内容主要包括自然探究类、游戏探究类、生活探究类三大系列。

幼儿园探究性课程内容

课程系列	核心理念	主要内容
自然探究类课程	自然、追随、体验	围绕自然中横向的植物、动物、自然物质和自然现象及其相互之间的关联展开，强调真实自然中的观察、探究及表征
游戏探究类课程	自由、自发、自主	区域游戏类课程包括室内区域游戏和室外区域游戏，儿童遵循兴趣，追索问题，形成探究、反思和表达的习惯，自由、自主、自发地进行活动，张扬个性，为生命持续发展奠基
生活探究类课程	生活、生长、生命	遵循幼儿的成长规律，关注儿童的一日生活及兴趣活动，抓住一日生活中的教育契机，设置适合幼儿生活节律的弹性时间，自由与自律结合，提供活动机会，帮助幼儿养成习惯，提升生命质量

4. 课程价值追求：实现师幼探究精神双培育，实现以深度学习为特征的高质量创新性课程模式

幼儿园探究性课程中师幼探究精神得以双培育，幼儿的探究过程以"寻找兴趣—行动探究—深度反思—系统经验"为线索。教师则在追随儿童的过程中，经历如下过程：第一，分析已有经验，评估价值，课程审议，投放材料；第二，支持探究，研究儿童问题解决及发展；第三，梳理探究方法，教学助力提升；第四，助力经验迁移，发展元认知，实现深度学习；第五，经验反思，探究发展，自我反思成长。

因此，幼儿园探究性课程实现师幼探究精神双培育，实现以深度学习为特征的高质量创新性课程模式，具体师幼探究精神双培育路径如下图所示。

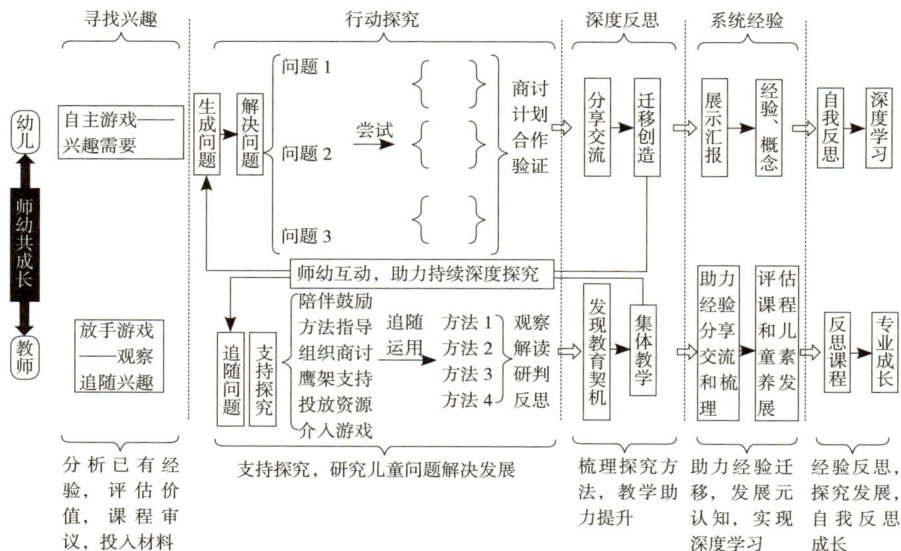

幼儿园探究性课程中师幼探究精神双培育路径图

　　在并驾齐驱的师幼探究过程中，幼儿乐于探究、敢于挑战、质疑批判、相互协作的精神得以培育，教师的质疑批判、求真精神得以培育，由此，幼儿园探究性课程实现师幼探究精神双培育。

　　此外，幼儿园探究性课程以幼儿的深度学习为特征。幼儿深度学习是指幼儿在教师的引导下，在较长的一个时段，围绕着富有挑战性的课题，全身心地积极投入，通过同伴间的合作与探究，运用高阶思维，迁移已有经验，最终解决实际问题的有意义的学习过程。[①] 在认知层面，幼儿的问题解决能力得以发展；在动机层面，幼儿的积极情绪贯穿探究过程始终，并推动探究走向深处；在社会文化层面，幼儿的人际互动能力得以发展和提升。可见，幼儿的探究过程正是其深度学习的过程。

---

　　① 王小英、刘思源：《幼儿深度学习的基本特质与逻辑架构》，载《学前教育研究》2020 年第 1 期。

三、幼儿园探究性课程实施策略

　　课程的组织与实施是探究性课程模式实现从理论到实践这一质的飞跃的关键一步。幼儿园探究性课程是以幼儿为主体的探究活动，是基于幼儿的探究欲望、探究兴趣，进而自发地提出问题，进行猜想，验证，同伴交流分享，最终得出结论。而项目课程不仅具有项目活动所需要的问题性、过程性、开放性，而且强调儿童为本的课程意识，凸显了幼儿在项目课程中的主体地位，关注了幼儿在项目课程中的经历、探索、交流和分享。在项目课程教学中，内容不是教师建构的，而是启发幼儿在已有的生活经验中去不断生成和拓展；目标不是预设的，而是在幼儿的项目经历中不断生成和丰富的；实施不是按照固定程序推进的，而是按幼儿的兴趣和需要来推进。项目课程需要幼儿在一段时间（两周乃至更长时间）对一个感兴趣的"课题"，通过多种方法（观察、记录、表征、实验等）进行持续深入的探究，以期获得问题解决的方案。[①] 从项目课程的内容、目标、实施的角度来看，该课程与探究性课程的精神内核具有极高的切合度，因而探究性课程的组织与实施方式引用项目式的流程，冠之探究式的内容，在幼儿园实践中加以建构和运用，将探究性课程的思想理念与课程内容落到实处。更进一步说，幼儿园探究性课程采用项目活动的三个阶段（开始阶段、发展阶段、结束阶段）进行组织和实施。

---

　　① 王翠萍：《幼儿园项目活动走向项目课程的实践探索》，载《教育导刊》2021 年第3 期。

第一阶段

浮现可能的主题

由教师引发 ‖ 或 ‖ 从儿童的兴趣中产生 Ⓟ

完成预设的主题网络图，围绕：
可能的问题
课程的机会
寻找资源，确定可以参访的地点

由团体或小组时间提供集体性活动或一般性经验 Ⓟ

思考此主题是否适宜和可行

不可行
儿童兴致不高，与目标不一致，不切实际

可行
儿童兴致高昂，切合目标，实际可行

教师与幼儿共同绘制主题网络图，画出现有的概念及理解

将欲探究的问题画出或列出：我们想要发现什么

第二阶段

再次检视预设的主题网络图与儿童的主题网络图，使之与技能及概念相结合 Ⓟ

准备实地参访及访问专家的相关工作 Ⓟ

探究 * Ⓟ

通过书写、绘画、建构、舞蹈及扮演游戏表征所学到的一切

重新检视或绘制主题网络图，指出学到了什么，确认新问题，重复探究与表征

第三阶段

报告，计划高潮活动，描述课程中发生的故事 Ⓟ

完成项目高潮实践或活动 Ⓟ

回顾项目并评估达成的目标 Ⓟ

* 探究：
指实地参访，与参观者或其他专家交谈，探索实物（工具）及进行实验

符号代表的意义
⬚ 儿童的活动
□ 教师的活动
▢ 教师与儿童共同的活动
Ⓟ 家长参与的机会

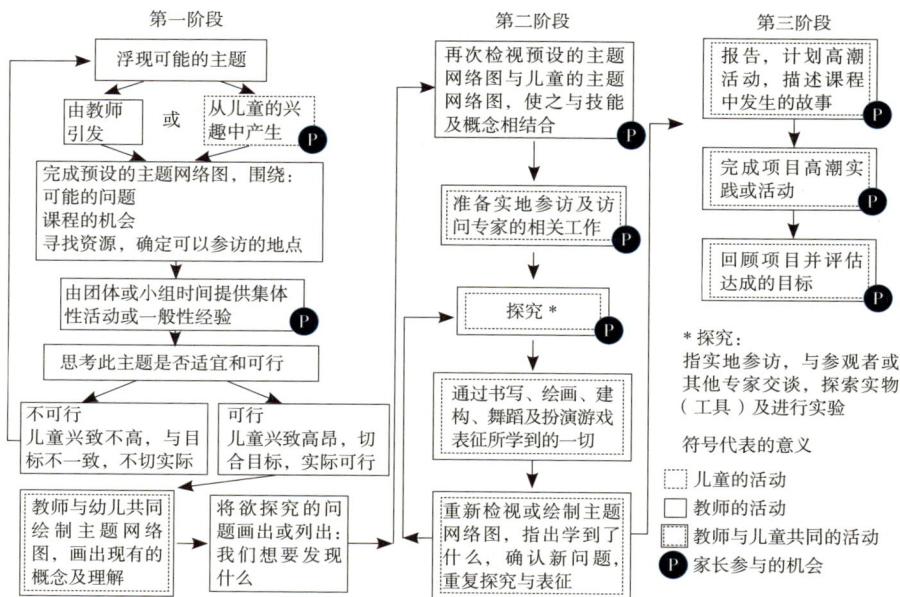

探究性课程所采用项目活动的实施流程图①

（一）幼儿园探究性课程实施的开始阶段

1. 探究主题的确定

在这一阶段，幼儿园探究性课程组织实施的重要工作就是选择所要探究的主题。探究主题一方面来自幼儿的兴趣需要，另一方面来自教师的预设。

儿童的兴趣需要是探究性课程预设及生成的起点，在探究性课程中要充分尊重和保护幼儿的好奇心和学习兴趣，同时关注儿童探究中的内外部需要以便给予及时、适当的支持。

教师应充分尊重和保护幼儿的好奇心和学习兴趣。探究活动课程常常缘起于幼儿观察生活中的事物而产生的兴趣，活动主题的生成常常是以幼儿的兴趣为切入点，不断延展和生发课程。但是对幼儿兴趣点的捕

---

① ［美］裘迪·哈里斯·赫尔姆，丽莲·凯兹著，林育玮等译：《小小探索家——幼儿教育中的项目课程教学》，南京师范大学出版社 2004 年版，第 25—57 页。幼儿园探究性课程组织和实施的开始、发展、结束阶段对应图中第一、第二、第三阶段。

捉，还需教师具有敏锐的课程建构意识，以及教师丰富的经验积累和开阔的思维方式，因而该课程建设对教师提出的要求相对较高，但一个好的探究性课程一定是依循儿童的兴趣需要开展的。

2. 建立共同经验

选好主题后接下来就是建立幼儿的共同背景经验，丰富幼儿讨论与互动的过程。

教师可以述说自己所经历的故事以及鼓励有类似经验的幼儿说故事；可以在讨论时间呈现一件相类似的作品或物品，诱导幼儿的好奇心并引发幼儿讨论；也可以与幼儿一起阅读及讨论一本图画书。教师应鼓励幼儿进行有关主题的对话。

3. 活动开展可行性分析

教师在与幼儿讨论交流的基础上，结合《指南》《纲要》的指导要求和活动本身的价值，从幼儿发展、"五大领域"、活动开展情况、可用资源等方面，对探究活动进行可行性分析。

4. 绘制探究网络图

发掘幼儿的相关知识，即大部分幼儿都已经知道有关项目教学主题的基础背景，教师就可以跟幼儿聊聊，将幼儿所知道的内容通过图示的方式呈现出来，可以列清单也可以画网络图。

教师预设的网络图帮助教师思考课程可能发展的方向，它必须包括一个中心主题，并分出相关的、多元的子题。有些幼儿园教师喜欢将必要的内容、课程目标及有关该主题对幼儿各方面发展的作用与帮助的思考纳入预先设计的主题网络图中；有些则将焦点放在与此主题有关的几个重要概念上；有些教师会预想幼儿可能会提出的问题；还有些教师将自己的想法写在便签上，并将它们以不同方式整理，如主题网络图、课程网络图或幼儿预期的问题等。

5. 挖掘幼儿想探究的问题

教师可以借助提问或分享绘画作品的方式帮助幼儿提出问题。[①] 当

---

① ［美］裘迪·哈里斯·赫尔姆、丽莲·凯兹著，林育玮等译：《小小探索家——幼儿教育中的项目课程教学》，南京师范大学出版社 2004 年版，第 25–57 页。

教师开始收集与主题有关的文件档案时，也会区分哪些是幼儿不知道的，哪些是幼儿想知道的。4—6 岁的幼儿常常是自然而快速地抛出问题，而教师列出所有的问题，便可以奠定他们一起探索的基础。然而，对于更年幼的孩子来说，以说故事的方式来直接问他们想要知道什么较为合适。教师可以借助于小心地调整幼儿的兴趣及组织他们想法，帮助他们提出问题。

例如教师可以向幼儿提出"有没有什么是你想知道的呢？""你想知道怎么用这些吗？""我认为……你觉得呢？"类似这样的问题来了解幼儿的探究欲望，同时也可以借助与介绍某件作品与幼儿进行讨论，有意引出他们的想法。通过询问幼儿想知道什么、发现什么，刺激他们形成探究的问题。例如，教师在发现幼儿对表演感兴趣后，在制作道具之前，会组织幼儿讨论每件道具应该怎么做，有哪些具体的操作步骤，要收集哪些材料，如此就能做出一张问题清单，明确探究步骤，这比单纯地问他们"你们有什么问题"要容易出成果。

（二）幼儿园探究性课程实施的发展阶段

项目第二阶段的主要目标是实地参访工作，即为第一阶段末设计的问题寻找答案。因此，第二阶段的工作就是通过各种方式收集数据和获得新的信息，讨论实地参访的相关工作。此外，此阶段将就如何更好地支持幼儿、如何让幼儿的探究活动得以层层开展等提出建议。

1. 实地参访

（1）实地参访的准备工作

当儿童在第一阶段对要研究的主要问题达成一致意见后，接下来就可以讨论到哪里去参观，以及可以邀请谁来访，这也意味着项目进入了第二阶段。这个时候，儿童可以自愿报名参加特定子题目研究的小组。然后，教师可以组织重点事件，如一次校外考察旅行或几位专家的来访。这些事件可以成为各种问题信息以及儿童兴趣和想法的重要来源。小组讨论是一个很有价值的方法，可以借此让儿童做好迎接新的经历的准备，并帮助他们交流对新信息的理解，听取他们的汇报。

● 小组讨论

组织全班或小组对特定的子题目进行讨论，具有提供信息和激发动力的功能。在项目开始时，儿童通过讨论分享他们各自对该题目的了解，并使教师能够探索儿童的现有知识。在第二阶段，讨论又多了几个功能：让儿童做好实地参访工作、迎接课堂来访者或其他重点事件的准备；帮助儿童改进准备调查的问题；计划小组的学习活动；评估已经完成的工作；讨论目前承担的工作以及它的进展情况；计划下一步骤和今后的其他工作。在讨论中，教师帮助儿童分享他们的思想和经历，从而促进其团队精神，使项目教学工作能在教师的期望和指导下，蓬勃稳健地发展。

实地参访的一项最重要的准备工作，就是对整个组和每个分组要了解的内容有个清晰的概念并形成一致意见。教师引导幼儿对需解答的问题进行一次讨论。一些教师发现，制作一张图表，列出所有已被一致认可的问题以及儿童对答案的预测是很有助益的。表中需专设一栏用以填写所收集的数据，教师可以鼓励儿童对互相的预测提出质疑，并最后在表中列出一些自认合理的预测。在对问题的讨论和预测中，教师可以让那些做出预测的幼儿阐述他们的依据。这种兴致盎然和积极的探索，可以激发儿童认真思考自己的推理依据的意向。

如果幼儿讨论的内容既有趣又激发思维，则能收到最佳的效果。当他们觉得自己被讨论的内容所吸引，重复举手、轮流发言及仔细听讲等就成为多余的规定。儿童会听别人讲话，那是因为他们想知道他人在说什么。教师不但可以提问和评论，而且可以鼓励儿童互动，以免使自己直接介入所有的会话。鼓励这种孩子间交互讨论的方法之一，就是教师让儿童对另一个组的计划提出建议或回答同学的问题。在对第二阶段的进展情况进行汇报讨论时，教师可以抓住机会，鼓励儿童互相提问，互相鼓励，甚至互相祝贺正在完成的工作。如果教师对每个组或每个人逐一提问，要求直接回答其问题，而不鼓励他们互相交流问题和提建议，等到他们的发言"机会"一过，幼儿可能就会退出整个讨论活动。

教师还可以在这些讨论中做记录，把儿童说过的话重新读给他们听，从而把他们的注意力吸引到自己提出的观点和评论上，并征询他们对该题目的更多想法。这样，教师就可以给儿童做一个示范，即一个感兴趣的聆听者的示范。教师对幼儿的谈话的评论，也为他们在会话中该如何回答和思考别人的话做出示范。一些教师报告，让幼儿提出问题是件很困难的事。也许当问最小的孩子有什么问题时，他们会对该怎么回答有些困惑。但是，如果教师在一位专家来访之前问儿童"你们希望这位裁缝奶奶谈些什么？""你们想让自行车修理工告诉你们什么？或给你们展示什么？"儿童的回答就可能更有机会被列为研究的问题。

● **信息的来源**

在针对最小的儿童设计的项目中，主要的实地参访工作就是通过直接观察和体验获得信息。同时，还包括从参考书中查阅资料，获得想法，以及抄下词汇和图表。随着年龄的增长及使用各种手段的熟练程度的提高，可以不断扩展信息来源，包括直接的和间接的来源。直接的来源包括实地参访工作，观察事件和活动，到一个真正的生活场景，观察了解与题目有关的各种工作用具，或到商店的货运部门工作。采访有各种直接经验的人，也可以提供有关其他人的直接经历的信息。在这个阶段，还可以考察利用间接的信息来源，如书籍、杂志、报纸、有关的教育影片、小册子以及通过互联网资源等。

（2）**实地参访旅行**

幼儿对校外考察旅行的内容十分感兴趣。如果教师和儿童很清楚旅行的主要目的，他们是不会放过任何细节的。教师可以鼓励儿童多注意考察的常规内容，如交通工具、就餐、儿童跟成人的分组。这些日常安排，给了儿童实践分类、计数以及生动形象地表述一天事件的机会。

例如，年龄较大的儿童可以这样描写："我们的车上有 27 个儿童和 5 个成人。这 32 个人是我们学校的，加司机一共 33 个人。车上有 40 个座位，所以有 8 个座位空着。"儿童通常会对交通方式和食物感兴趣，这些兴趣可以提供很好的教学机会。当然，教师可以吸引儿童注意那些与项目主要工作有关的特征，还可以让年幼的儿童口述他们的印象，教师则把它记录下来。

一些教师发现，让年龄较大的儿童带上笔记本或书写板很有用。他们可以记笔记，并把看到的有意思的东西素描下来。通常在做这种现场记录时，让儿童自由发挥比较好。如果教师提供一份考察项目清单或一份需解答的问题清单，儿童的注意力就会因"寻宝"而分散。相反，如果教师只建议他们去注意一些内容，儿童就能对它们饶有兴趣地仔细观察，而不是互相竞赛找到同一份单子上的内容。

儿童的注意力可以被人或实物吸引，如物品的功能、如何工作，它们与其他物品或其他人有什么关系等。要把物品按它们的共同特征以及它们与其他物品的区别来分类，儿童就必须仔细观察。应该鼓励儿童进行分析性讨论，等回到教室，教师还可以帮助儿童用不同的方式表述他们的观察结果，如用图画、图表以及文字等。

2. 教师的支持

● 环境材料支持

教师根据儿童兴趣和需要，允许、支持并敏锐地发现和引导儿童根据探究需要转换环境，并寻求和提供资源材料助力儿童进一步探索。在幼儿的探究活动中，幼儿常常会有对探究环境与工具的需求（如材料、工具等），材料环境的满足能够让幼儿在充实、自由、安全的氛围中进行探索。

● 教师追随支持

刘晓东教授曾在《解放儿童》中说："像植物般成长中的年幼儿童同样需要精神上的各种养料。而我们成人往往对儿童的某些天真的本能需要感到忧虑，我们常常善意地控制孩子的一些本能的需要，结果往往是好心办了坏事。"[1] 因此，为儿童提供一个符合儿童审美特点、关注儿童人际互动、满足儿童自我成长、顺应儿童天性的心理环境在儿童的探究活动中也是非常重要的。[2] 比如，在自制西游人物道具的活动中，遇到了"九齿钉耙少一齿""袈裟长袖怎么做"等难题时，幼儿通过发散思维，想出多种解决问题的办法，在验证办法可行性的同时，幼儿还面临着多

---

[1] 刘晓东：《解放儿童》，江苏教育出版社 2008 年版，第 12 页。
[2] 吴昀：《追随儿童的需求，构建成长的乐园》，载《考试周刊》2013 年第 99 期。

种材料的选择问题，利用教师提供的硬纸板、剪刀、双面胶、各种布料等工具不断尝试、操作，找到活动中最适合、最完善的问题解决方案，促进活动的顺利进行，达成幼儿预先期望的目标。

● 同伴协同支持

探究活动常多以小组合作的形式组织，同伴合作是探究活动得以产生及延展的重要因素。在探究活动中实践同伴协同合作，可以提供给幼儿将情感投入于学习经验的机会，使得幼儿与生俱来的好奇心和对学习的欲望得以激发。另外，研究表明，同伴协同利于幼儿提高自身的认知水平，促使幼儿加速对自身的认知，发展合作双方的元认知水平。[1]

同时，教师适切引导是实现科学探究，习得科学知识的重要保证。当儿童问题难以解决时，教师鼓励，同伴互助，促进团队商讨、分工、合作、再尝试，儿童在团队合作中感受同伴协作的快乐，体验合作的力量。教师在追随儿童和伙伴的整个过程中，评估事件发展、儿童经验结构、同伴协同水平以及问题解决的关键点的突破和难点之所在，根据儿童现有经验和能力水平敏锐地结合事件和问题线索，生成集体教学；进一步通过教师的教学，引入相关资源，组织儿童就事件和问题梳理经验，在思辨中发现解决问题新路径，激发儿童开启新一轮探索。在表演准备过程中，幼儿不断修改剧本设计，根据人物角色不断打磨言语、动作，并亲自动手制作适合人物角色的道具服饰，活动经验得以丰富和拓展。此外，幼儿为呈现更好的演出效果修改出适合自己表演的剧本，大家分工协作，各司其职地进行选角、定稿、布置场地，不断发现问题并解决问题，实现搭建经验的不断迁移。教师则在"环境材料、教师追随、同伴协同、教学跟进"多线推进下，支持幼儿想法，肯定幼儿发现，助推幼儿经验迁移和创新创造，为幼儿的深度学习提供无限可能。

---

① 单美贤、董艳、洪荣昭：《基于项目式学习的同伴在线协作学习活动设计与应用研究》，载《黑龙江高教研究》2021年第1期。

3. 探究活动得以层层推进

● 关注幼儿探究活动中的"问题线"

问题线是儿童发现问题、解决问题的思维线。所谓的深度学习并不是以单纯的获取知识为目的的学习，而是指向问题解决的学习，在发现问题、分析问题、解决问题的过程中实现由浅层学习向深度学习的转变。[①] 因此，问题解决不仅是对方案的实施，还有对于问题的分析、讨论以及对于方案的制定、修改的反思，这些都是建立在对问题的深度理解与剖析的基础之上的。幼儿在探究环节中，不断发现问题，通过同伴交流、资料查阅、寻求帮助、经验运用等多种方式进行了不断探索解决问题的最佳答案。因此，探究活动以问题为导向不仅是探究课程得以延续的基础，更是儿童探究能力及问题解决能力运用、展现的过程，这和儿童的认识发展和经验成长密切相关。例如在"我也要西游"项目活动中，八十一难中每一难的故事情节是怎样的、每个角色人物的性格特点、剧本该如何修改才能更利于表演、如何制作出适合每个角色的道具、如何实现舞台演出的协调连贯……这些都是儿童在搭建过程中想要探索的问题，都需要教师紧紧追随儿童的问题线索，发现儿童的好奇，放手让儿童自由、自主、大胆地去尝试解决，不断调整策略。

● 关注幼儿探究活动中的"交往线"

交往线是探究活动质量提升与幼儿获得发展的生命线。在探究性课程理念中提到的"循性而动，追随儿童"的合作思想观中，可以了解到探究活动中非常注重师幼交往、同伴互动。探究课程的目的，不仅在于儿童发现和解决问题，更重要的是儿童在探索中实现幼幼合作、同伴协同，在团队中成长，这是儿童实现社会化的重要过程。互动合作的探究式学习是幼儿思维能力形成和发展的重要途径，教师需要找到一个合适的方式促进幼儿的思维发展，因而师幼间、同伴间的互动合作成为探究活动中实现幼儿发展的重要形式。互动合作探究式学习营造了一种主动研究、探索和不断创新的氛围，使得师幼间、同伴间可以相互合作、充

① 郝明晶：《以问题解决为导向的幼儿深度学习的教师支持策略研究》，东北师范大学 2021 年硕士学位论文。

分互动，给幼儿提供了解决认知和思维困顿的契机，这样的探究方式使幼儿思维更加缜密，利于幼儿综合素养的提升。[①]

例如，在"我也要西游"活动中随着要一起去西游计划的确定，了解每一难故事情节、西游人物鉴赏、设计剧本、选择角色、制作道具等活动陆续出现；同时，每个小组因幼儿个性不同，都有领导者、追随者、促进者和游离者角色的存在，这就需要教师采取不同的支持策略，目的是协助幼儿在发展自我个性的基础上，实现团队协作，发挥优势，从而助力幼儿在团队中找到属于自己的适合的团队位置，助力幼儿融入团队并享受幸福的团队生活。

● 关注幼儿探究活动的"经验展示线"

经验展示线是教师与幼儿总结反思、经验升华的标准线。当每个探究小活动结束后，幼儿需要汇报这一小活动的探索过程，这就成为儿童展示经验发生和发展的过程。教师助力儿童进行梳理、表征，并与同伴进行分享、展示，在分享与展示中，儿童不断反思和修正自己的经验，从而实现经验迁移，形成系统思维，促进儿童元认知发展。此外，还应当注重幼儿在探究性活动中经验的提升，教师可以从关注幼儿的最近发展区、学习品质以及探究方法等方面进行分析。[②] 在关注幼儿最近发展区方面，主要包括幼儿的已有水平和原有经验。探究活动不同于其他的活动形式，在探究活动中，幼儿会积极主动地把已有经验应用于不同的情景和材料，不断迁移经验，促进研究发展。幼儿的探究是在原有经验的基础上不断获取新的知识经验，探究活动需要幼儿在充分利用原有经验的基础上进行，可以说，幼儿的探究活动是不断实现幼儿认知纵深发展的过程。因此，需要教师及时关注幼儿的已有经验，帮助幼儿概括经验，为他们运用已有经验解决真实情景中的问题创造条件，从而促进幼儿在自主探究中实现有效经验的建构。

---

① 谷新龙：《以互动合作探究教学促进学生数学思维发展》，载《中国教育学刊》2021 年第 3 期。

② 郑伟：《大班幼儿自主探究中的科学经验建构研究——以轨道探究活动为例》，西南大学 2021 年硕士学位论文。

例如在"我也要西游"的每个小活动结束后，教师均会借助经验展示环节让幼儿将解决问题的过程与步骤，以绘画、述说、讨论、主题墙张贴等方式充分表达。如在整个项目的最后一环节，教师引导幼儿谈谈一场演出的收获，组织幼儿开展经验的展示与交流，引导幼儿从材料使用、问题思考、解决过程、形成认识及困惑、下一步计划及团队调整等方面有重点地进行经验梳理与展示，从而助力幼儿不断提升经验，引导幼儿从浅层思维迈向高阶思维，实现幼儿思辨力、表达能力、创造力的不断提升。

（三）幼儿园探究性课程实施的结束阶段

这一阶段结束的标志为幼儿停止问问题、整个班级和教师开始厌烦主题、较少幼儿参与活动等。在这个阶段的主要工作是使项目教学达到高潮，可以通过口头报告、制作一本书、准备一个展览等形式，也可以鼓励幼儿通过绘画来呈现他们所学到的内容。换句话说，就是引导幼儿通过多种方式表现自己在项目活动中所学的内容①。

● **对其他班级的报告**

如果幼儿园和学校有定期的集会，可以专门安排一些机会，让一些班级向其他孩子和教师介绍自己的工作。有时候，一个班级可以只对一个班的孩子交流他们的工作。这种交流，会增强幼儿属于学校这一大家庭的感觉。在全园形成这种关心学习和有所成就的风气，有助于创造一种年龄较大和年幼儿童在课堂内外相互尊重、相互支持的精神特质。年龄较大的儿童先听取年幼儿童的报告，了解他们的成绩和所做出的努力，然后介绍自己所做的研究工作，他们的方法会使年幼的儿童非常感兴趣。在准备这些汇报的过程中，教师可以鼓励报告者预测，他们的哪些经验和工作可能使其他人感兴趣。他们还可以鼓励儿童讨论和思考，如何对年龄较大和年幼的学友表达清楚他们的想法、见解和经历。预期别人的兴趣及努力向他们表达清楚自己的意思，是项目教学期间须显示的重要

---

① ［美］裘迪·哈里斯·赫尔姆、丽莲·凯兹著，林育玮等译：《小小探索家——幼儿教育中的项目课程教学》，南京师范大学出版社 2004 年版，第 112-122 页。

意向。

一些较大的成果，如建构模型、壁画、图表等，可以在这些集会上展示。可以选一些儿童来陈述这些作品是怎么做成的，使用了什么材料，他们碰到了什么困难，又是如何克服的，以及作品代表什么，等等。儿童个人可以朗读自己写的描述文章、故事和诗歌。一个小组可以表演一出短剧，班里的其他人作为合唱队，伴唱或用打击乐器伴奏，也可整个班级一起演唱或一起演奏。

教师可以协调整理这些项目教学成果的展示，以至能同时从儿童和自己的角度讲述故事。对儿童来说，准备汇报通常是有趣而令人振奋的，它为个人和小组提供了正式结束项目中最重要部分的机会。班级讨论具有反思、总结和述职功能，有助于儿童欣赏自己和别人的成果。

汇报主要是一次交流而不是表现。汇报陈述给儿童提供了表述和向其他感兴趣的人交流经验的机会，也给其他儿童、教师以及父母听取他们经验的机会。娱乐不是主要的目的，虽然这些场合经常有娱乐的性质。儿童也不应该把结题活动或结题展示当作炫耀的机会。结题活动旨在交流学习情况，但它不必是一个拘泥地学、规范地念或正规地演习的时刻，应该允许有一些自发和即兴的节目。儿童自己应该为计划一个结题活动承担一定的责任。如果儿童从小就习惯了这类经历，他们多数就不会被观众吓倒。和项目的其他环节一样，这里的重点是在学习过程中激发儿童的思维。儿童谈论活动以及他们的工作方法应不少于谈论他们的工作成果。

这些学习过程包括制作模型、写故事、设计和进行实验，记录观察结果，用图表表述信息，制作班级日志等。虽然其作品作为对过程的记录非常重要，但重点不在它们，关键是儿童可以学习解释、描述、报告和记录他们的工作方法。例如，在皮影制作项目中，需要对皮影人物进行一次次的设计，直到能够画出更完美地表达制作灵活皮影人物的草稿为止，当一幅画的两个不同版本在第三稿时达到了质量要求，儿童在展示和汇报时可以讲述从第一稿到第三稿是如何修改的。最初的草稿没有被当作"错误"或当作"我弄错了"的证据，而被说成"当我认识到"

或"当我发现我可以用不一样的方法"来获得满意的效果。用"尝试不同方法以达到最满意的结果"的措辞来描述他们做出的努力的儿童，是在传达这种方法的价值。他们为其他孩子做出了学习策略意识的示范，显示了他们的深思熟虑怎样促成了最后的成果。因此，项目教学可以增强面对挑战坚持不懈以及努力学习力求精通的意向。

● 巩固活动

巩固的过程，包括把在熟悉的情景中获得的知识广泛运用到其他认知环境中。为了举例说明促成这一过程的活动，让我们仔细考察一个有关纸的项目。新的知识可能会使儿童认识到，纸在生活中的用途并没有那么单一。他们可能开始更深地理解，生活中的许多事情都会用到纸——他们在吃饭时，上厕所时，擦脏东西时，做手工时。成人可能经常不解释为什么有很多不同的场景会用到纸，即使问他们也一样。

让我们看看下面这个例子。在一次家庭聚会中，母亲为幼儿夹菜时不小心把饭菜掉到了盘子外面，母亲随手拿起餐巾纸擦掉了掉在饭桌上的饭菜，她4岁的儿子便问母亲："妈妈，为什么要擦掉啊？"母亲可能会做出如下几种答案："掉在餐桌上的东西就不干净了。""掉在桌子上了，桌子上可能会有细菌。""餐巾纸可以擦掉脏的东西。""餐巾纸可以让弄脏的餐桌变干净。"只用一个句子回答孩子提出的有关一个事件的问题，势必以为孩子具有理解这一回答的背景知识（即使这不是一个不合逻辑的推论）。孩子可能会诧异："为什么桌子上的食物有细菌而盘子里的没有？"或"餐巾纸会不会有细菌？"等等。在他们的戏剧表演中或生活场景中，以及在为诗、故事或油画撰写说明时，儿童可以根据纸在生活中的用途的新知识，对熟悉的事件做出合理的解释。

有时候，巩固活动能使儿童发挥对项目的外延兴趣。例如，在有关参观幼儿园的项目中，年龄较大的儿童可能会画一张想象中的幼儿园建筑平面图，其中有户外活动区和室内娱乐区。他们可能会根据自己的喜好或自己所在班级的位置，提出使自己在每次户外活动时能以最快的速度跑到户外活动区的"最佳路线"。不是所有的主意都出自教师，儿童自己会有很多想法。展览一直是信息的来源，此时仍然可以施行各种与之关联的任务。合适的话，展示的信息可以用到测试儿童理解能力的任务中。还可以根据接待日中大家提出的观点改进这一阶段的展览。第三阶段的多数成果都可以收入儿童自己的项目文件夹，成为个人的进步记录。

● **接待日**

结题活动的另一种形式，是一个班级可以设立向父母、行政管理人员或其他来访者汇报项目工作的接待日。儿童可以带领来访者游览教室，他们还可以按照学校的规定，做个更正式的报告。让父母有机会看到自己如何回应教师和孩子的要求，对项目教学作出了自身贡献，是一个不错的主意。如果父母介入很深，这次参观会让他们感到特别有意思。反之，也可以为他们以后如何提供帮助指出一些方法，鼓励他们下一次积极参与。

四、幼儿园探究性课程评价

（一）幼儿园探究性课程评价的概述

1. 幼儿园探究性课程评价

幼儿园课程评价就是一种以幼儿园课程为评价对象的特殊的认识活动，它是针对幼儿园课程的特点和组成要素，收集相关信息，对幼儿园课程的价值、适宜性、效益做出判断的过程。课程评价的效果不仅是判断课程效果，关键是改进课程品质[1]，多样化的评价手段利于促进幼儿园课程的优化发展。幼儿园探究性课程是一种基于多个评价视角的新型课程模式。

幼儿园探究性课程评价是一种及时性的、真实性的、领悟性的评

---

[1] 汤文佳、江夏：《儿童参与幼儿园课程评价的能为、难为与应为》，载《教育探索》2022 年第 9 期。

价[①]，它以幼儿园探究性课程为评价对象，针对幼儿园探究性课程的课程目标、内容、实施方式等要素，收集相关信息，对幼儿园探究性课程的价值性、适宜性等做出判断的过程[②]。

2. 幼儿园探究性课程评价的理念及方法

幼儿园探究性课程评价的目的在于真实地了解幼儿成长发展轨迹及状况，了解课程在实施过程中的适宜性、教育的有效性，以便调整、改进、发展课程，从而形成合理的教育预期，满足和促进幼儿发展的需要，为幼儿提供适合其特点且卓有成效的教育。在实践过程中，形成教师、幼儿、同伴及园外专家等教育者共同组成的评价团队，本着"真实观察、客观解读、适切调整"的评价理念，将评价贯穿于教育的全过程，在幼儿的探究过程中持续观察、记录，动态评估。

3. 幼儿园探究性课程评价的取向

课程评价的取向是指每一种课程评价所体现的特定的价值观。幼儿园课程评价的取向是对幼儿园课程评价的本质概括，它支配着课程评价的具体模式和实际操作。

在我国幼儿园课程改革的过程中，课程评价取向经历了从静态到动态、从重结果到重过程、从微观到宏观、从单一到多元、从社会本位到社会与儿童本位相融合的变化历程。受后现代文化思潮的影响，课程评价的思想内涵也随着后现代对人、对知识以及对儿童学习等方面认识的不同而逐渐发生转向。

幼儿园探究性课程是幼儿和教师一起就幼儿感兴趣的题目进行持续的、深入的调查研究。所选择的题目都是幼儿周边生活环境中经常见到的人、事、物，所做的调查是幼儿为寻找问题答案而进行的各种类型的研究过程和研究程序。这些问题包括幼儿个人、幼儿们一起、幼儿和教师一起提出的问题，也包括在调查过程中提出的问题。因此，幼儿园探究性课程评价的取向更倾向于后现代文化思潮的评价取向。

---

① 何妨：《幼儿园探究性课程的探索与实践》，北京师范大学出版社 2021 年版，第63 页。

② 纪艳红：《幼儿园探究式学习项目课程》，清华大学出版社 2022 年版，第66 页。

（1）**评价对象和范围的转向**：从评价课程转向评价人的发展

幼儿园课程评价的对象和范围属于"评价什么和评价谁"的问题。课程评价既要包括对课程方案、课程实施过程、课程效果等"事件"的评价，也要包括对教师和儿童等"人"的发展性评价，而且更多指向于儿童的学习和教师的教育教学，关注教师与幼儿的生活意义、生命价值，在此基础上追求课程的意义生成。

（2）**评价方式的转向**：从外部评价转向内部评价

幼儿园探究性课程的评价更注重内部评价，园长与教师之间、教师与教师之间、教师与儿童之间、儿童与儿童之间的自我评价和相互评价。那种"把丰富的质还原为量，把复杂的教育现象简化为数字"的外部评价模式抹杀了教师和儿童的个性，忽视了人在参与课程活动时的价值和体验，使之成为评价的附属品。而内部评价还有利于激发师幼在教学活动中的创新精神和潜在能力，鼓励师幼以对话、反思的形式积极开展自我评价，因而幼儿园探究性课程评价是用动态、理解、现场的方式去诠释，作为直接参与课程的"局内人"成为评价者的批判对象。

（3）**评价目标的转向**：从诊断与甄别转向共同发展与进步

现代课程评价的标准超越了精确性、稳定性，倡导动态性、模糊性和开放性，主张评价主体多元化，主张评价由师幼共同进步、相互作用，通过批评和对话发展个体的智力和社会能力。在这种理念的影响下，课程评价的目标应转向注重发展的差异性，促进师幼共同进步。幼儿园课程评价要为师幼共同发展提供条件，尊重和体现个体差异，激发个体的主体精神，以促进每个个体最大化地实现其自身价值。

（4）**评价标准的转向**：从追求质量提升转向追求意义生成

幼儿园课程在关注儿童各个领域发展的同时，还要关注儿童个体对生命价值的认识和自我实现，关注教师的职业幸福感。因此，幼儿园课程评价标准应从主要关注质量到主要关注教师与儿童的生活意义、生命价值，在此基础上追求意义的生成。由此，幼儿园课程教育质量也会得到提升。

（二）幼儿园探究性课程评价的内容

在幼儿园探究性课程评价内容中，主要围绕三类课程内容、师幼互动质量、课程质量及幼儿问题解决能力发展四个方面建构较为全面的幼儿园探究性课程评价体系，并借助与之匹配的"幼儿园探究性课程师幼互动质量评价表""幼儿园探究性课程质量评价表""幼儿园探究性课程幼儿问题解决能力评价表""幼儿园探究性课程三类课程内容评价指标表"分别开展评价。

1. 幼儿园探究性课程师幼互动质量评价

师幼互动贯穿于幼儿园探究性课程的始终，是促进幼儿的探究走向深度学习的关键性因素，也是教师内在的教育观念、教育能力，外显的教育手段、教育行为相结合的表现。随着幼儿园探究性学习项目课程的不断推进，师幼互动的质量是影响和决定课程质量的关键所在。师幼互动的过程与逻辑如下：

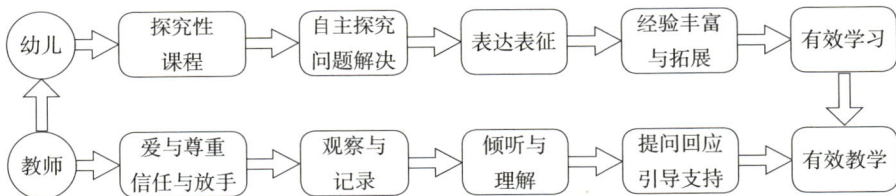

该图来自 HOPE 幼教创新大会：王春燕《高质量发展背景下幼儿园课程建构的思考》

《纲要》指出，教师要"关注并敏感地觉察幼儿在活动中的反应"，"及时调整活动计划或教育行为，使之适合于幼儿的学习"。因此，教师应该及时以适当的方式回应幼儿，形成合作探究式的师幼互动。[1] 在国家和社会高度重视学前教育质量的今天，锁定影响学前教育质量的重要因素——师幼互动质量，在探究性课程中建立"幼儿园探究性课程师幼互动质量评价表"，以期诊断现阶段师幼互动水平的同时，持续推动教师专业发展、课程质量的不断提升。该"幼儿园探究性课程师幼互动质量评价表"具体如下所示。

---

[1] 柳茹：《师幼互动中的教师应答策略研究》，教育科学出版社 2014 年版，第 2 页。

幼儿园探究性课程师幼互动质量评价表

教师姓名 _____ 所在班级 _____ 评价者 _____ 评价日期 _____ 至 _____

评价维度	评价项目	评价内容	评价指标		
			水平1	水平3	水平5
探究性课程的生成	觉察幼儿兴趣需要和教育契机	理解、关注并支持幼儿的兴趣、需要	幼儿对探究活动缺乏兴趣	幼儿对探究活动有一定的兴趣，但探究欲望不足	幼儿对探究活动感兴趣，善于发现生活中的问题
			幼儿不能主动发起活动	幼儿有时主动发起活动	幼儿经常主动发起活动
			幼儿不积极参与探究活动	幼儿有时积极参与探究活动	幼儿对探究活动感兴趣，能积极参与
			教师不观察和倾听幼儿	教师有时观察和倾听幼儿	教师坚持在一日生活中观察和倾听幼儿
		敏锐觉察教育契机，鼓励幼儿自主探究	教师不能结合已有经验对幼儿所要进行的探究活动进行可行性分析	教师能结合已有经验对幼儿所要进行的探究活动进行可行性分析，但分析不准确	教师能结合已有经验对幼儿所要进行的探究活动进行可行性分析，且分析准确、合理、适宜
			教师不鼓励幼儿进行自主探究	教师有时使用适当的方法鼓励幼儿进行自主探究	在一日生活中，教师通过很多方法坚持鼓励幼儿进行自主探究，如询问幼儿正在做什么、倾听幼儿正在谈论什么
			教师把自己的观点强加给幼儿，并决定幼儿应该探究什么	教师有时鼓励和支持幼儿的观点和兴趣	一日生活中，教师坚持鼓励并支持幼儿的观点和兴趣

（续表）

评价 维度	评价 项目	评价 内容	评价指标		
			水平1	水平3	水平5
探究性课程的生成	生成幼儿园探究性课程内容	生成性的教育信念	教师尚不了解生成性对幼儿探究活动的教育意义	教师了解生成性对幼儿探究活动的教育意义，但在实际操作过程中仍以预设为主	教师熟悉生成性对幼儿探究活动的教育意义，且在实际操作过程中以"预设＋生成"相结合的方式推进幼儿的探究活动
			教师拘泥于既定的目标路线	教师有时拘泥于既定的目标路线	教师不拘泥于既定的目标路线，能围绕实际探究需要进行调整
			教师一味追求探究成果与效率	教师有时一味追求探究成果与效率	教师不一味追求幼儿探究成果与效率
		理解幼儿的知识	教师尚不了解该年龄阶段幼儿的身心发展特点和个别幼儿的差异	教师了解该年龄阶段幼儿的身心特点和个别幼儿的差异，但仅存于表面	教师深入了解该年龄阶段幼儿的身心特点和个别幼儿的差异
			教师不能将对幼儿的理解作为生成课程开展的基础	教师有时能将对幼儿的理解作为生成课程开展的基础	教师能将对幼儿的理解作为生成课程开展的基础
探究性课程中的"多维支持"	环境材料支持	营造温暖和充满关爱的探究氛围	教师与幼儿互动时，没有表现出积极的关注	教师与幼儿互动时，有时对一些幼儿表现出积极的关注	教师与幼儿互动时，表现出积极的关注，如： ·微笑、拥抱、点头 ·蹲下 ·仔细倾听 ·亲切交谈

（续表）

评价维度	评价项目	评价内容	评价指标		
			水平1	水平3	水平5
探究性课程中的"多维支持"	环境材料支持	营造温暖和充满关爱的探究氛围	教师没有为幼儿营造温馨、轻松、愉快的探究氛围	教师为个别幼儿营造温馨、轻松、愉快的探究氛围	教师为全体幼儿营造温馨、轻松、愉快的探究氛围
			教师不能根据幼儿的探究需要转换环境	教师能根据幼儿的探究需要转换环境，但所转换的环境不是遵循幼儿的意愿	教师能根据幼儿的探究需要转换环境，且转换的环境遵循幼儿的意愿
		根据探究需要使用材料	幼儿不能与材料互动	幼儿有时主动选择材料进行探究活动	幼儿主动选择材料进行探究活动
			教师不能根据幼儿的探究需要投放适宜材料	教师偶尔根据幼儿的探究需要投放适宜材料	教师根据幼儿的探究需要投放适宜材料
			教师期望幼儿用相同的方式使用材料	教师有时会鼓励幼儿按自己的探究需要使用材料	教师鼓励幼儿按自己的探究需要使用材料
			教师不鼓励幼儿用自己独特的或不同寻常的方式使用材料	教师有时鼓励幼儿用自己独特的方式使用材料	教师鼓励幼儿以自己独特的方式使用材料
			教师不鼓励幼儿重复探究一项活动	当幼儿选择重复探究一项活动时，教师有时会给予支持	当幼儿选择重复探究一项活动时，教师会耐心观察，给予支持

（续表）

评价维度	评价项目	评价内容	评价指标		
			水平1	水平3	水平5
探究性课程中的"多维支持"	环境材料支持	利用多种资源为幼儿提供支持	教师不能调动现有资源为幼儿提供支持	教师有时调动现有资源为幼儿提供支持	教师能灵活运用现有资源为幼儿提供支持，如： ·绘本 ·现代信息技术 ·现实生活中的教育资源
			教师尚不能在现有资源中选择出最符合幼儿探究需要的资源	教师有时能在现有资源中选择出最符合幼儿探究需要的资源	教师能借助已有的探究经验，在现有资源中选择出最符合幼儿探究需要的资源，助力幼儿的探究走向深处
	教师追随支持	发现问题，解决问题，自主探究	幼儿不愿动手动脑解决问题	幼儿能主动想办法解决问题，但方法、途径较为单一	幼儿能主动思考，并运用多种途径、方法解决问题
			幼儿不愿意承担探究任务	幼儿有时能承担探究任务，但自信心不足	幼儿主动承担探究任务，敢于接受挑战，对完成任务有信心
			幼儿不能持续探究，半途而废	幼儿有时能持续探究，遇到问题时向他人求助	幼儿坚持持续探究，遇到困难尝试解决，不轻易求助
			幼儿不能结合探究计划进行探究	幼儿有时结合探究计划进行	能够结合当前问题出主意、想办法、制定解决计划，并遵照计划进行探究

（续表）

评价维度	评价项目	评价内容	评价指标		
			水平1	水平3	水平5
探究性课程中的"多维支持"	教师追随支持	发现问题，解决问题，自主探究	幼儿在探究失败后，不再尝试	幼儿探究失败后，愿意再次尝试，但有依赖性	幼儿探究失败后不放弃，敢于多次尝试，直至问题得以解决并取得好的效果
			当幼儿面对新的探究问题时，教师为幼儿解决问题	当幼儿面对新的探究问题时，教师有时支持幼儿自行解决问题	当幼儿面对新的探究问题时，教师支持幼儿自行解决问题
			教师不善于倾听并及时回应幼儿的需求及问题	教师善于倾听幼儿的问题，但不能及时回应幼儿	教师善于倾听并及时回应幼儿的需求和问题
		在真实的探究情境中质疑、推理	幼儿在活动中缺乏质疑、推理	在教师和同伴的引导下，能在探究活动中进行质疑、推理	在探究过程中主动质疑、推理，并实践自己的想法
			活动中不能提出自己的观点	能提出自己的观点，但对提出的观点犹豫不决	能大胆提出并坚持自己的观点，并能说出理由
			幼儿不回答教师提出的问题	幼儿有时回答教师提出的问题	幼儿对教师提出的问题，能积极思考并主动回答
			不能认真倾听他人的讲话	有时认真倾听他人讲话，并做出回应	能认真倾听他人讲话，并积极回应
			教师向幼儿提出封闭性的问题	教师向幼儿提出开放性问题，但问题的价值不大	教师向幼儿提出开放性问题，且问题能引导幼儿深入思考，推动探究走向深入

（续表）

评价维度	评价项目	评价内容	评价指标		
			水平 1	水平 3	水平 5
探究性课程中的多维支持	教师追随支持	教师了解幼儿遇到的新问题和探索思考	教师不能敏锐觉察到幼儿所面对新的探究问题的产生	教师能敏锐觉察到幼儿所面对的新的探究问题，但把握不准确	教师能敏锐觉察且能准确把握幼儿所面对的新的探究问题
			教师面对幼儿在探究过程中遇到的新问题，只能浮于表面，没有深入思考	教师面对幼儿在探究过程中遇到的新问题，需借助外部手段（如书籍、信息技术）深入分析	教师面对幼儿在探究过程中遇到的新问题，能结合已有经验敏锐地进行深入分析
			教师在幼儿的探究过程中不能始终追随儿童	教师在幼儿的探究过程中偶尔能做到追随儿童	教师在幼儿的探究过程中，始终处于追随儿童的过程中
	同伴协同支持	教师清晰掌握幼儿探究发生与发展的过程	教师不能掌握幼儿探究发生与发展的过程	教师能掌握个别幼儿探究发生与发展的过程	教师能掌握全体幼儿探究发生与发展的过程
			教师目前只是通过眼睛观察幼儿的探究过程	教师偶尔利用多种媒介记录幼儿的探究过程	教师能综合利用多种媒介记录幼儿的探究过程
		教师灵活应变的能力	教师不能结合不断变化的生成过程调整探究路线	教师有时能结合不断变化的生成过程调整探究路线	教师能结合不断变化的生成过程，灵活调整探究路线
			教师面对探究过程中生成的新的探究内容而不知所措	教师能灵活应对探究过程中生成的新的探究内容，但其应对方式不适宜	教师能灵活且以适宜的方式应对探究过程中生成的新的探究内容

（续表）

评价维度	评价项目	评价内容	评价指标		
			水平1	水平3	水平5
探究性课程中的多维支持	同伴协同支持	促进幼儿在认知、情感、人际交往领域的全方位发展，实现支持的深度	教师偏重幼儿探究过程中的认知发展	教师关注幼儿情感及人际交往领域的发展，但无法妥善处理幼儿的全方位发展	教师能促进幼儿认知、情感、人际交往领域的全方位发展
			教师不能在幼儿认知发展、情感发展、人际交往发展等关键节点为幼儿提供相关支持	教师能在幼儿认知发展、情感发展、人际交往发展等关键节点为幼儿提供相关支持，但存在支持不适宜的情况	教师能在幼儿认知发展、情感发展、人际交往发展等关键节点为幼儿提供适宜的支持
		幼儿、教师协作探究	教师不参与幼儿的探究活动	教师有时根据幼儿的探究需要介入探究活动	教师能根据幼儿的实际探究需要以适宜的方式介入探究活动
			教师试图主导幼儿的探究活动	教师加入幼儿的探究活动之后，直接提出意见、想法和建议	教师支持符合幼儿发展水平的探究内容
			教师不善于利用探究中的偶发事件激发师幼共同探讨的机会	教师有时善于利用探究中的偶发事件激发师幼共同探讨的机会	教师善于利用探究中的偶发事件激发师幼共同探讨的机会
			幼儿之间不能协同进行探究活动	幼儿之间偶尔能相互协作、合作探究	幼儿之间能相互协作、合作完成探究活动
			幼儿不愿与同伴合作进行探究	幼儿有时能与同伴合作探究，并克服遇到的困难	幼儿愿意与同伴合作，遇到困难能一起克服

（续表）

评价维度	评价项目	评价内容	评价指标		
			水平 1	水平 3	水平 5
探究性课程中的师幼共成长	同伴协同支持	幼儿、教师协作探究	幼儿经常影响他人正在进行的活动	幼儿有时影响他人正在进行的活动	幼儿从不影响他人正在进行的活动
			幼儿不能根据探究需要进行分工	幼儿有时能根据探究需要进行分工	幼儿能根据探究需要进行合理分工
			幼儿不能按照分工完成自己的探究任务	幼儿有时能按照分工完成自己的探究任务	幼儿能按照分工积极主动地完成自己的探究任务
			教师不鼓励幼儿互相交流和沟通	教师有时鼓励幼儿互相交流和沟通	教师经常鼓励幼儿以符合自己发展水平的方式进行互动和交流
			教师禁止幼儿互动探究	教师有时鼓励幼儿进行合作探究	教师创造多种机会，鼓励幼儿自主合作、自由分工协作探究
			教师没有充分融合幼儿的生活体验	教师有时融合幼儿的生活体验	教师能充分融合幼儿的生活体验
			教师没有将探究活动跨越幼儿园的意识	教师有将探究活动跨越幼儿园的意识，但在实际探究过程中没有付诸实践	教师有将探究活动跨越幼儿园的意识，且在实际探究过程中付诸实践，如：·带领幼儿到某一符合探究需要的场地、社区等·结合探究需要，邀请警察、医生等职业的家长进入幼儿园

（续表）

评价维度	评价项目	评价内容	评价指标		
			水平1	水平3	水平5
探究性课程中的师幼共成长	幼儿经验积累	幼儿整合新旧经验，并进行迁移、应用	幼儿不能整合新旧经验	幼儿能在教师的引导下整合新旧经验	幼儿能在真实问题情境的推动下自主整合新旧经验
			幼儿不能迁移已有经验	幼儿能迁移已有经验，但不会在具体情境中进行运用	幼儿能迁移已有经验，并能结合真实的问题情境进行运用
		幼儿反思、交流，在理解的基础上巩固新经验	探究结束后，幼儿没有主动反思的意识	探究结束后，部分幼儿有主动反思的意识	探究结束后，全体幼儿主动积极地对探究活动进行反思
			幼儿不能针对探究过程中的经验进行总结	幼儿能对浅层次的经验进行总结	幼儿能对探究过程中的浅层和深层次经验进行总结
			探究结束后，教师主导分享的权利，幼儿机械地与同伴分享交流	探究结束后，教师偶尔为幼儿提供自由分享交流的机会	探究结束后，教师充分给予幼儿自由分享交流的权利和机会，有意识、有目的地组织幼儿分享交流
			教师没有组织幼儿梳理新经验的意识	教师以口头交流的形式组织幼儿梳理新经验	教师以表征、课程地图等多种方式组织幼儿梳理新经验
			幼儿通过教师讲授的方式巩固新经验	幼儿有时能在理解的基础上巩固新经验	幼儿能在理解的基础上以自己喜欢的方式巩固新经验

（续表）

评价维度	评价项目	评价内容	评价指标		
			水平 1	水平 3	水平 5
探究性课程中的师幼共成长	幼儿经验积累	教师发展幼儿的高阶思维，实现深度学习	教师尚未转变教育观念，没有深度学习的意识	教师的教育观念有所转变，略微了解深度学习	教师的教育观念符合新时代要求，积极促进幼儿的探究走向深度学习
			教师不关注幼儿信息整合能力的发展	教师有时关注幼儿信息整合能力的发展	教师经常关注幼儿信息整合能力的发展
			教师不关注幼儿构建新知能力的发展	教师有时关注幼儿构建新知能力的发展	教师经常关注幼儿构建新知能力的发展
			教师不关注幼儿批判性思维的发展	教师有时关注幼儿批判性思维的发展	教师经常关注幼儿批判性思维的发展
			教师不关注幼儿创造性思维的发展	教师有时关注幼儿创造性思维的发展	教师经常关注幼儿创造性思维的发展
			教师不关注幼儿评价反思能力的发展	教师有时关注幼儿评价反思能力的发展	教师经常关注幼儿评价反思能力的发展
			教师不及时梳理、总结幼儿的探究经验	教师偶尔及时梳理、总结幼儿的探究经验	教师及时梳理、总结幼儿的探究经验
	教师专业成长	教师反思与合作的能力	教师没有统合课程地图等记录幼儿探究之旅的意识	教师用统合课程地图等记录幼儿探究的意识，但在实际操作过程中有记录不完善的现象	教师用统合课程地图等记录幼儿探究的意识，且在实际操作过程中鼓励幼儿集体记录、回顾
			教师将记录幼儿探究过程这一事情当作硬性任务	教师有时以积极的态度记录幼儿的探究过程	教师经常以积极的态度记录幼儿的探究过程

（续表）

评价维度	评价项目	评价内容	评价指标		
			水平1	水平3	水平5
探究性课程中的师幼共成长	教师专业成长	教师反思与合作的能力	教师尚不能认识到记录幼儿探究过程也是探究、反思、对话的过程	教师有时能认识到记录幼儿探究过程也是探究、反思、对话的过程	教师能认识到记录幼儿探究过程也是探究、反思、对话的过程
			针对幼儿的探究记录，教师无法产生新的理解和体验	针对幼儿的探究记录，教师有时能产生新的理解和体验	针对幼儿的探究记录，教师能产生新的理解和体验
			教师不能结合幼儿的探究过程进行个人、教师群体间的合作、反思	教师有时结合幼儿的探究过程进行个人、教师群体间的合作、反思	教师能结合幼儿的探究过程进行个人、教师群体间的合作、反思
汇总					

表格使用说明：

1. 此表可用于自评或他评，是对一日生活中师幼互动情况做出的评价，每次评价周期为5天，每学期评价一次。

2. 评价时请在评价水平栏内相应的水平位置打"√"。

3. 表格中"汇总"部分，请汇总每一级"评价水平"的数量。

4. 相对应的学习故事，或在评价过程中需要重点说明的问题请另外附纸说明。

评分规则①：

第一步：阅读每一行指标，每行勾选一格。

教师在每行指标的3个方格（1、3、5）中选一个（且只能选一个）画"√"。尽量完成每行指标。如指标不适用（如幼儿的探究项目尚未持续结束，需要在下学期继续探究），那就在这一行进行标记，不要勾

① 注：评分规则参考霍力岩教授所编著的《学前教育机构质量评价系统》一书。

画这一行的任一方格，待探究活动全部结束后再完成勾画即可。

第二步：确定质量等级。在"评价水平"部分的对应位置画"√"。

根据下面的标砖确定每个条目的质量等级。

对于仅有两行的条目：

水平1：两行均选择了水平1。

水平2：一行选择了水平1，另一行选择了水平3或水平5。

水平3：两行均选择了水平3。

水平4：一行选择了水平3，另一行选择了水平5。

水平5：两行均选择了水平5。

对于有3行或3行以上的条目：

水平1：一半或一半以上的行选择了水平1（即使有的行可能选了水平3或水平5）。

水平2：不到一半的行选择了水平1，其他的行选择了水平3或水平5。

水平3：一半或一半以上的行选择了水平3，并且没有任何行选择了水平1。

水平4：不到一半的行选择了水平3，其余各行均选择了水平5。

水平5：所有行都选择了水平5，并且没有任何行选择了水平1或水平3。

2. 幼儿园探究性课程质量评价

《纲要》明确了幼儿园教育评价的重点考察内容和进行教育评价的注意事项，更注重对幼儿成长过程、兴趣、情感、态度等和幼儿学习和身心发展密切相关的因素进行全面的评价。有研究者指出，动态的多元化课程评价观更具有全面性和综合性，尤其注重课程评价内容的多元程度，强调课程评价的内容应包括课程目标、内容、主体、实施过程等。[①]因此，研究者从课程目标、课程内容、课程组织与实施、课程评价四个方面制

---

① 罗梦欣、孙钠：《幼儿园课程评价研究综述》，载《新课程教学（电子版）》2021年第5期。

定"幼儿园探究性课程质量评价表"，具体如下所示。

幼儿园探究性课程质量评价表

课程名称 _____ 班级 _____ 主领教师 _____ 评价者 _____ 评价日期 _____

评价项目	评价内容	评价指标		
		水平 1	水平 3	水平 5
课程目标	可行性	探究活动预设目标不符合本班幼儿的年龄特点	探究活动预设目标基本符合本班幼儿的年龄特点	探究活动预设目标符合本班幼儿的年龄特点
		探究活动预设目标不符合幼儿的实际探究需求	探究活动预设目标基本符合本班幼儿的实际探究需要	探究活动预设目标符合本班幼儿的实际探究需求
	适宜性	探究目标忽视幼儿的个体差异	探究目标能够体现幼儿的个体差异	探究目标充分体现幼儿的个体差异
		教师预设的探究目标不随生成内容发生改变	教师预设的探究目标能够根据幼儿实际探究走向做出调整，但调整时有所搁置	教师预设的探究目标能够根据幼儿探究走向及时、灵活调整
	均衡性	所制定的探究目标只考虑幼儿某方面发展	所制定的探究目标考虑幼儿多方面发展	所制定的探究目标充分考虑幼儿发展的全面性和均衡性
		探究目标的制定未考虑幼儿的原有经验和新经验	探究目标的制定考虑幼儿的原有经验和新经验之间的关系	探究目标的制定充分考虑幼儿原有经验，注重丰富、巩固新经验
		探究目标中忽视幼儿情绪及情感的表达	探究目标中能够考虑幼儿的情绪及情感的表达	探究目标中充分尊重和鼓励幼儿情绪及情感的表达
		探究目标中忽视幼儿动作技能的发展	探究目标中能够考虑幼儿动作技能的发展	探究目标中重视促进和提高幼儿动作技能的发展

（续表）

评价项目	评价内容	评价指标		
		水平1	水平3	水平5
课程目标	达成性	不能实现"乐于探索与发现"的活动目标	基本实现"乐于探索与发现"的活动目标	充分实现"乐于探索与发现"的活动目标
		不能实现"善于思考与表达"的活动目标	基本实现"善于思考与表达"的活动目标	充分实现"善于思考与表达"的活动目标
		不能实现"敢质疑好创造"的活动目标	基本实现"敢质疑好创造"的活动目标	充分实现"敢质疑好创造"的活动目标
课程内容	目的性	探究内容与目标联系不紧密	探究内容与目标基本相关	探究内容与目标完全契合
		探究内容单一不能达成教育目标	探究内容相对丰富，基本达成教育目标	探究内容丰富，并能相互融合，有效达成目标
	兴趣性	探究内容不是源自幼儿兴趣	探究内容源自幼儿兴趣，但把握不准确	聚焦幼儿感兴趣、有教育价值的内容
		课程内容没有引发幼儿的探究兴趣	有将课程内容转化为幼儿兴趣的意识，但把握不准确	能将课程内容及时转化为幼儿的兴趣和需求
	适宜性	探究活动不符合幼儿的年龄特点	探究活动贴近幼儿的年龄特点	探究活动符合幼儿的年龄特点
		探究内容与幼儿生活联系不紧密	探究内容与幼儿生活相关，但只能间接获得经验	探究内容源自幼儿生活，易于丰富有益经验
		不能根据幼儿的兴趣需求调整探究内容	有对课程内容进行调整的意识，但还不够及时和科学	追随幼儿兴趣变化，确立生长点，及时调整、改进、拓展探究内容

（续表）

评价项目	评价内容	评价指标		
		水平1	水平3	水平5
课程内容	适宜性	所探究的内容脱离幼儿的已有经验和水平	所探究的内容考虑幼儿的已有经验和水平，但还不够全面	所探究的内容能全面、细致地考虑到幼儿已具备的关键经验
		未考虑到幼儿最近发展区	能够考虑到幼儿最近发展区，有一定的挑战性	能充分考虑到幼儿最近发展区，并提供多种支持
		不能考虑到幼儿思维的具体形象性	能够考虑到幼儿思维的具体形象性，但欠缺直观、生动	充分考虑到幼儿思维的具体形象性，能做到直观、生动、有情境
	整合性	没有整合各方面内容	能整合内容，但不够全面或强行拼凑	各方面内容能够有效整合、相互渗透
		仅考虑到幼儿园资源	能借助园所以外资源开展活动	充分整合幼儿园、家庭和社区、网络等现有资源
课程组织与实施	组织方式	机械按照项目理论进行实践	较为灵活地按照项目的理论进行实践	内化项目理论，在实践过程中灵活运用
		探究时间受到严格限制	探究时间没有受到严格限制，但教师会主观停止幼儿的探究活动	探究时间没有受到限制，幼儿有充分的自由探索时间
	组织形式	教师没有为幼儿布置提供探究的情境	教师有时为幼儿布置提供探究的情境	教师经常为幼儿布置提供探究的情境
	实施途径	教师没有根据幼儿的实际探究需要收集设备与物品材料	教师有时根据幼儿的实际探究需要收集设备与物品材料	教师经常根据幼儿的实际探究需要收集设备与物品材料，如： ·绘本 ·记事夹

（续表）

评价项目	评价内容	评价指标		
		水平 1	水平 3	水平 5
课程组织与实施	组织形式	实施途径	教师没有根据项目课程所需调整幼儿的作息时间表	教师有时根据项目课程所需调整幼儿的作息时间表	教师经常根据项目课程所需调整幼儿的作息时间表
		教师没有基于家庭、社会资源实践探究性课程	教师有时基于家庭、社会资源实践探究性课程	教师经常基于家庭、社会资源实践探究性课程
		教师不能将项目教学与课程的其他部分相结合	教师有时将项目教学与课程的其他部分相结合	教师能灵活处理项目教学与课程其他部分之间的关系，并在实践过程中将其结合
		实施方式	教师不能灵活处理预设与生成之间的关系	教师有处理预设与生成之间关系的意识，但在实际操作过程中仍需改进	教师能灵活处理预设与生成之间的关系
		教师尚不能依据幼儿的意愿及时调整，并不断丰富生成预设图	教师有时能依据幼儿的意愿及时调整，并不断丰富生成预设图	教师能依据幼儿的意愿及时调整，并不断丰富生成预设图
		幼儿的探究活动呈现静态特征	幼儿的探究过程有动态生成的痕迹	幼儿的探究活动具有动态性、灵活性的特征，呈现弹性发展的过程
		教师不能践行适度非正规教学原则	教师有践行适度非正规教学原则的倾向，但在实际操作过程中仍存在过度指导的痕迹	教师能很好地践行适度非正规教学原则，如在合适的时机，鼓励儿童说"请再解释一遍好吗""我不明白""你可以帮我吗"等

（续表）

评价项目	评价内容		评价指标		
			水平1	水平3	水平5
课程组织与实施	组织形式	实施方法	教师采用单一的方式组织幼儿的探究活动	教师盲目使用多样的教学方式，忽视幼儿的实际探究需要	教师能结合幼儿的实际探究需要，灵活采用多样的、适宜的教学方法
			教师机械地采用集体、小组、个别探究的方式组织幼儿的探究活动	教师将决定集体、小组、个人探究的权利交予幼儿，但仍有干预幼儿的现象	教师允许幼儿自由决定集体、小组、个人的探究方式
		开始项目课程	探究主题的确定来源于教师，而幼儿的兴趣不大	探究主题的确定有时来源于教师，有时来源于幼儿感兴趣的点	教师敏锐觉察幼儿感兴趣的点，从而生成探究活动
			教师决策探究的内容	教师有和幼儿共同预设并绘制主题网络图的意识，但在实际操作过程中教师主导的成分大	教师与幼儿共同预设并绘制主题网络图
			教师没有对该探究活动做可行性分析	教师有时对该探究活动做可行性分析，但分析不准确	教师准确、及时地对该探究活动做可行性分析
		探索项目课程	在项目进行过程中教师没有引导幼儿实地考察	在项目进行过程中，教师有时引导幼儿实地考察	在项目进行过程中，教师能灵活地根据探究需要组织幼儿进行实地考察
			教师没有整合家、园、社教育资源的意识	教师有整合家、园、社教育资源的意识，但在实际操作过程中没有充分利用现有资源	教师能结合幼儿的实际探究需要，整合家、园、社的教育资源

（续表）

评价项目	评价内容		评价指标		
			水平1	水平3	水平5
课程组织与实施	组织形式	探索项目课程	教师不能觉察幼儿的情绪、兴趣等的变化，无法提供适宜支持	教师尽力觉察幼儿的情绪、兴趣等的变化，但有时判断不准确、支持不适宜	教师能觉察幼儿的情绪、兴趣等的变化，并结合先前指导经验为幼儿提供适宜支持
			当幼儿遇到新问题时，教师有所逃避，不知如何解决	当幼儿遇到新问题时，教师能设法解决，但仍存在解决不彻底的现象	当幼儿遇到新问题时，教师想方设法予以解决，如： ·查阅书籍 ·借助互联网技术 ·询问其他有经验的教师
			探究只按照预设计划逐步实施，从不做调整	只在教师认为有必要且幼儿有兴趣的情况下，适当调整课程走向	能打破原有计划，顺应幼儿兴趣和需求调整探究走向，课程实施呈现弹性特质
		结束项目课程	教师主观决定是否结束项目	教师有时和幼儿商量是否结束项目	结束项目的决定可以由教师和儿童共同商量作出
			教师尚不了解如何判断一个项目可以结束	教师了解项目结束的时机，但在操作过程中把握不当	教师能熟练掌握判断项目是否结束的时机： ·师幼探究所获有共同的认识 ·幼儿产生了普遍的厌烦情绪
			教师主导分享、交流、反思的权利	教师有时鼓励幼儿进行分享、交流、反思探究过程	教师将分享、交流、反思的权利交予幼儿，经常鼓励幼儿自主回顾和反思

（续表）

评价项目	评价内容		评价指标		
			水平 1	水平 3	水平 5
课程组织与实施	组织形式	结束项目课程	教师没有组织幼儿围绕探究所获进行展览展示的意识	教师有时组织幼儿围绕探究所获进行展览展示	教师经常组织幼儿围绕探究所获进行展览展示，如： ·对其他班级的展示 ·组织家长入园进行参观
			探究结束后，教师没有及时对课程进行评估	探究结束后，教师有时及时评估课程	探究结束后，教师主动、积极、及时地对课程进行评估
			探究结束后，教师没有规划接下来干什么	探究结束后，教师凭主观感觉规划接下来干什么	探究结束后，教师通过观察、倾听、交流等多种方式规划接下来干什么
课程评价	评价方式		未运用形成性评价	尝试运用形成性评价，但不够准确、及时	能充分、准确、及时地运用形成性评价
			教师没有将评价贯穿于整个探究过程的意识	教师有将评价贯穿于整个探究过程的意识，但在实际操作过程中较少做到	教师有将评价贯穿于整个探究过程的意识，且在实际操作过程中较好使用
			教师在运用形成性评价时，没有时间的规划	教师在运用形成性评价时，有时能做好时间的规划	教师在运用形成性评价时，能做好时间的规划
			形成性评价过程中，教师目的性不强，即无法明确某一环节的评价目的	教师明确某一环节的评价目的，但在实际评价过程中不能按照预设内容进行评价	教师明确某一环节的评价目的，且在实际过程中收获想要评价的结果
			教师形成性评价的内容呆板、单一，如"你真棒"	教师有时能结合具体情境，进行具体、指向性的评价内容	教师采取引导式的评价，使幼儿的探究行为更加具体、明确、主动

（续表）

评价项目	评价内容	评价指标		
		水平 1	水平 3	水平 5
课程评价	评价方式	教师在进行形成性评价时，只能对全班幼儿笼统地进行评价	教师在进行形成性评价时，在兼顾大部分幼儿的同时，有关注个别幼儿的趋向，但趋向不明显	教师在进行形成性评价时，能在兼顾大部分幼儿的同时关注个别幼儿的个性特征，为每位幼儿提供个性化的评价
		教师无法结合形成性评价做出中肯的反馈意见	教师能结合形成性评价做出中肯的反馈意见，但不能据此灵活调整下一步的支持策略	教师能结合形成性评价做出中肯的反馈意见，调整下一步的支持策略及改进教育教学工作
		教师未进行终结性评价	尝试运用终结性评价，但不够准确、客观	能准确、客观地运用终结性评价
		教师未将形成性评价与终结性评价相结合	教师尝试将形成性评价和终结性评价相结合，但评价不够客观	教师能将形成性评价和终结性评价相结合，不断增进评价的客观、科学性
	评价主体	教师未对自身教育行为进行评价	教师对自身教育行为进行评价，但不够客观、及时和全面	教师能客观、及时、全面地对自身的教育行为进行评价
		教师没有组织幼儿进行自我评价	教师重视幼儿对课程的评价，但形式较单一，不够客观、全面	幼儿能通过不同形式参与课程评价，评价内容较客观、全面
		教师没有组织幼儿结合探究过程进行相互评价	教师有时组织幼儿相互评价，但形式较单一，不够客观、全面	教师经常组织幼儿相互评价，且形式多样、内容客观全面
	评价方法	教师只采用观察法等单一的评价方法	教师能使用多种评价方法，但尚不能根据实际情况恰当、灵活运用	教师能灵活、恰当地运用多种评价方法，如谈话法、调查法、作品分析法、观察法等

（续表）

评价项目	评价内容	评价指标		
		水平1	水平3	水平5
课程评价	评价方法	教师无法借助评价方法获取想要的信息	教师能通过评价方法获取信息，但评价不当，获取信息不客观	教师通过多样的评价方法获取的信息全面、客观、有效
	评价工具	能结合探究性课程故事进行课程评价，但不够及时、准确	能结合探究性课程故事对课程进行评价，进而调整课程	能充分结合探究性课程故事进行评价，并为幼儿提供个性化课程
		从未利用评价量表进行评价	利用部分评价量表进行课程评价，但不够及时准确	能利用各种评价量表对课程进行评价，进而调整课程
汇总				

表格使用说明：

1. 此表可用于自评或他评，根据需要在课程进行中或课程结束后随时评价。

2. 评价时请在评价水平栏内相应的水平位置打"√"。

3. 表格中"汇总"部分，请汇总每以及"评价水平"的数量。

评分规则[①]：

第一步：阅读每一行指标，每行勾选一格。

教师在每行指标的3个方格（1、3、5）中选一个（且只能选一个）画"√"。尽量完成每行指标。如指标不适用（如幼儿的探究项目尚未持续结束，需要在下学期继续探究），那就在这一行进行标记，不要勾画这一行的任一方格，待探究活动全部结束后再完成勾画即可。

第二步：确定质量等级。在"评价水平"部分的对应位置画"√"。

根据下面的标砖确定每个条目的质量等级。

对于仅有两行的条目：

---

① 注：评分规则参考霍力岩教授所编著的《学前教育机构质量评价系统》一书。

水平 1：两行均选择了水平 1。

水平 2：一行选择了水平 1，另一行选择了水平 3 或水平 5。

水平 3：两行均选择了水平 3。

水平 4：一行选择了水平 3，另一行选择了水平 5。

水平 5：两行均选择了水平 5。

对于有 3 行或 3 行以上的条目：

水平 1：一半或一半以上的行选择了水平 1（即使有的行可能选了水平 3 或水平 5）。

水平 2：不到一半的行选择了水平 1，其他的行选择了水平 3 或水平 5。

水平 3：一半或一半以上的行选择了水平 3，并且没有任何行选择了水平 1。

水平 4：不到一半的行选择了水平 3，其余各行均选择了水平 5。

3. 幼儿园探究性课程中幼儿问题解决能力评价

幼儿园探究性课程是以探究为主的课程推进方式，探究既是幼儿学习的方式，又是幼儿学习的内容。可以说，整个课程是以探究贯之的。那探究从何而来？幼儿在探究欲望和探究兴趣的驱使下，提出探究问题，继而围绕着该问题进行猜想、验证，进而得出结论，交流分享。在探究性课程中，探究始于问题，问题激发探究。探究因问题而成为探究，也因问题而得以更持续、更深入。幼儿园探究性课程中的教师通过倾听、观察、谈话等方式捕捉有价值、有趣味、有适当难度的问题，进而创设问题情境，助力幼儿带着热情和好奇心，去发现、探究感兴趣的问题。故问题被视作幼儿园探究性课程的核心要素。为了更好地促进幼儿发展，制定了"幼儿园探究性课程幼儿问题解决能力评价表"，该评价表如下所示。

幼儿园探究性课程幼儿问题解决能力评价表

评价班级 _____　幼儿姓名 _____　教师姓名 _____　评价日期 _____　项目活动 _____

一级维度	二级指标	三级幼儿行为表现			支持性证据/（机动）
		发展阶段 1	发展阶段 3	发展阶段 5	发展阶段 2/4
面对问题的态度	积极主动（在遇到问题时，具有自主解决问题的积极态度）	在遇到问题时，出现哭泣、放弃、吵闹等行为。例：在"坦克诞生记"项目活动中，刚搭建好的坦克，因底部不牢固的问题而倒塌，大哭、吵闹。	在遇到问题时尝试解决，但没有结果后就立即放弃。例：在"坦克诞生记"项目活动中，想用木板当履带一试，搬来木板一边一个放上去，失败后就打算放弃。	在遇到问题时，能自主思考，主动解决问题。例：在"坦克诞生记"项目活动中，当坦克搭建完成后，发现坦克太大了，感到不满意，和同伴商量后拆掉了，于是先做设计图，再尝试搭建。	
	敢于尝试（当遇到问题时，勇于思考，敢于当其他幼儿说出自己的想法后，说"我也是这么想的"。）	当遇到问题难以解决时，逃避问题或随和众人。例：在将6只兔子分成3组时，不知道如何分，解决这个新的任务。	在成人的鼓励和引导下，接受有挑战性的任务。例：在将6只兔子分成3组时，在老师的鼓励下，尝试去解决的任务。	主动接受和参与有挑战性的任务。例：在将6只兔子分成3组时，老师请一名小朋友尝试说一说如何探作，第一个举手表示愿意尝试，并顺利完成任务。	

（续表）

一级维度	二级指标	三级幼儿行为表现			支持性证据/（机动）
		发展阶段 1	发展阶段 3	发展阶段 5	发展阶段 2 / 4
面对问题的态度	问题意识（能够意识到问题，并具有通过自身努力，或寻求教师帮助试图解决问题的行为倾向）	■ 幼儿对问题不敏感，没有意识到问题。例：在我们的创客空间项目活动中，面对小球屡次无法顺利进洞的问题，仍没有意识到自己的探究活动遇到了问题。	■ 游戏活动中意识到问题或教师指出问题，但稍作尝试，便放弃。例：在我们的创客空间项目活动中，能发现小球总是快速在弯道掉下来的问题，认为是没有添加防护栏的原因，而没有意识到轨道大高导致小球速度大快。	■ 能够自主发现问题，并主动寻求解决问题的方法；但仍无法解决时，积极向老师或同伴求助。例：在我们的创客空间项目活动中，发现小球滚动太快，导致小球滚动大高，导致小球滚出轨道，于是调整了轨道高度。再次尝试后，小球依然无法顺利进洞，于是寻求老师的帮助。在老师的引导下，发现小球总是在弯道处滚落，于是加上可防护栏，最终小球顺利进洞。	
处理问题的方式	理解与规划（在解决问题之前，能够先观察问题的特点，然后制定解决问题的方案）	■ 在解决问题之前，不观察问题特点，不制定解决方案。例：在进行"初造坦克"和"再造坦克"的系列项目活动中，遇到问题时都盲目尝试。	■ 在解决问题之前，能够偶尔观察问题特点，制定解决方案。例：在坦克的项目活动中，"初造坦克"时能够先观察问题特点，并通过更换材料的方式进行解决；而在"再造坦克"时，遇到问题首目尝试。	■ 在解决问题之前，总是能够观察问题解决方案，并制定解决方案。例：在进行"初造坦克"和"再造坦克"的系列项目活动中，每次遇到问题时，都能先观察问题特点，然后对症下药，解决问题。	

（续表）

一级维度	二级指标	三级幼儿行为表现			支持性证据（机动）2/4
		发展阶段1	发展阶段3	发展阶段5	
处理问题的方式（在处理问题的过程中表现出来的行为倾向）	理解与规划（如果需要帮助，能将较复杂的问题分解成若干小问题，然后逐一解决该任务）	■ 在借助其他条件（教学资源、教师、同伴）的帮助下，仍不能理解问题，无法将问题进行分解。例：在小兔分组活动中，教师要求将6只小兔子们分成3组，并提供了6块积木，只玩具兔子固定程度不高，然后逐一解决该任务，但说"这是让干什么呀"。	■ 能够自主理解问题，但不会解决。例：在测量项目活动中，教师将问题进行分解，询问幼儿"如何测量桌子的长度"，答"老师让我想要用绳子量桌子"，但拿到绳子后，因为绳子固定程度不高，最后制作窝窝头。	■ 能够自主理解问题，并逐一解决。例：在"玉米大变身"项目中，想要用玉米制作窝窝头，面对这一复杂的任务，先将玉米脱粒，再制作窝窝头，然后制作窝窝头，在实际操作过程中，逐一完成，最终蒸出了窝窝头。	
	坚持性（在解决问题的过程中，为解决困难而坚持不懈，并在此过程中表现出较高的坚持或求出持续特久的行为倾向）	■ 会有始有终地解决简单的问题。例：为了制作玉米面时，可以独自完成由4块积木垒高的桥墩。	■ 在解决问题的过程中，即使遇到困难也会坚持下去。例：在制作玉米面时，即使幼儿力气小，很难推动石磨，但依然坚持下去。	■ 花很长一段时间在一件工作上，不轻易放弃或改变自己的目标，能自觉完成需要坚持一段时间的任务。例：为探究"水对根有什么影响"，每两天都浇同一个地方，每次浇水，还用一根木棍在中间做个标记。	

（续表）

一级维度	二级指标	三级幼儿行为表现			支持性证据/（机动）
		发展阶段 1	发展阶段 3	发展阶段 5	发展阶段 2 / 4
处理问题的方式	批判与创造（能够提出多种解决问题的方案）	■ 在遇到问题时，无法提出任何解决方案 例：面对"如何将桥变得稳固"这一问题，不知道如何解决。	■ 在遇到问题时，能够提出一种准确的问题解决方案 例：面对"如何将桥变得稳固"这一问题，想到可以设计多个桥墩支撑桥面这一解决方案。	■ 在遇到问题时，能够提出多种准确的问题解决方案 例：面对"如何将桥变得稳固"这一问题，想到可以设计多个桥墩支撑桥面、设计 A 字形的桥墩支撑桥面、圆柱体组装桥墩和桥面、设计用叉号固定桥墩支撑桥面等多个解决策略。	

（续表）

一级维度	二级指标	三级幼儿行为表现			支持性证据/（机动）
		发展阶段1	发展阶段3	发展阶段5	发展阶段2／4
批判与创造（能够对众多的解决方案进行分析、比较，然后挑选出最佳解决方案）	能够对众多解决方案做出比较	■ 无法对多种解决方案做出任何分析和比较 例：在"齐鲁跨海大桥"项目活动中，针对用什么材料建桥的问题，A幼儿提出可以用纸牌搭建、积木搭建、积塑搭建，纸箱搭建，B幼儿说"到底哪个做法好呀"。	■ 能够对问题解决方案做出较为准确的分析和比较，但无法选择最佳方案 例：在"齐鲁跨海大桥"项目活动中，针对用什么材料建桥的问题，A幼儿提出可以用纸牌搭建、积木搭建、积塑搭建，纸箱搭建，B幼儿说"纸牌很轻，纸箱搭建的桥可能容易倒塌；我们班的积木较少，不知道能不能搭出的积木搭桥，塑料大小丁，需要很长时间才能搭完桥；班里的纸箱很少，可能不够用"。	■ 总是能够对众多方案进行分析和比较，并且能够选择、设计出最佳方案 例：在"齐鲁跨海大桥"项目活动中，针对用什么材料建桥的问题，A幼儿提出可以用纸牌搭建、积木搭建、积塑搭建，纸箱搭建，C幼儿说"纸牌很轻，能够搭出完整的桥，积木数量多，可能没法搭；积塑座桥，积塑数量有限，且很小，需要花费很长时间；纸箱体积很大，但数量少，可能没法搭身，用积木搭建桥墩，用纸牌之后，C幼儿说"我用纸箱搭建桥身，用积木搭建桥台，用积塑作为装饰"。	

（续表）

一级维度	二级指标	三级幼儿行为表现			支持性证据/（机动）
		发展阶段 1	发展阶段 3	发展阶段 5	发展阶段 2 / 4
处理问题的方式	分工合作（能够与同伴做好分工，一起合作解决问题）	■ 不参与任何小组合作 例：在"坦克诞生记"项目中，自己搭建坦克，不参加任何小组合作。	■ 愿意和同伴共同解决问题，在与同伴合作的过程中配合非常默契 例：在"坦克诞生记"项目中，A幼儿愿意和B幼儿一起解决"制作履带"的任务，期间他们一个扶、一个粘，配合得非常默契。	■ 会制定合作解决问题的对策，组织、带领同伴一起解决问题 例：和几个小朋友修理淋雨后的坦克，对另外三个同伴说"我们来修正出坦克吧，你修整炮筒，你修整履带，你修整车体，我修驾驶舱"。	
	联系与迁移（解决问题中能够应用已有经验解决问题）	■ 尝试说出问题解决中的所需经验与已有经验的联系，但是有错误 例：在建造旋转的舞台时说"我之前玩过旋转音乐盒，音乐一响盒子就转动，肯定是盒子里面的音乐带着盒子转动的"。	■ 能够正确说出问题解决中所需经验与已有经验的联系与区别，但是不会搭建应用 例：在将7只小鸭子分成3组时说"我们以前将6只小鸭子分成3组，不过这次多了一只小鸭子，我不知道怎么分了"。	■ 能够正确说出问题解决中的所需经验与已有经验的联系，并能够迁移应用解决问题 例：在将7只小鸭子分成3组时说"我们以前将6只小鸭子分成了3分组，不过这次多了一只小鸭子，我可以按照之前的分法，画三个圆圈，然后一只一只地将小鸭子挨个放在圆圈里"。	

（续表）

一级维度	二级指标	三级幼儿行为表现			支持性证据/（机动）
		发展阶段1	发展阶段3	发展阶段5	发展阶段2/4
解决问题的品质	有效性（用来处理问题的方法合理、有效）	■ 用来处理问题的方法无效，幼儿处于盲目尝试状态 例：当小球总是冲出轨道时，反复以同样的方式尝试，但小球仍冲出轨道。	■ 用来处理问题的方法但幼儿解决过程中操作不当，导致问题没有被解决 例：当小球总是冲出轨道时，发现轨道拐弯处没有挡板，球从高处滚下时，受惯性作用冲出轨道。于是在弯道处增加挡板，但在增加挡板时，选择的挡板很窄，不足以挡住小球，导致放入挡板后，小球仍在弯道处冲出。	■ 用来处理问题的方法有效，能够被其他幼儿以同样的方式解决自己的问题 例：当小球总是冲出轨道时，发现轨道拐弯处没有挡板，球从高处滚下时，受惯性作用冲出轨道。于是在弯道处增加四个窄的挡板，最终小球以同样的方法。其他组的幼儿以同样的方法解决自己的问题，小球也不冲出轨道了。	
	回顾与描述（能够用语言详细地说出项目活动中自己对问题的解决途径与方法）	■ 在成人的提示下，依旧说不出问题解决的过程 例：玉米项目结束后说到了如何向制作面团的问题，自己对问题，团队的问题。"我遇到了如何制作面团的问题。"老师问"那你是怎么解决的呢"，答"我不知道"。	■ 能够简单地说出问题解决过程中遇到困难和解决的过程 例：玉米项目结束后说"我遇到了如何制作面团的问题。我们用水和面团混合，然后面团就做成了"。	■ 能够详细说出问题解决过程中遇到困难和解决进行的过程 例：玉米项目结束后说"我遇到了如何制作面团的问题。我们用一杯水，两杯水，三杯水分别进行实验，发现一杯水的时候有剩余面粉，两杯水的时候和成米糊，三杯水的时候和成面糊，所以我们选择了两杯水，然后面团就做成了"。	

（续表）

一级维度	二级指标	三级幼儿行为表现			支持性证据（机动）
		发展阶段 1	发展阶段 3	发展阶段 5	发展阶段 2／4
解决问题的品质	反思与评价（能够反思自己在问题解决过程中的不足和有待改进的地方）	■ 从不反思问题解决过程中的不足和有待改进的地方 例："桥"的项目活动结束后，教师问"请你说一说在解决问题时有哪些不足"。 答"我的小球总是无法进洞，我再多试几次就可以了"。	■ 能够反思问题解决方案中的不足和有待待改进的地方，但不准确 例："桥"项目活动结束后，教师问"请你说一说你在解决问题时有哪些不足"。 答"我的小球无法进洞，于是我调整了轨道高度，但小球还是无法顺利进洞，所以调整轨道高度是不足不足作用的"。	■ 能够准确反思问题解决方案中的不足和有待改进的地方 例："桥"项目活动结束后，老师问"请你说一说在解决问题的过程中有哪些不足？"答"我的小球无法进洞，于是我调整了轨道高度，小球速度慢了很多，但是在弯道处还直的钩道滚动了，所以我的弯道处道缺少防护栏，是会冲出轨道，才导致小球无法顺利进洞的。下次我在弯道处增加防护栏，小球就可以进洞了"。	
	反思与评价（能够对他人的问题解决过程提出自己的建议）	■ 从不能对他人的问题解决过程提出自己的意见和建议 例：项目分享环节时，从来不表述自己的意见和建议。 老师说："你能对宁宁的问题解决过程说一下你的意见吗？"，答"我不知道了"。	■ 能够在教师的引导和帮助下，对他人的问题解决过程提出自己的意见和建议 例：项目结束后进入交流分享环节时，我觉得宁宁制作的出克驾驶舱"很好玩"，老师说"那你觉得我们可以一起去驾驶出克吗？"，答"不能，现在的驾驶舱太小了，如果把驾驶舱搭大一点，我们就可以进去玩了"。	■ 能够自主地对他人的问题解决过程提出自己的意见和建议 例：项目结束后进入分享环节时，我看到宁宁他们组用积木制作的出克非常漂亮，而且还有履带，驾驶舱，我觉得如果为履带涂上颜色，就会更好看了，下次我们可以一起为履带涂上色"。	

4. 幼儿园探究性课程三类课程内容的评价

幼儿园探究性课程主要包括自然探究类、游戏探究类、生活探究类三大系列。

首先，关于自然探究类课程内容的评价，围绕"小孩子，大自然"的核心理念，在分析小、中、大对自然探究的年龄特点和发展水平的基础上，制定不同年龄阶段的评价内容。

其次，关于游戏探究类课程内容的评价，围绕"自由、自发、自主"的核心理念，在观察小、中、大三个年龄班幼儿在室内区域幼儿和室外区域游戏表现的基础上，结合《指南》《纲要》的目标要求，制定游戏探究类课程内容评价体系。

最后，关于生活探究类课程内容的评价，围绕"生活、生长、生命"的核心理念，遵循幼儿的成长规律，关注儿童的一日生活及兴趣活动，结合小、中、大三个年龄班幼儿的特点和发展水平，制定生活探究类课程内容评价。

幼儿园探究性课程的三类课程内容具体评价指标表如下所示。

幼儿园探究性课程的三类课程内容评价指标表

内容维度		小班	中班	大班
三类课程具体目标	自然探究类	1. 接触大自然，能在较热或较冷的自然环境中活动，提高适应季节变化的能力 2. 在接触自然、生活事物和现象中积累有益的直接经验和感性认识 3. 了解人们的生活与自然环境的密切关系，知道尊重和珍惜生命，保护环境	1. 喜欢接触大自然，激发对自然现象和事物的好奇心与探究欲望 2. 运用有趣的探究工具进行科学探索 3. 感知和发现其生长变化及其基本条件和不同季节的特点，体验季节对动植物和人的影响	1. 掌握自然科学探究方法，体验自然的神奇和奥秘 2. 认识常见的动植物及其多样性 3. 动手动脑探索物体和材料，寻找问题的答案 4. 感受、发现和欣赏自然环境中美的事物并用自己喜欢的方式表达表现

（续表）

内容维度		小班	中班	大班
三类课程具体目标	游戏探究类	1. 喜欢接触新事物，经常问一些与新事物有关的问题，以游戏的方式通过猜一猜、想一想，验证自己的猜测 2. 能发现生活中许多问题都可以用科学的方法来解决，体验解决问题的乐趣	1. 喜欢接触新事物，善于提出与新事物有关的问题，尝试运用调查实验等方式进行探索验证自己的猜测 2. 在成人的帮助下能制定简单的调查计划并执行 3. 勇于表达自己的想法并能倾听和接受别人的意见，受到挫折时不气馁	1. 能探索和发现物体和材料的基本特性和常见的物理现象产生的条件或影响因素 2. 能用绘画、照相、做标本等办法记录观察和探究的过程与结果，并与他人交流分享 3. 在游戏中遇到问题时，能通过合作交流的方式发现解决问题的多种方法
	生活探究类	1. 保持有规律的生活，养成良好的作息习惯、饮食习惯、个人卫生习惯和体育锻炼的习惯 2. 养成良好的语言行为习惯和必要的交流礼节	1. 具有基本的生活自理能力和基本的安全知识和自我保护能力 2. 遵守集体生活的语言规则，注意公共场所的语言文明 3. 在生活活动中结合具体情境，学习交往的基本规则和技能	1. 养成自我管理和服务的习惯，初步形成自由与自律的生活实践能力 2. 结合社会生活实际，帮助幼儿了解基本行为规则或其他游戏规则，体会规则的重要性，学习自觉遵守规则 3. 了解中国的传统节日，通过体验各种民俗活动，爱家乡，爱祖国

（三）幼儿园探究性课程评价的策略

1. 借助探究性课程故事真实记录幼儿探究过程

（1）内容选择要有意义，主题核心要凸显探究性

一是选择有意义的课程事件。课程事件构成课程故事的内容，面对繁多的课程事件，教师需要对课程事件有所选择，才能使故事更聚焦于主题，进而促进主题表达的清晰化。

二是凸显探究性课程故事的主题核心。马克斯·范梅南认为，主题是经验的焦点、意义和要点，是对意义的需求或渴望，是可以获取其意义的意识，是对事物保持一种开放性，是创造、发现和揭示意义的过程。① 因此，幼儿园探究性课程故事的主题是教师基于真实的课程事件，揭示课程事件的意义，表达个性化的教育思想观念的过程。

（2）突出探究关键要素，方式多样化

一是突出关键内容。突出课程故事的关键内容能够让课程故事更聚焦。具体来说，第一，使用描述性语言，让课程故事真实而生动。描述性的语言将事件原原本本地叙述出来，能体现故事的具体性和真实性。第二，使用感性语言，赋予课程故事以美感。感性的语言描述能为课程故事的关键内容锦上添花，从文字中透露教师的情感态度、教育观念。

二是突出探究过程的交融性。幼儿园探究性课程的实施过程有一定的序列性，但是又不能按部就班地进行分割。教师要根据探究的内容、幼儿的实际情况以及活动的主题来选择适当的教学方法，设计相应的项目式活动，把探究过程的几个环节相互交融、相互渗透，从而使活动进程更加流畅。

（3）循序渐进，使儿童的深度学习有效发生

日本学者佐藤学给予"故事"高度的评价，他认为，故事的样式赋予教与学这一经验以意义，促进着这种经验的意识化和反省。② 因此，深层次的反思无疑可以促进课程故事意义的升华。而在具体实践过程中，教师需要注意以下几点：

一是课程故事的反思要达到情境层面，主要表现在教师要结合具体教育情境对影响幼儿学习与发展的具体事件进行反思。马克斯·范梅南认为，当在一种情境中遇到一个孩子需要教师采取行动时，通常的经验

---

① 苏鸿：《校本叙事：教师专业成长的新路径》，载《教学与管理》2005 年第 19 期。
② ［日］佐藤学、钟启泉：《教室的困惑》，载《华东师范大学学报（教育科学版）》1998 年第 2 期。

是在真正知道做了什么之前就已经行动了。① 因此，教师需要对具体教育情境下的具体事件进行反思。

二是课程故事的反思要走向辩证层面。首先，教师应关注课程中涉及道德、伦理以及社会政治方面的问题，如课程事件中的公平、平等、自由、人道主义等问题。例如，教师可以就课程事件中发生的幼儿欺负行为事件，反思教师自身的伦理责任。其次，教师可以系统性地质疑一直被认为是理所当然的假设、标准或者规则。例如，随着幼儿园课程改革的深入发展，很多幼儿园教师将幼儿的兴趣作为生成课程的源头，针对这一现象，教师则可以质疑"课程应该完全追随孩子的兴趣开展吗""生成课程与幼儿的兴趣之间是怎样的关系"。最后，教师可以就问题事件提出多种方案以及不同的观点。在这里，问题事件不再停留于被叙述的状态，辩证层面的反思要求教师能够从不同的角度认识问题事件并提出多种系统化的问题解决的方案。

2. 客观、准确分析解读幼儿的言行

评价是幼儿园教育工作的重要组成部分，是了解教育的适宜性、有效性，进而促进幼儿发展、提高学前教育高质量的必要手段。作为教师，首先要熟悉相关的评价表，然后以此为抓手，在幼儿的探究过程中有意识地进行观察，以辨别每位幼儿的探究处于何种水平，从而知道幼儿下一步的发展方向。为了使评价更加客观、准确、促进每位幼儿在原有水平上得以发展，在评价过程中教师要注意以下几个方面。

（1）注重评价的准确性和科学性

对于幼儿的发展评价，应当突出幼儿的发展性。因此，教师可以有计划地对幼儿进行多方面发展变化的评价，呈现的形式可以是数据、观察记录、表格等。为了保证评价的准确性和科学性，教师应做到以下几点：首先，选择适宜的观察记录方法，将幼儿的探究过程全面、具体地予以记录，有利于对幼儿的个性特点的全方位分析；其次，把握幼儿的

---

① ［加］马克斯·范梅南著，李树英译：《教学机智——教育智慧的意蕴》，教育科学出版社 2001 年版，第 145 页。

年龄特点和观察项目指标中所对应的幼儿现有发展水平，确保分析到位；最后，掌握所要观察的项目的相关理论知识，保证分析的科学性。

（2）注重评价角度的多元性和评价途径的多样性

随着2022年《评估指南》的颁布，幼教工作者们进一步认识到单一的评价内容无法满足幼儿发展、课程质量提高的需求，多元评价愈加得到重视。多元评价涉及多领域、多角度，并注重对个体发展独特性的认可。幼儿园探究性课程坚持多元化的评价方式，关注每位幼儿各个方面的发展，同时关注每位幼儿的个性特色。

评价幼儿的探究活动和发展状况，可以有众多切入点。例如，可以将不同领域作为切入点，对幼儿在探究过程中的发展进行评价；可以在探究活动的前、中、后各个环节对幼儿的发展进行评价；可以选择核心素养的内容对幼儿的发展进行评价；可选择多元智能的各个方面对幼儿的发展进行评价。可见，评价途径的多样性，为教师在与幼儿互动的过程中持续的观察和评估幼儿的潜能、调整探究过程中的支持策略提供了参考和保障。

此外，教师可以以评价表为抓手对课程中师幼互动质量进行评价。例如在"宁阳'四八'"项目的探究过程中，运用"幼儿园探究性课程师幼互动质量评价表"对师幼之间的互动进行了评价，发现教师在幼儿的探究过程中，适时地关注幼儿，坚持观察和倾听幼儿，并且以伙伴身份参与幼儿的探究活动，帮助延伸幼儿的探究内容，教师能与幼儿很好地互动。与此同时，教师还运用"幼儿园探究性课程质量评价表"对本次探究活动的活动目标、活动内容、活动组织与实施等内容进行了评价，在反思中不断提升探究性课程的质量和深度。

（3）注重评价过程的动态性

动态评价与静态评价不同，动态评价是发生在探究过程中，伴随着探究看到发展和变化，而静态评价更多关注的是幼儿探究的结果。如在幼儿园探究性课程的评价中，围绕师幼互动质量、课程质量所指定的评价表，"评价指标"设定为1、3、5三个级别，而在"评价水平"一栏，呈现出1—5五个等级。其目的之一就是引领评价者在评价过程中不以一次评价为最终结果，而是关注发展与变化。

（4）注重评价结果的真实性

评价结果真实、客观与否，将直接决定着幼儿教育是否适宜、有效，因此，为保证评价结果的真实性，幼儿园探究性课程主张：

① 要在真实的教育情境中进行自然观察；

② 注意有效评价同教学的整合；

③ 重视对过程的评价，而不仅仅是对结果的评价；

④ 评价主体多元化、形态多样化。

3. 关注过程性评价，实施多元性评价

幼儿园探究性课程注重活动过程，关注活动过程中幼儿的学习与探究状态，更加在意幼儿在探究过程中的成长与表现。除了教师提前预设的一些课程目标以外，在探究过程中也会有一些新的教育价值的产生，因此，幼儿园探究性课程更加关注过程性评价，实施多元性评价。由于幼儿存在个体差异，所以提倡个体内差异评价。

4. 依据评价结果调整探究性课程

评价结果本身并不是评价的最终目的，其最终目的是为幼儿提供更适宜的课程、更适宜的教育。因此，幼儿园探究性课程评价的目的是进一步丰富、调整课程，使幼儿获得多方面、个性化的有益经验。

例如，在探究活动"牙齿大探秘"[1]中，在幼儿单个探究活动结束后，教师结合"幼儿园探究性课程师幼互动质量评价表"，对照自己与幼儿的互动过程，发现在"同伴协同支持"这一评价项目中，教师忽视了"幼儿园、家庭、社区协作探究"这一内容，而"牙医"作为生活中常见的职业之一，此类探究活动有很多融合家庭、社区现有教育资源的契机。因此，教师在接下来的探究活动中，注重对现有资源的整合与利用，调动家长、社区的教育资源，如"邀请专业口腔医生走进课堂"，与幼儿分享牙齿的那些知识，进一步丰富幼儿的经验积累。此外，随着探究活动的不断推进，幼儿进行了"牙齿保卫战"的探究活动，教师考

---

[1] 案例源自泰山区上高街道中心幼儿园"牙齿大探秘"项目活动。

虑到一个良好行为习惯的养成，最重要的就是坚持，同时还离不开家庭教育的紧密配合，因为早晚刷牙的任务主要是在家里完成的，所以必须和家庭紧密配合，在家长的鼓励和引导下，幼儿大都可以遵守约定，完成任务，发挥家园共育的实效。因此，在一场牙齿保卫战中，探究性课程延伸到了家庭、社区，促使家园双方共生共长。可见，这一探究活动实现了师幼双培育、家园共生长，真正做到了课程源于生活、回归生活。

总之，教师在幼儿的某个探究活动结束或整个探究活动结束后，可以随时进行评价，从而及时发现存在的问题，并及时调整课程，真正做到"心中有数，落地有根"。

五、幼儿园探究性课程的特征及其与其他课程的关系

（一）幼儿园探究性课程的特征

根据英国 EPPSE（Effective pre-school，primary and secondary education）的课程分类，幼儿园的活动分为幼儿发起的活动、幼儿发起教师拓展的活动和教师发起的活动。幼儿园探究性课程属于幼儿发起教师拓展的活动，教师在认真观察、分析、判断幼儿行为的基础上，有目的地把课程目标注入幼儿自发的活动中，将原本自主建构的学习经验与社会文化建立起相对密切的联系。

幼儿园探究性课程的组织与实施方式引用项目式的流程，冠之探究式的内容，在幼儿园实践中加以建构和运用，将探究性课程的思想理念与课程内容落到实处。更进一步说，幼儿园探究性课程采用项目活动的三阶段进行组织和实施。因而幼儿园探究性课程具备项目活动的阶段性特征，接下来分别围绕三阶段及具体六大特征展开介绍。

1. 三个阶段[①]

一个完整的探究性课程分为三个阶段：开始阶段、探索阶段、结束阶段。[②]

（1）开始阶段

开始阶段主要包括介绍和阐明要调查的主题及子主题，选择项目课程的主题是此阶段的重点。主题可由幼儿引出，也可由教师引出，在选择主题时，要考虑共同的经验以及幼儿的兴趣，主题的性质是影响项目课程完成品质的重要因素。确定主题后，交流与主题有关的知识和经历，列出所要调查的问题。此阶段也可以叫作提出问题阶段。[③]

（2）探索阶段

探索阶段主要是通过实地观察与访问，收集相关的数据和信息，为第一阶段末所提出的问题寻找答案。在此阶段，教师要提前做好实地参访的相关准备，如参访地点、参访地点的接待人员等。做好准备后，引导幼儿进行调查活动，可让幼儿通过写生、摄像、录音等方式记录调查信息，以便为后续更深入的探索活动提供资料。此阶段也可叫作探究与表征阶段。[④]

（3）结束阶段

当幼儿对主题不感兴趣或提不出更多问题时，就到了活动结束的时间。此阶段主要是让幼儿分享与交流在活动中获得的知识，总结探究结果。可通过分享交流、网络图、情景剧、背景墙、游戏等方式结束活动。此阶段的主要特征是分享与展示，因此也可叫作分享与展示阶段。[⑤]

---

① 纪艳红：《幼儿园探究式学习项目课程》，清华大学出版社 2022 年版，第 14 页。

② 傅晨：《学前儿童科学教育》，东北师范大学出版社 2021 年版，第 141-153 页。

③〔美〕裘迪·哈里斯·赫尔姆、丽莲·凯兹著，林育玮等译：《小小探索家——幼儿教育中的项目课程教学》，南京师范大学出版社 2004 年版，第 27-29 页。

④〔美〕裘迪·哈里斯·赫尔姆、丽莲·凯兹著，林育玮等译：《小小探索家——幼儿教育中的项目课程教学》，南京师范大学出版社 2004 年版，第 64-77 页。

⑤〔美〕裘迪·哈里斯·赫尔姆、丽莲·凯兹著，林育玮等译：《小小探索家——幼儿教育中的项目课程教学》，南京师范大学出版社 2004 年版，第 112-122 页。

2. 六大特征

教师开展的符合幼儿兴趣及需要的探究性课程具有六大特征：问题、讨论、实地参访、表征、调查、展示。该六大课程是贯穿于探究性课程的三阶段，构成了探究性课程的计划和评估。

（1）问题

探究性课程起于问题的产生，问题促使课程的产生与开展。当幼儿对某一事物或现象产生问题时，那么探究性学习项目活动就产生了。例如，在进行"我们的城市"主题学习时，幼儿在讨论交流的过程中逐步聚焦到了不起的中国建筑，并集中在有关桥的一系列问题上。

（2）讨论

探究性课程的整个过程是充满讨论气息的。讨论可以发生在班级中、小组中以及幼儿之间，幼儿也可以和教师、家长、专家等进行交流，通过讨论，阐明自己的想法以及进行互相的评价。讨论具有五个功能：第一，通过讨论，可以交流被研究的题目的内容。第二，幼儿可以交流他们在探究中使用的策略。第三，讨论为幼儿提供了机会，帮助幼儿在同伴那里学到解决问题的方法。第四，讨论提供了一个环境，幼儿可以向教师展示他们的认识。第五，幼儿可以一起参与计划项目的进展。[①]

（3）实地参访

实地参访是探究性课程的重要特点。所有在教室外所进行的活动，都可以看作是实地参访。建构主义学习理论指出，学习具有情境性，真正的学习是在情境中产生的。在情境中学习，是幼儿喜欢的学习方式，是基于幼儿积极主动的内驱力。此外，幼儿最适合从复杂的现实中进行学习。教师带幼儿走出去，通过直接观察，以及在实地参访地点写生、计算与书写获得第一手资料，为后续的探究活动提供资料与数据。

（4）表征

在整个活动过程中，表征是幼儿表达自己认识的重要方式。活动开

---

① ［美］丽莲·凯兹、西尔维亚·查德著，胡美华译：《开启孩子的心灵世界：项目教学法》，南京师范大学出版社2007年版，第65页。

始阶段，幼儿可以通过绘画的形式表达自己的兴趣点及已有经验。活动探索阶段，幼儿可以通过绘画、建构、设计图表的方式来表达自己的探究结果与发现。活动结束阶段，幼儿可以通过绘制网络图、搭建物体来展示自己的成果。总之，幼儿可以综合不同的表征来澄清自己的计划，表达自己的认识与思想。

（5）调查

调查可以是幼儿通过仔细观察、实地参访以及从对专家的采访中所获得的第一手资源，也可以是通过与他人的交流、阅读书本、录像、查阅网络等所获得的二手资源，当幼儿年龄越大时，会更多地使用间接的信息渠道。

（6）展示

首先，通过展示，教师可以了解幼儿以往的经验和知识。其次，教师可以利用教室的墙面、幼儿的作品、收集的实物展示幼儿的探究结果，也可以让幼儿通过情景剧或游戏的方式展示成果，对成果进行讨论交流与评估，通过展示，可以帮助幼儿回顾探究过程，也可以提升幼儿的自信心。[①]

（二）幼儿园探究性课程与其他课程的关系

1. 幼儿园探究性课程与 STEM 课程的关系

STEM 一词最先来源于 1986 年美国国家科学基金会发布的《科学、数学和工程本科生教育》的报告中，STEM 是科学（Science）、技术（Technology）、工程（Engineering）、数学（Mathematics）的缩写。科学是关于自然界客观规律的认识，是发现客观存在事实和规律的过程，是关于"是什么"和"为什么"的知识；技术是发明的过程以及可以运用的工具，是关于"做什么"和"怎样做"的知识，这种知识可以是方法、技巧、程序，呈现形式是相应的工具和产品；工程是一个活动，它是运用技术进行设计，解决问题并制作产品的过程，工程一定是不断迭

---

① 纪艳红：《幼儿园探究式学习项目课程》，清华大学出版社 2022 年版，第 14—15 页。

代、更新的；数学是对数量形关系的研究，在科学探究以及技术和工程制作中都会运用数学，数学是解决问题的工具。四个学科相互联系：科学是工程设计的知识基础；技术是科学或者工程的产物，同时又运用于科学中；数学作为工具，自然出现在各个活动中。随着社会发展变化以及 STEM 教育在培养创新人才方面发挥着重要的作用，STEM 教育正向中小学和幼儿园迈进。

幼儿园 STEM 教育是科学、技术、工程、数学的跨学科整合，以解决真实问题为驱动，在实践中探索知识、建构知识、应用知识，提高幼儿解决问题的能力，并促进幼儿创新思维和高阶思维的发展。STEM 教育可以让幼儿在直观感知、实际操作与亲身体验中获得知识与能力，弥补传统的"填鸭式"教学的不足。[①]

幼儿园探究性课程可达到 STEM 教育的培养目标，幼儿园探究性课程就是按照科学探究的程序进行的，它来自幼儿的问题，进而对答案进行假设，收集数据，验证假设。整个过程是探究的过程，是建构知识的过程，同样可以让幼儿在直接感知、实际操作以及亲身体验中提高解决问题的能力，促进创新思维以及高阶思维的发展。[②]STEM 教育活动能够为幼儿的探究性课程学习活动的前、中、后阶段起到一定的推动作用，在探究初期，能够为幼儿的探究铺垫材料基础，在探究中期 STEM 活动能够为幼儿活动搭建实践的空间，在探究结束阶段能够帮助探究性课程的落幕缔结探究成果。

2. 幼儿园探究性课程与主题活动课程的关系

幼儿园探究性课程是幼儿自主发现问题、提出问题和探究问题的过程。[③]幼儿围绕这个问题通过实地参访进行深入、持续的探索，通过探索，发现知识与建构知识。探索过程可以以小组的方式进行，也可以整个班级共同探索。

---

① 傅晨：《学前儿童科学教育》，东北师范大学出版社 2021 年版，第 121-122 页。
② 纪艳红：《幼儿园探究式学习项目课程》，清华大学出版社 2022 年版，第 15 页。
③ 何妨：《幼儿园探究性课程的探索与实践》，北京师范大学出版社 2021 年版，第 7 页。

　　主题是指围绕一个宽泛的题目或大的概念所开展的一组活动。[①] 幼儿园主题活动课程以"五大领域课程"为代表，以"单元教学法"为组织形式，将健康、语言、社会、科学、艺术整合为一个整体。通过确定单元中心整合各学科的内容，主题是明线，贯穿于各个学科中，突破了学科教学的局限性。

　　幼儿园探究性课程一定是主题活动课程，但主题活动课程不一定是探究性学习项目课程。下表是幼儿园探究性课程与主题活动课程的区别。

幼儿园探究性课程与主题活动课程的区别

要素	主题活动课程	探究性课程
话题	教师通常围绕一个广泛的主题或一个大概念（如太阳系）而开展一系列的活动	教师对与幼儿生活密切相关的现实话题展开深入研究
时长	主题单元的时长通常是预设的，不会很长，因为项目题目一般比较宽泛	项目持续的时间更长，每个项目之间可能有很大的差异，具体取决于幼儿探究该项目专题的兴趣，以及他们心中的疑问是否得到回答、他们是否获得了新的理解
教师角色	教师是权威指导者	教师仅提供指导和帮助，幼儿将决定如何推进他们的项目研究
学习体验	教师从头到尾根据课程目标规划教学活动，而根本不考虑幼儿的兴趣或疑问	教师会评估幼儿的已有知识水平，从而更有针对性地设定研究疑题；学习体验的设计能使幼儿随着项目的开展探寻可以回答幼儿心中疑问的答案，从而满足学习和课程的目标
技能	教师需联系主题单元和课程目标，技术、测量、阅读、拼写等技能都可能有所涉及；主题将作为应用基本技能的背景出现	随着项目的进展，幼儿逐步完成课程目标；幼儿运用技能来探究疑题，寻找答案展示他们对项目的认知和理解

　　[①] ［美］丽莲·凯兹、西尔维亚·查德著，胡美华译：《开启孩子的心灵世界：项目教学法》，南京师范大学出版社 2007 年版，第 5 页。

（续表）

要素	主题活动课程	探究性课程
获取知识	教师主要通过图书、手册和互联网为幼儿提供知识；有时教师会以实地考察作为主题单元完结时的活动	在项目早期进行实地考察，因为这是探寻答案时必不可少的方式；他们会通过访谈，观察工作中的人，以及考察设备、场所和流程来收集第一手资料
表征	幼儿通常从事同样的活动；所有人可能会在同一张工作表上涂色、制作同样的木偶或参加一场戏剧	整个班级通常分为几个兴趣小组；幼儿可能独立或协作进行多种类型的活动，这些活动能展现出他们对所研究疑题的认识和理解；他们可能会创作一些文字或绘画作品，参与戏剧表演或建构模型
记录与展示	作品可能会在教室里展示，因为幼儿的主题作品通常看起来很相似，很难让幼儿识别自己的创作；展示的作品主要被用来装饰教室的墙壁	教师通过做笔记拍摄照片、录音和录制视频等方式记录幼儿的学习过程，他们也会同时用这些资料来筹备后续的学习内容；这些资料反映了课堂中正在发生的项目进程，也可以作为幼儿下一步学习的资源；幼儿可以很容易地识别自己的作品，谈论他们学到的东西，描述他们在项目活动期间面临的挑战，他们会对自己的工作成果产生真正的主人翁意识

第四章

幼儿园探究性课程实践

　　《纲要》中指出，幼儿教育内容要"既符合幼儿的现有水平，又有一定的挑战性；既符合幼儿的现实需要，又有利于其长远发展；既贴近幼儿的生活来选择幼儿感兴趣的事物和问题，又有助于拓展幼儿的经验和视野"。由此幼儿学习探究的内容应符合幼儿的年龄特点，并贴近幼儿的实际生活经验，只有这样的探究内容才是幼儿感兴趣且能够通过自己的探究有所发现和获得经验的。若要儿童获得整体发展，成为有环境素养的个体，就要让他们经常与大自然积极接触。让儿童亲近自然，应该着重培养儿童的好奇心、良好的学习倾向，养成良好的科学素养，而不是仅仅向他们教授事实与真相。

一、自然探究类课程

（一）自然探究类课程的概述

　　生活活动、游戏活动和集体教育活动构成了幼儿园一日生活的全部内容，探究性课程的设置是基于儿童一日生活的、经验性的、整合性的、生成性的，是基于多领域综合课程，体现"自然化、生活化、游戏化"的。

学前儿童天性热爱自然，与动植物有着天然的亲近感，在大自然中他们的兴趣点会增加很多，例如天气、植物还有各种小动物都会吸引他们的目光。为学前儿童创设自然的、有生命的户外环境可以让学前儿童有机会亲近自然，通过近距离接触和经常性、系统性地观察动植物，感知大自然的奇妙变化，激发其好奇心和探究欲望。

自然探究类课程以"自然、追随、体验"为核心理念，主张围绕植物、动物、自然物质和自然现象及其相互之间的关联展开，强调真实自然中的观察、探究及表征。儿童在与自然事物的互动中探究、体验、发现和认知；教师追随儿童，提供支架，协助儿童更好地进行体验与探究，为幼儿提供丰富的自然环境和探究材料，向幼儿介绍可以利用的信息资源，支持儿童对植物、动物和自然现象进行周期性的追索和探究，使儿童在自然中探得经验与精神的成长，成为内心丰饶的富有创造活力的自然之子，从而发现自然奥秘，精神得以润泽。

捷克教育家夸美纽斯在其《大教学论》中提出了"泛智"思想并特别强调自然主义教育，他认为教育要遵循人的自然发展的原则，"在自然的一切作为里面，发展都是内发的"，夸美纽斯首次从教育学的高度论述了自然主义教育思想。"教育适应自然"原则渗透于"泛智"教育的始终，主要包括两方面的内容：一是教育必须遵循自然界的客观规律，二是教育必须顺应人的年龄特征和天性。

卢梭吸收了17世纪以来西方盛行的思想，融入夸美纽斯的适应性原则，以受教育者年龄特点为研究重心，分阶段进行教育。在卢梭看来，教育领域中的"自然"主要指儿童的天性。卢梭认为一切自然界的东西都是与自然相适应的，因此，教育应当遵循成长中的人的发展的自然进程，考虑其年龄特征，适应其本性施教。

教育家裴斯泰洛齐以卢梭的自然教育作为其教育理论和实践的重要依据，也提出了有关自然主义教育的理论，他认为教育要根据人的自然天性进行。裴斯泰洛齐认为教育应该帮助和纠正自然，通过教育的作用，使其向善的方向发展，把人性提升到更高的境界。

福禄培尔是幼儿园教育的奠基人，顺应自然原则是其教育思想的根基。他主张教育要按照儿童身体发育的基本规律进行，不能逾越其年龄特点和身体素质进行过度或不及的培养，同时强调教育要顺应儿童的天性发展，不能任意妄为地按成人的意志进行塑造。

可见，自然探究类课程的产生及发展有着深厚的理论基础。在自然主义教育思想的指引下，自然探究类课程在教育价值观念中更加强调幼儿的教育是依循幼儿的自然天性展开，同时注重幼儿能够在与大自然接触、融入中释放天性，与自然和谐共生，激发探究求知欲望，不断丰富和完满人格。

（二）自然探究类课程案例

● 案例一：我与菊花共成长

（本案例素材由山东农业大学幼儿园吕秀云、王晶、张意燕老师提供）

项目背景

幼儿园的种植园虽然不大，但方寸之间自有天地。菠菜、小白菜、乌塌菜、油菜、生菜等蔬菜，玉米、土豆、地瓜、小麦等粮食作物，长春花、迎春花、百日草、小雏菊、凤仙花等花卉，以及与植物共生的蚯蚓、蜜蜂、蝴蝶等动物，它们给幼儿带来亲近自然、探索自然、发现动植物奥秘的机会，也激发了幼儿热爱自然、爱护环境、尊重生命的强烈情感。

山东农业大学幼儿园依托山东农业大学，有着不同领域的农业专家、广阔的实验田、丰富的自然环境等宝贵的资源，这为幼儿的种植探究活动提供了强有力的保障。

项目研究目标

1. 观察探究泰皇菊在不同时期的生长变化及其特征，用图画、语言、符号等自己喜欢的方式进行记录和表征。

2. 照顾泰皇菊过程中能够发现并提出感兴趣的问题，积极想办法解决问题，提高发现问题、表征想法、解决问题的能力。

3. 了解采茶制茶和菊花美食的制作方法，并愿意分享自己制作的茶和美食。

4. 感受泰皇菊与自然环境，以及与人们生活的密切联系，萌发爱劳动、爱自然、爱生命的情感。

项目准备

1. 种植园、花盆、泰皇菊花苗。

2. 生活化材料：画纸、画笔、塑料筐、剪刀、各类食材等。

3. 高校资源：菊花种植专家、制茶专家、制茶基地与设备等。

项目来源

起初，幼儿种植的大多是蔬菜、农作物，种植的花卉类比较少。每年秋天，各班也会开展相关的主题活动，其中包括认识菊花，了解菊花的功用，画一画菊花等。园艺学院的老师给大班的幼儿带来了很多育好的泰皇菊苗。

看到菊花苗后，幼儿为什么有那么大的兴趣，并且有信心照顾好菊花苗？

老师的话：

1. 高校资源的支持。园艺学院菊花种植专家提供的泰皇菊花苗，给幼儿带来一个宝贵的探究机会，激发了强烈的好奇心和探究欲望，让他们能够从一株小小的菊花苗开始，感受菊花完整的生长过程。

2. 种植经验的影响。经过近两年的种植实践活动，幼儿具有了较丰富的选种育种、管理照料、观察记录等经验。当面对幼小的菊花苗时，他们除了好奇之外，更多的是照顾、管理好菊花的信心和勇气。

■ 可能去往何处

"我与菊花共成长"活动开展可行性分析		
年龄阶段：5—6岁		
设计者：吕秀云、王晶、张意燕		
幼儿已有经验	幼儿的问题	幼儿的兴趣
1. 知道菊花的名称，了解其颜色、外形等基本特征 2. 掌握点种、坑种、移栽等种植方法；具有一定的管理和照顾植物的经验 3. 具备一定的表征、记录经验	1. 菊花种在哪里 2. 叶子发生了什么变化 3. 菊花长高了多少 4. 怎么记录菊花的生长 5. 关于菊花的古诗有哪些 6. 怎么做菊花茶 7. 菊花茶送给谁 8. 菊花种子在哪里	1. 从菊花苗到菊花绽放的生长变化过程 2. 制作菊花茶的方法以及品尝自己种的菊花茶的味道

领域	项目	关键经验
健康	身心状况	在探究菊花生长过程中保持积极的情绪，遇到问题和困扰时不乱发脾气
	动作发展	能够较熟练地使用小型铁锹、犁耙、浇水壶等简单的劳动工具管理照顾菊花
语言	阅读与书写准备	能根据自己的意愿采用多种方式记录表征菊花的生长过程与变化、预设菊花茶与水温的关系、畅想菊花种子的秘密
	倾听与表达	能用连贯、清晰的语言流畅表述自己发现的问题，表达关于菊花种植和管理的想法；能够创编并声情并茂地朗诵菊花诗歌
社会	人际交往	能与同伴友好合作种植菊花；根据自己或同伴的兴趣主动发起与菊花探究相关的活动
	社会适应	爱护菊花及种植园环境
科学	科学探究	掌握种植菊花的正确方法；了解菊花的生长过程中叶子、植株、花朵的变化及特征；了解菊花生长与季节和人们生活的关系
	数学认知	尝试使用非标准测量与标准测量等不同方法测量菊花的高度
艺术	感受与欣赏	感受菊花花瓣不同时期逐渐绽放的美，欣赏名家菊花艺术作品，感受中国画中菊花的独特韵味
	表现与创造	大胆尝试用油画棒、彩泥等不同的艺术表现形式表现菊花的美
学习品质	认真专注	认真细致地观察菊花在各个生长时期的不同特征，能发现细微、典型的变化；在观察、实验、操作等活动中专注、投入
	问题解决	种植过程中，能够发现并大胆提出感到疑惑的问题，积极进行猜想、表征，通过讨论、验证等途径获得解决问题的多种方式
	积极主动	能够根据自己的兴趣和意愿，有目的地主动选择菊花测量、美食制作、对比实验等项目探究活动

"我与菊花共成长"活动开展可行性分析

年龄阶段：5—6岁

设计者：吕秀云、王晶、张意燕

可能发展的核心经验	可开展的活动
健康： 能够使用小铁锹、小犁耙、浇水壶等简单的劳动工具；种植活动中保持积极愉快的情绪	◆ 种菊花 ◆ 菊花长高了 ◆ 观察记录菊花的生长过程 ◆ 欣赏菊花名画 ◆ 各种方式表现菊花的美 ◆ 采菊制茶 ◆ 朗诵古诗或创编菊花诗歌 ◆ 分享菊花茶 ◆ 菊花的种子在哪里
语言： 能够主动、大胆、有序连贯地表述自己的疑问或想法，愿意与同伴和老师讨论、交流；愿意用自己喜欢的方式表征、记录菊花的生长过程	
社会： 同伴遇到困难时主动帮助同伴出主意、想办法；能主动发起与菊花相关的活动；乐意将自己的劳动所得分享给为大家提供服务的辛勤劳动者	
科学： 探究菊花生长的秘密时喜欢刨根问底，困惑或问题得以解决时感到兴奋和满足；掌握菊花的生长过程及其特征，了解菊花与季节、人们生活的关系；能用图画、图表或符号等记录表征菊花的生长	
艺术： 愿意欣赏菊花艺术作品并感受、表述其美感，喜欢用不同的艺术形式表现菊花美	

■ 资源分析

一环内资源	1. 幼儿园种植园、班级种植角 2. 种植工具、管理工作 3. 各种笔、记录纸、操作材料 4. 有种植经验的教职工
二环中资源	1. 家庭种植环境及工具 2. 家长专业指导或经验指导
三环外资源	1. 高校菊花种植专家及其实验基地 2. 果科所茶园基地 3. 社区中各行业辛勤劳动的人 4. 社区安全温馨的自然环境

■ 项目预设线索图

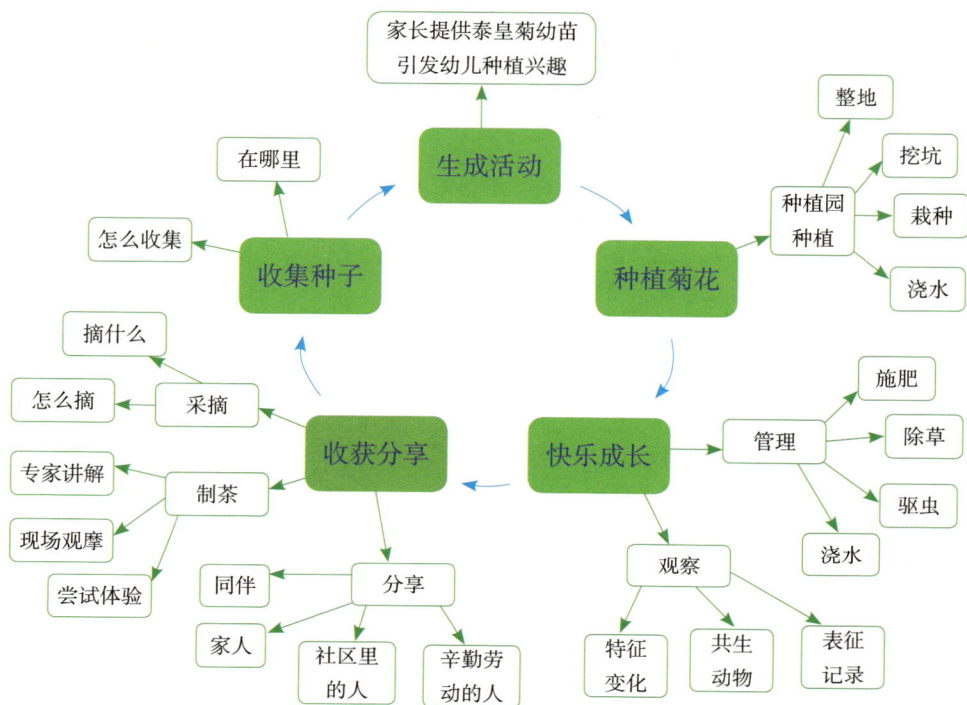

家长提供泰皇菊幼苗
引发幼儿种植兴趣

生成活动

在哪里

怎么收集

收集种子

种植菊花

种植园种植

整地

挖坑

栽种

浇水

摘什么

怎么摘

采摘

专家讲解

现场观摩

尝试体验

制茶

收获分享

快乐成长

管理

施肥

除草

驱虫

浇水

同伴

家人

分享

社区里的人

辛勤劳动的人

观察

特征变化

共生动物

表征记录

■ 项目过程可能会询问的问题

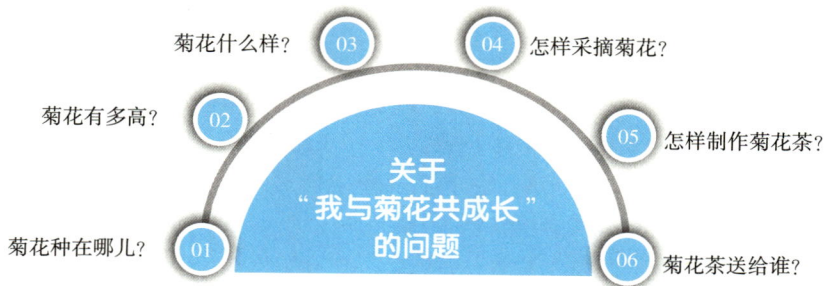

菊花什么样？ 03
菊花有多高？ 02
04 怎样采摘菊花？
05 怎样制作菊花茶？

关于
"我与菊花共成长"
的问题

菊花种在哪儿？ 01
06 菊花茶送给谁？

■ 项目方案的解决过程中可能涉及的方式方法、活动策略

可能涉及的方式方法	可能涉及的活动策略
经验迁移	家庭对比种植
对比实验	物品与直尺的使用

（续表）

可能涉及的方式方法	可能涉及的活动策略
标准测量与非标准测量	绘画表征
操作验证	观察记录
查阅资料与专家咨询	名画欣赏

■ 项目预设活动

探究一：种植菊花苗

探究二：菊花成长记

探究三：收获与分享

探究四：菊花种子

探究五：菊花后记

项目探究过程

探究一：种植菊花苗

问题一：菊花种在哪儿？

有了菊花苗，接下来的问题是种在哪里，幼儿就此问题进行了讨论。

峻铭："我觉得可以种在咱们班的种植园里。"

宸宸："我家有特别漂亮的花盆，可以拿来，种花盆里。"

经过大家的讨论，最后一致同意把分到的泰皇菊的菊花苗一部分种在种植园里，一部分种在小朋友自带的花盆里，由小朋友自己照料。

怀着期待，幼儿开始种植。

雅琳："我要小心一点儿，菊花苗的茎太细了，一不小心会断的。"

睿睿："挖出小坑，轻轻拿，轻轻放，轻轻压土，不要猛浇水，用喷水壶轻轻浇。"

问题二：菊花喜欢什么样的生长环境？如何照顾它？

泽泽："菊花和我们种的菜一样，喜欢阳光，应该多晒太阳！"

绍骞："我知道，我妈妈就是研究菊花的，我去过实验基地，现在菊花苗属于幼苗阶段，要让土壤保持湿润状态，如果土壤太干燥的话，幼苗会出现打蔫的情况。"

绍骞的话很有说服力，小朋友非常认同。此后，经常发现小朋友时不时地摸摸花盆里的土，如果很干的话会麻利地浇点水。

老师的话：

为了保证种植园植物的多样性，最大程度给小朋友提供观察探究的机会，幼儿园有一个不成文的规定，就是每个班级种植的植物种类不少于三种，并且各班级之间种植的植物尽量不要重复。小朋友在商量种植的过程中充分利用了这一已有经验，大胆提出"把泰皇菊一部分种在种植园，一部分种在花盆里"，因为种植园还要种韭菜和姜。同时，也能看出小朋友对已有经验的迁移运用，如像种菜一样种植泰皇菊，像照顾其他植物一样让泰皇菊多晒太阳。

探究二：菊花成长记

1. 菊花长高了

一个月之后，菊花从一点点的低矮小苗逐渐长高了一些，叶子也有了不同的变化。

（1）叶子

柚子："菊花有的高，叶子多；有的矮，叶子少。土的营养成分不一样。"

曦曦："照顾得好叶子多，浇水少叶子也少。"

钢锄："阳光照射的位置不同。"

小宝："为什么菊花叶子边缘像波浪形？"

钢锄："植物的品种不一样吧！"

小荷："菊花天生就是这样的。"

钢锄："菊花经过基因突变不一样。"

（2）菊花的高度

菊花到底有多高呢？小朋友们开始用身边的各种材料进行测量，有的用积木测量，有的用插塑测量，还有的用毛根测量。

栗夏："菊花竟然超过我这根毛根的长度了。"

晟恺："我用管状玩具量了一下，从花盆的底部到菊花的上面大约是8个管状玩具的长度，从花盆的上面到菊花的顶部大约是4个管状玩具的长度，那花盆上面和下面的距离也大约是4个管状玩具的长度。"

老师的话：

《指南》中指出，5—6岁的幼儿"能通过观察、比较与分析发现并描述不同种类物体的特征或某个事物前后的变化"。小朋友对菊花生长过程中叶子的变化观察非常仔细，不仅注意到叶子的多少，还注意到叶子边缘的形状，同时根据已有经验进行了生长时间、能量、光照、品种等客观原因、管理照料、浇水等主观原因的分析。在对泰皇菊高度变化的关注上，采用了实物测量、目测和标准测量等不同方式探究。

2. 菊花枯萎了

小荷伤心地说："我的菊花枯萎了。"

一然："你是不是没给它浇水、晒太阳？"

小荷："没有啊，我每天都会来看看我的菊花。"

绍骞："我知道了，听妈妈说，养花的土壤里也要有营养的，一定是你花盆里的土没有营养。"

溪桐："是不是你移栽的时候挖的洞太小了？"

在老师的协助下，幼儿从一然的花盆里扦插过来一株菊花。

老师的话：

失败是成功之母，要允许小朋友失败，鼓励他们从失败中汲取新的经验。虽然有的小朋友第一次的菊花种植失败了，但经过大家的讨论，他们获得了扦插菊花的新经验，感受到了集体的智慧和团结的力量。扦插菊花的过程是对失败的补救过程，是想办法解决问题的探究过程，也是孕育希望的过程。

3. 带菊花回家

菊花每天都在悄无声息地长大，小朋友们也在一天天长大，转眼间已来到暑假，我们的菊花怎么办？最后，小朋友们商量决定，种植园的菊花请传达室李爷爷照顾，花盆里的菊花由小朋友们带回家照顾。

老师的话：

家园携手，可以产生"1+1>2"的良好效果。在暑假中，小朋友把菊花带回家照顾、观察，从家长和孩子的观察记录中可以明显看出，小朋友关注菊花的生长变化，用绘画、口述、照片、图表等多种方式记录菊花的生长和自己的照料过程，获得了关于菊花生长的新经验，并与家长一起解决了出现的一些新问题，增加了亲子之间的感情，成就了家长的高质量陪伴，也成就了小朋友的健康成长。

4. 新发现

暑假过后，中班的小朋友们要升大班了，正式成为幼儿园的哥哥姐姐。怀着升班的喜悦和对种植园菊花的期待，一起开启新的学期。

（1）繁多的小蜜虫

峻铭："为什么有的菊花叶子上有点点？"

名轩："叶子上的小黄点是虫卵。"

嘉琪："我家的菊花以前长了很多很多的虫子，妈妈说那是蜜虫，后来妈妈买了药，我们一起给菊花喷药，菊花的病就好了。"

腾腾："蜜虫需要黏液，菊花正好有黏液，所以它喜欢。"

小荷："为什么蜜虫长在菊花上也没影响它生长？"

钢镚："一是蜜虫无家可归，在菊花上不会搞破坏，二是菊花会分泌一种特殊的物质吸引来蜜虫。"

小荷："蜜虫喜欢在花蕊里，因为花蕊甜。"

老师："怎样才能让小蜜虫远离菊花不受伤害呢？"

潇雅："可以用肥皂水，我妈妈在家就是这样做的。"

孟泽："戴手套把虫子捏下来。"

一然："用风把蜜虫吹走。"

小宝："打杀虫剂。"

一番操作下来，小朋友发现风是吹不走小蜜虫的；虫子太多太密了，用手捏不完；用肥皂水、喷药都是比较好的办法。

用手捏蜜虫　　　　　　　　用风吹蜜虫　　　　　　　　用药水喷蜜虫

（2）叶子枯萎了

小朋友们发现，种植园里泰皇菊下面的叶子都枯萎了，怎么回事呢？

子卿："一定是夏天太热，晒的。"

奥莉："是小蚂蚁咬的吧，叶子没有能量了。"

羽佳："我的菊花枯萎了，浇水也不管用，后来我问了朵朵的妈妈，阿姨说这是菊花生病了，我们买了消毒水给菊花治病，菊花还是死了。"

老师和小朋友们一起查阅资料了解到，菊花处于生长期的时候要控水，不要像幼苗期一样给菊花喝那么多水。此外阳光照射的时间也会影响菊花吸收营养，营养过多或过少都会出现叶子枯萎的现象，及时清理掉就可以了。

老师的话：

"新发现"中出现的两个问题"繁多的小蜜虫""叶子枯萎了"，是在探究过程中生成的，小朋友们根据已有经验，在发现问题后大胆进行了猜测。如蜜虫需要黏液，菊花正好有黏液；可以用肥皂水，妈妈在家就是这样做的；夏天太热，晒的。然后，通过观察、比较、分析、查阅资料、动手操作等方式进行验证，从而获取正确的答案。这就是通过科学探究解决问题的过程，这样的学习方式为幼儿的后续学习奠定了良好的基础。

5.初盛开

清晨的菊花，叶子上沾着晶莹的露水，含苞待放的花骨朵儿涨得大大的，好像迫不及待要出来看看这五彩缤纷的世界。菊花叶子呈碧绿色，毛茸茸的外表，有了它的衬托，花苞更加明艳了。

鹏瑶："菊花是有香味的，我们之前种的菜就没有。"

俊杰："我们的菊花颜色是黄色的，旁边的菊花颜色是淡黄色的，它们应该是品种不一样，所以颜色不一样。"

峻铭："我发现叶子下面藏着几个花骨朵儿！"

心媛："一颗菊花就有好多花骨朵儿，到时候都能开出菊花来吗？"

思宇："我觉得它们都会开花，我家里的菊花就是这样。"

多多："有的花苞没开，是不是吸收营养少？"

钢镚："为什么会有花苞？"

腾腾："花一定会有花苞，没有花苞就不是花了。"

小宝："菊花的花骨朵儿是绿色的球球。"

潇雅："我觉得没开的花骨朵儿像小南瓜。"

老师的话：

小朋友从颜色、香味、形状三个方面对初盛开的泰皇菊进行了更为细致的观察，发现了盛开的菊花有黄色的、淡黄色，花瓣非常多，一层一层的；花骨朵儿则是绿色的球球，尖尖的，凸出来的。同时对花开得快与慢、菊花花苞进行了各种猜测与交流，小朋友在你一言我一语的自然交流中获得了关于菊花生长变化的新经验，也观察到自己不曾留意的菊花特征。

6. 竞绽放

菊花终于盛开了，花瓣层层叠叠，一瓣贴着一瓣，有秩序地排列着，犹如一个金黄色的线团；花茎粗壮挺直，叶子肥大稠密。

（1）**花瓣的秘密**

心媛："我看这菊花挺漂亮的，你看它的花瓣太多了。"

名轩:"你快闻闻,好香呀!"

奥莉:"大的菊花闻起来很清香,小的菊花闻起来味道更浓一些。"

小宝:"为什么花瓣外面长里面短?"

嘉琪:"外面包住里面,保护它。"

宸宸:"外面像保护膜,不让蜜虫入侵。"

栗夏:"我怎么感觉菊花的花瓣有点像管子。"

刘越:"真的呢!每一片花瓣都像一个一个的小管子。"

老师:"那我们一起查查资料吧。"

经查阅资料得知,泰皇菊花瓣为黄色管状花,管状花亦称筒状花,菊科植物头状花序中具有管状花冠的花。

菊科多数种类花序中央部分为管状花,边缘为舌状花,如向日葵;有些种类全为管状花,如"一点红""兔儿伞"。

老师的话:

随着菊花的绽放,小朋友对菊花的特征更加感兴趣,观察也更为仔细,不仅发现了开得大的菊花与开得小的菊花在香味上的不同,也注意到菊花花瓣的管状形状,教师不禁感慨幼儿真的是有能力的学习者。而且,小朋友在表述时语言流畅、形象生动,想象丰富。

(2)菊花王

在泰皇菊刚刚露出花骨朵儿的时候,老师和小朋友一起做了一个实验,把其中一朵菊花的花骨朵儿给它打掉,只留一个,看看它会变成什么样。

由于把菊花的花苞打掉了，留下的那个花苞充分吸收了营养，长成了最大的菊花，孩子们给它起名"菊花王。"为什么叫菊花王呢？

奥莉："因为这朵菊花最大，所以叫菊花王。"

孟泽："菊花王吸收养分多，我给它画了皇冠。"

睿睿："从里到外都很漂亮，所以叫菊花王。"

菊花专家的话：

泰皇菊其实是切花菊，这类菊花植株有顶端优势，即顶芽内部会合成生长素。如果栽培过程中不去顶，菊花植株会一直长高，不长侧枝。去掉泰黄菊的侧芽、侧花，只保留顶芽，菊花体内的生长素吸收土里的营养就仅供给顶端的花芽，所以就会开出菊花王，专业名称是独本菊。

老师的话：

花王实验是老师和小朋友一起做的一个长达 40 天的实验，虽然时间很长，但小朋友带着好奇心、浓厚的兴趣和足够的耐心去观察菊花的变化，最后惊奇地发现花王比一般的菊花大出了很多，并通过咨询专家的方式了解到其中的原因。这不仅是对小朋友观察、探究能力的挑战，也是对其恒心和毅力的挑战。

7. 名画与童画

在泰皇菊竞相开放的同时，师生在网上搜集了齐白石老人画的菊花图，彩印后放在了活动室内。

嘉琪："画上的菊花花瓣很多，和我们幼儿园的菊花很像。叶子不太像我们幼儿园的菊花，它们颜色不一样。"

晓坤："是谁画的呢？他们画的菊花和我们画的真不一样。"

奥莉："我感觉他是用毛笔画的，我们平时用水彩笔和油画棒绘画。"

心媛："这可不是油画棒画出来的，这幅画的提笔很好。"

老师："这是齐白石爷爷的画。"

柳畅："齐爷爷画的菊花的叶子是用的黑色墨水，有浓墨和淡墨，我们的菊花只是用彩笔画的。"

欣赏了菊花名画，小朋友们也立马来了灵感，画下了他们眼中美丽的菊花。

水粉画菊花

油画棒画菊花

制作彩泥菊花

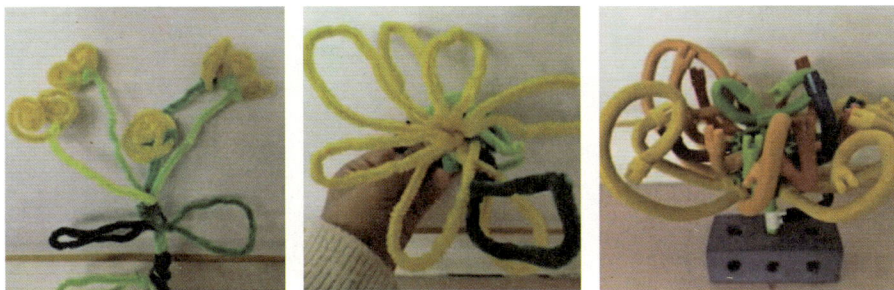

制作毛根、扭扭棒菊花

老师的话：

　　艺术是人类感受美、表现美和创造美的重要形式，也是表达自己对周围世界的认识和情绪情感态度的独特方式。小朋友用独特的笔触、丰富的想象、灵巧的双手，通过水粉、油画棒、彩泥、毛根、扭扭棒等多种材料建构和表现了对菊花的所见、所知、所感、所想、所爱，这就是创造美的过程，幼儿是真正的艺术家。

探究三：收获与分享

1. 采菊制茶

泰皇菊到了成熟期，该怎么采摘呢？

（1）采摘什么样的菊花

奥莉："采摘开放的。"

曦曦："采摘花全开的，露出花蕊的，这样泡的茶好喝。"

维杰："我们要采外面的花瓣都打开的菊花。"

（2）怎样采摘菊花

柳畅："剪花朵下面的杆，不能离花太近，会伤害到花朵。也不能离花太远，不然杆就太长了。"

泽泽："剪菊花的时候要用合适的剪刀，小朋友不能用太大的。还要小心用剪刀，用完把剪刀收起来，不然会伤害到别人。"

一然："留出部分茎，不要全剪。"

宸宸："不要剪到花托，不然花托就散了，没法做菊花茶。"

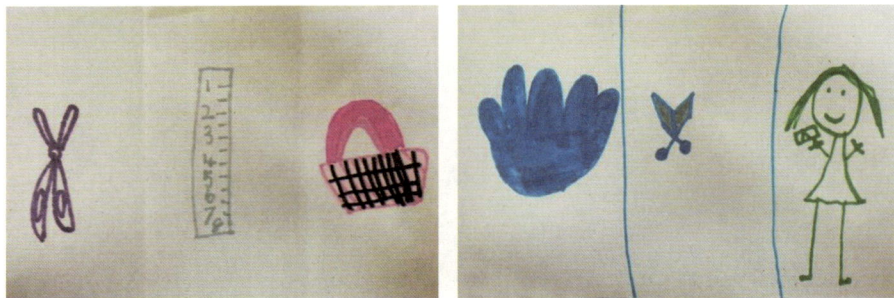

到底如何科学采摘呢？幼儿园邀请了小班的家长、制茶专家来园进行现场示范与讲解。

小朋友们认真地听制茶专家讲解菊花的采摘技巧，要选择外围的花瓣完全打开并能看到花蕊的菊花，这样加工出来的菊花花蕊不会发黑，泡的茶才格外好喝。

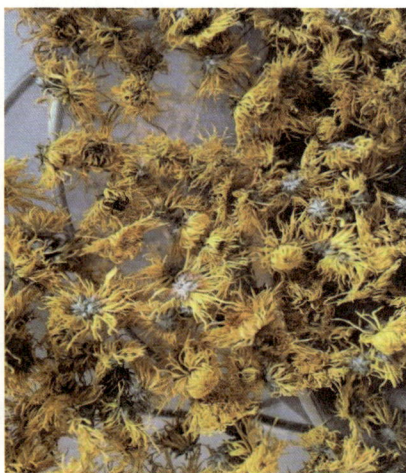

筛选、晾干	烘干

菊花采摘之后，小朋友和老师进行了筛选，挑出花瓣饱满、色泽新鲜、花瓣大部分打开、没有虫子的优质泰皇菊，放到托盘中在阴凉通风处晾干，最后送到家长的制茶基地进行烘干处理。

老师的话：

小朋友对采摘的方式和注意事项进行了绘画表征并进行了交流，这为顺利采摘菊花奠定了基础。邀请采茶制茶专家进园讲解，使小朋友了解到采茶的正确方法和要求，这是科学采摘的关键。家长资源的发掘和利用助力了菊花的采摘和菊花茶的制作，让小朋友深入了解了菊花茶的烘干过程，获得了丰富的经验。

2.品菊

（1）菊花茶

泽泽："菊花可以泡水喝，菊花水对身体很好。"

鹤鹤："泡菊花茶，先倒一杯水，再放上茶叶，然后再放上菊花，还可以加点蜂蜜，那样会更美味。"

用什么样的水泡菊花茶最好呢？小朋友们开始了实验，观察菊花在各种水中的变化，如沸水（水沸腾后加菊花再烧一会儿）、开水（教师办公室暖瓶里的水）、温水（小朋友平时喝的直饮机中的水）、冰水。

姓名	我猜的	我看到的	原来如此
多多	先放菊花再放热水，然后就可以了	泡菊花茶前花瓣是乱糟糟的，泡在杯子里后花瓣看起来很漂亮	热水可以泡开，我推断正确
皮皮	我猜用沸水	没泡的菊花是小的，花瓣是一体的、硬的；泡开的菊花会大一些，而且花瓣有一丝丝透明，有的花瓣会脱落	沸水泡菊花最快，但是很危险，需要在大人的帮助下使用
汤圆	我认为是温水泡菊花快，也安全	花瓣看着软了一点，但是不太好看	并不是我之前认为的温水泡菊花快，而是沸水泡得快

（2）菊花冰棍

羽佳："把菊花洗干净，再拧干，这样菊花里的汁就出来了，再把它们放到冰箱里做成冰棍。"

一然："也可以把干的菊花泡开，把菊花和水放进模具里做成冰棍！"

（3）菊花果冻

嘉琪："可以做成菊花果冻，把菊花放到模具里，再放上个小的果冻，然后倒上一点水，让菊花黏在果冻上。"

（4）菊花雪梨汤

晓坤："我妈妈也给我煮过雪梨水，很好喝，而且喝了就不咳嗽了。"

雅琳："我们再加点菊花，菊花雪梨汤那就更好喝了。"

（5）菊花月饼

小荷："我们中秋节的时候做过月饼，做个菊花月饼行不行？"

（6）其他

芃希："菊花可以来做汤，用来'败火'。"

曦曦："菊花可以用来做点心。"

溪桐："菊花可以做成好吃的菜。"

菊花饼 　　　　　　　　　　　菊花羹

炸菊花 　　　　　　　　　　　菊花饭团

老师的话：

在预设中，教师只想到了菊花茶的制作，对其他菊花美食没有太多的了解，但通过交流和讨论后，最终竟尝试制作出这么多的菊花美食，这是不曾想到的。

3. 颂菊

古人以诗会友，小朋友们以菊花为主题举办菊花诗会。

老师的话：

不管是背诵关于菊花的古诗词，还是朗诵创编的儿歌、诗歌，都可以感受到小朋友在表达中的自信大方，这是最珍贵的。相信在亲子合作创编的过程中，家长与孩子的讨论、修改等环节也蕴含着丰富的亲子思维碰撞，这对小朋友的语言表达能力、逻辑思维发展、社会交往能力是极大的促进和提高。

4. 赠菊

（1）**分装菊花**

泰皇菊花茶做好了，小朋友开始将烘干好的菊花装进漂亮的袋子里。

芮琳："烘干好的菊花变轻了。"

昕好："看我装的菊花漂亮吧！"

（2）**赠菊**

美好的东西要一起分享，才会更加幸福。

① 把菊花和柿子分享给爷爷奶奶们，祝爷爷奶奶身体健康，事事如意。

② 把菊花和柿子分享给可爱的白衣天使们，祝他们工作顺利。

③ 把菊花分享给幼儿园的弟弟妹妹。

溪桐："小弟弟，菊花送给你，希望你能快快长大。"

④ 把菊花分享给关心我们的老师们。

奥莉："园长妈妈，送您一朵菊花茶，您喝了之后会更漂亮哦！"

刘越："老师，我们自己种的菊花送给您，希望您能喜欢。"

芮琳："老师，送给您一朵菊花，您辛苦了。"

钢锯："保安伯伯，您每天保护我们安全，辛苦了。这是我们自己种的菊花，送给您！"

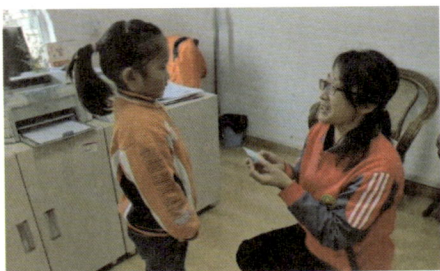

老师的话：

赠人玫瑰手有余香，赠人菊花茶，心中留下爱。爱和感恩教育一直是我园所倡导的，也是我园养成教育的一部分。只有学会爱自己、爱家人、爱老师、爱伙伴，才会爱家乡、爱祖国。爱是一种能力，将自己通过努力制作出来的菊花茶分享给我们爱和爱我们的人，这就是爱和感恩教育的一种非常好的表现形式。

探究四：菊花种子

淑锜："我见过！菊花种子很小。"

睿睿："菊花种子会不会像蒲公英，飘走扎在土里就会长出新菊花？"

思宇："我觉得菊花的种子可能在土里。"

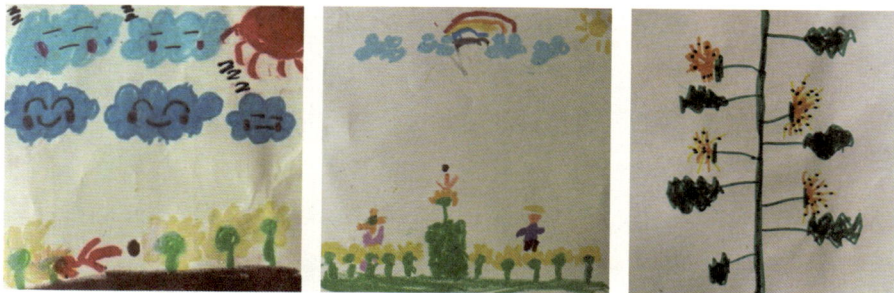

菊花专家的话：

菊花有自交不亲和的特性，就是自己的花粉落到自己花的柱头上，不能完成授粉，无法结种子。菊花的花是个花序，外围舌状花（我们通常叫花瓣）是不育花，内部管状花（又叫花蕊）是可育花。能结实的菊花，种子位于中心管状花的基部，很小的肾形，大概跟笔尖一样大小。成熟的种子是黑褐色或棕色的。泰皇菊看上去都是花瓣，中间管状花很少，而又自交不亲和，所以在正常栽培过程中几乎得不到菊花种子。

老师的话：

我园生态种植课程目标定位之一是"亲自然，爱生命"。在种植实践活动中，我们引导小朋友感受植物"从种子到种子"的生命循环过程，当小朋友的视角回归到生命的最初——种子时，大家的问题又聚焦到了一起。他们收集过很多蔬菜、农作物和花卉的种子，但是第一次遇到看不到种子的情况。正是因为没见过，所以有了更多美好的猜想，他们通过表述、表征尽情表达自己的所思所想。菊花专家的专业讲解或许小朋友们不能完全理解，但是顺延科学的引导，他们对菊花种子的观察和发现又有了进一步的延伸，科学探索精神再一次被点燃。

探究五：菊花后记

天气慢慢变冷了，小朋友们发现了一个神奇的现象，种植园里的菊花渐渐变成了红色。

为什么会出现这种现象呢？

峻彦："我觉得是因为菊花老了才变色了。"

皮皮："是因为菊花要冬眠了。"

潇雅："天气冷的时候菊花想要保暖，所以变成了像火一样的红色。"

针对小朋友们提出的疑问，教师咨询了果科所专家，菊花变色主要是菊花衰老的一种表现，而气温降低、昼夜温差大进一步促进衰老过程。在这个过程中，花中花青素的主要成分花色苷发生了变化，红色、紫色的色苷含量不断上升，花瓣就呈现红色了。不只有黄色的菊花会变红，白色等其他颜色的花衰老后也会不同程度地呈现红色。

老师的话：

当种植园里落叶满地的时候，菊花再次以它华丽的外表引发了大家的谈论和遐想。小朋友结合已有经验，通过观察对比菊花的色泽变化，尝试推理植物跟气候之间的密切关系，并进行大胆猜想。在这一过程中，他们深刻体会到植物在不同季节中的明显变化，同时体会到植物与环境之间的生态关系。

「项目中幼儿形成的关键经验」

1. 在劳动实践中观察发现，获得经验

在幼儿园种植实践的劳动过程中，一直倡导以幼儿为主体，重视幼儿的主体性参与。本次项目活动中，幼儿从移栽幼小的泰皇菊花苗开始，亲自管理、照顾，在劳动实践中观察菊花的基本特征，感受菊花一点一滴的生长变化，积累了菊花生长的直接经验和感性认识。如掌握了种植菊花、采摘菊花、制作菊花茶及菊花美食的正确方法；了解了菊花生长过程中叶子、植株、花朵的变化及特征；感受了菊花生长与季节、温度及人们生活的密切关系。

2. 在动手操作中比较分析，提升能力

在"我与菊花共成长"的项目活动中，幼儿遇到了各种各样的问题：怎样消灭小蜜虫？叶子枯萎了怎么办？怎样采摘菊花？采摘什么样的菊花？如何制作菊花美食？等等。面对问题，教师鼓励幼儿积极动脑，大胆尝试，通过动手操作、实验等方法比较分析，找出答案，解决问题，发展初步的探究能力。如，通过逐一操作验证的方式，发现放置肥皂水和喷药水是消灭蜜虫较为有效的方法；通过动手摘除一株菊花上的所有小花苞、只留一朵初盛开的菊花的方式，培育出菊花王；观察比较菊花王与普通菊花的差异，并了解菊花王产生的原因。以上都激发幼儿的探究兴趣，提高幼儿通过对比实验解决问题的能力。

3. 在小组合作中支持尊重，升华情感

项目活动强调幼儿之间、小组之间的友好合作。幼儿在菊花美食制作、菊花高度测量、赠送菊花茶、多种形式表现菊花的美等项目活动中，自由结伴分组，相互支持，尊重同伴的想法。面对同伴菊花的枯死，能够主动提供帮助，分享自己的菊花苗。在整个项目活动中，幼儿感受了菊花从幼苗到盛开，再到采摘、过冬的全过程。幼儿了解菊花种子的秘密，感知生命的生长与循环，感受动植物与环境、大自然及人们生活的密切关系，体验劳动与收获的快乐，萌发与同伴、环境、自然和谐相处的情感，形成亲近自然、热爱自然、尊重生命的性格和态度，以及初步的生态意识，并使之成为一种习惯和态度。

项目中教师的思考

1. 课程基于幼儿的已有经验和兴趣

首先，大班幼儿虽然没有种植过菊花，但已经积累了近两年的种植经验，掌握了选种、育苗、管理、观察记录、收获、美食制作、收集种子等相关经验。其次，每年秋天，山东农业大学校园里会盛开各种各样的菊花，幼儿园也曾以"秋天的菊花"为主题，开展相关活动，幼儿对盛开的菊花有比较充分的了解。但幼儿对菊花的认知仅限于盛开的菊花，所以对菊花生命的全过程具有浓厚的兴趣和探究欲望。因此，本次探究课程预设的各个活动均在幼儿的最近发展区内，是既有趣又有意义的活动。

2. 预设与生成相结合

菊花种植活动之前，教师根据幼儿的兴趣、需要和已有经验进行了探究活动预设，包括在种植园中种植菊花、观察菊花的成长过程及特征，并鼓励幼儿用喜欢的方式进行记录、采摘菊花、制作菊花茶、品茶、颂菊、赠送菊花茶；在实际开展探究的过程中，幼儿对枯死的菊花、菊花叶上的小蜜虫、花瓣的形状等产生了浓厚的兴趣，也提出了一些困惑的问题，教师及时捕捉这些信息进行价值判断，引导幼儿生成了新的探究活动——把菊花带回家、清除菊花上的小蜜虫、培育菊花王、菊花美食制作、变色的菊花等，这些活动是事先想不到也不可能提前预设的。正是在这种生成活动的过程中，幼儿的积极主动性、新旧经验的获得与迁移、大胆想象与验证等行为促进了幼儿的深度学习，也让教师深刻反思到教育引导策略要适时、适当，才能有效支持、推动幼儿的游戏学习。

3. 充分利用家长资源

幼儿园的教育不能单单靠幼儿园和老师，只有家园共育，才能真正促进幼儿的健康成长。我园大部分幼儿家长是大学教师，擅长研究各种各样的农作物，这为种植课程提供了丰富的教育资源和强有力的支持。本次活动中，幼儿园充分地利用的家长资源来支持幼儿的探究活动。首先，园艺学院的家长送来自己培育的泰皇菊花苗，开启了探究菊花成长的课程。其次，暑假来临，种植园里的菊花可以拜托传达李爷爷照顾，但花盆里的菊花只能请幼儿带回家，家长都给予了大力支持，在家与孩子一起进行菊花生长变化的观察记录，有照片式的、表格式的，也有文字记录和图文并茂的记录。第三，借助家长的制茶基地制作菊花茶。由于各种原因，无法带幼儿到现场观摩、尝试制茶过程，于是热情的家长把制茶的过程拍成视频发给老师，师幼一起观看，了解制茶过程。家长亲临幼儿园种植园，手把手教幼儿如何选择、采摘菊花，做好泡制前的准备工作。第四，家长与幼儿一起搜集关于菊花的故事、儿歌，有的家长与孩子一起进行创编，引导幼儿大方地展示。第五，关于菊花生命循环的疑问，蔬菜开花后会结出种子，但菊花的种子在哪里？这些问题也是由家长进行专业解答。第六，随着天气逐渐变凉，幼儿发现菊花开始变颜色，菊花变色的经验也是咨询家长后获得的。

项目感悟

"我与菊花共成长"项目中，教师和幼儿进行了一场有趣的自然探究之旅。整个活动中，幼儿积极主动，能够发现问题，大胆表述对问题的看法，与同伴共同合作，运用已有经验较为有效地解决问题，在始终保持浓厚兴趣和探究欲望、获得经验的基础上提升了探究能力，培养了乐学、向上、友爱、互助等良好品质。

随着项目活动的开展，教师在预设的基础上，充分尊重幼儿的意见和想法，放手支持他们的探究，并积极通过提供资源、支持活动、追问启发、鼓励引导、建设课程等多种方式支持幼儿的项目学习，使幼儿在宽松、和谐和具有强大支持的环境中获得发展和提高。

"我与菊花共成长"项目活动的实施过程，既是菊花从幼苗到盛开、衰败的生长过程，也是幼儿主体参与、主动探究、发现问题、解决问题的成长过程，又是教师观察幼儿、解读幼儿、放手支持、提升教育智慧的过程，真正实现了师幼双培育、共成长。

案例点评

1. 尊重幼儿，追随幼儿，促进幼儿探究能力发展

"我与菊花共成长"是一个持续时间较长的、预设与生成相结合的种植探究课程。活动中，教师充分尊重幼儿的想法，关注幼儿的需求，追随幼儿的脚步，敏锐捕捉活动中出现的教育契机，以问题为导向，对事物进行比较观察和连续性观察，引发幼儿的思考、讨论和交流，通过实验、操作等方式进行推论和验证，从而解决问题，建构新知，促进了探究能力的发展与提高。例如，幼儿利用不同的工具对菊花苗高矮进行测量，用绘画、数字记录菊花苗叶子数量，促进幼儿统计与测量能力的发展；观察发现菊花管状花瓣，通过摘除一株菊花上的所有小花苞，只留一朵初盛开的菊花的方式培育出菊花王，比较菊花王与普通菊花的差异，了解菊花王产生的原因，培养了幼儿持续观察、对比观察、猜想验证、符号记录表征和与同伴合作探究的能力；在送菊花茶、创编儿歌、欣赏名画等环节中，幼儿对自己的探索成果进行整理、概括，与同伴、成人进行了分享交流，探究能力进一步发展。

2. 关注幼儿兴趣，引发幼儿深度学习

兴趣是幼儿主动学习的基本前提，幼儿浓厚的学习兴趣、强烈的动机与探究欲望，推动着他们的学习走向深度。在"我与菊花共成长"的项目中，菊花不同的生长时期有不同的特征，幼儿在好奇心的驱使下，保持积极心态，高情感投入，解决一个又一个的问题，幼儿的深度学习才得以发生，具体表现在几下三方面。

在认知层面，幼儿问题解决能力不断提高。例如，将已有种植经验迁移到种植菊花上，将菊花种在土里，浇水、施肥、接受阳光照射，结合其他幼儿提供的种植建议，进行新旧经验的整合，解决了菊花种植与照顾的问题。当他们遇到菊花苗枯萎了、菊花长虫子以及菊花变色了的问题时，通过观察、交流、实验、查资料获得答案，知道菊花在生长时期不能浇太多水，菊花上的虫子可以用肥皂水冲洗或用农药灭虫，而菊花变色是衰败的特征。幼儿这种基于问题解决的、主动的、批判性的学习正是深度学习的体现。

在动机层面，幼儿在活动中保持积极情绪，全人整体投入活动，推动探索持续进行。例如，在幼儿采菊花、制茶、制作菊花食品等不同环节，都能看到幼儿浓厚的学习兴趣，特别是幼儿在采菊花中的认真专注。在强烈的内部动机、浓厚的探究兴趣、积极的态度的驱使下，幼儿探究活动得以持续展开，这为幼儿的探究走向深度学习提供了无限可能。

在社会文化层面，幼儿的人际互动能力得以发展。本次探究活动中充满了师幼互动、幼幼互动。例如，菊花喜欢什么样的生长环境、如何照顾它们、制作的菊花茶送给谁等项目过程中，幼儿同伴之间有互动、有讨论交流，有同伴合作，有齐心协力，携手解决问题。教师允许他们猜测、试错，幼儿可以主动提出自己的想法，用实际行动表达自己的情感，幼儿调动已有经验并进行反思，迁移应对真实问题的深刻体验，无形中加强了幼儿的品德教育和劳动教育；教师在活动中给幼儿最大的自由表达和自主表现的机会，不仅关注与目标相应的幼儿行为，更关注目标以外的幼儿表现。在制作菊花食品环节，幼儿根据自己的经验和想象完成创作，制作出一个个属于他们独特美好的艺术品时，幼儿之间的合作交流已然开始，思维碰撞的花朵也悄然开放。可见，整个项目活动在"群体情景"中展开，是体现同伴合作、互动交流的过程，也是师幼协同探究、体验探究快乐的过程，知识在对话中重构、在共享中倍增。

3. 充分挖掘利用高校资源，共促幼儿成长

对优质高校资源的挖掘和利用是本次活动的一大亮点，高校的校园环境、专家教授、实验项目、学术氛围以及所在社区的自然环境、高校共建单位等均可作为优质的教育资源，纳入幼儿园发展资源库，将资源与幼儿园课程有机融合，推动课程的高质量发展。在此项目活动中，教师充分利用山东农业大学丰富的自然环境及优越的教育资源支持幼儿的探索活动。首先，园艺学院的家长提供泰皇菊花苗，生成幼儿的菊花探究课程。然后，教师追随，专业家长跟进，提供支架，协助幼儿更好地进行体验与探究。

深度学习

自我反思

经验、概念

展示汇报

专业成长

反思课程

评估课程和儿童素养发展

助力经验分享交流和梳理

系统经验

深度反思

迁移创造

分享交流

集体教学

发现教育契机

商讨计划　合作验证

行动探究

方法 1：部分菊花苗在种植园里
方法 2：另一部分种在花盆里，用毛根、插管、桶状玩具、尺子、乐高桌、窗台、格子

用水粉、油画棒、彩泥、毛根、扭扭棒

选择外闭的花瓣完全打开并能看到里面花蕊的菊花

用沸水、开水、温水、冰水泡菊花茶

送给各奶奶、白衣天使、弟弟妹妹、老师

问题 1：菊花种在哪里
问题 2：菊花有多高
问题 3：菊花长什么样
问题 4：怎样采摘菊花
问题 5：怎样制作菊花茶
问题 6：菊花茶送给谁

解决问题

生成问题

师幼互动，助力持续深度探究

观察解读　研判反思

方法 1：细致观察，及时生成
方法 2：利用资源，助力探究
方法 3：及时介入，适时引导
方法 4：尊重鉴赏，合作探究

陪伴鼓励
方法指导
组织商讨
鹰架支持
投放资源　追随运用
介入活动

支持探究

追随问题

寻找兴趣

自主探索——兴趣
需要

放手活动——观察
追随兴趣

幼儿

师幼共成长

教师

分析已有经验，评估价值，课程审议，投入材料

支持探究，研究儿童问题解决及发展

梳理探究方法，教学助力提升

助力经验迁移，发展元认知，实现深度学习

经验反思，探究发展，自我反思成长

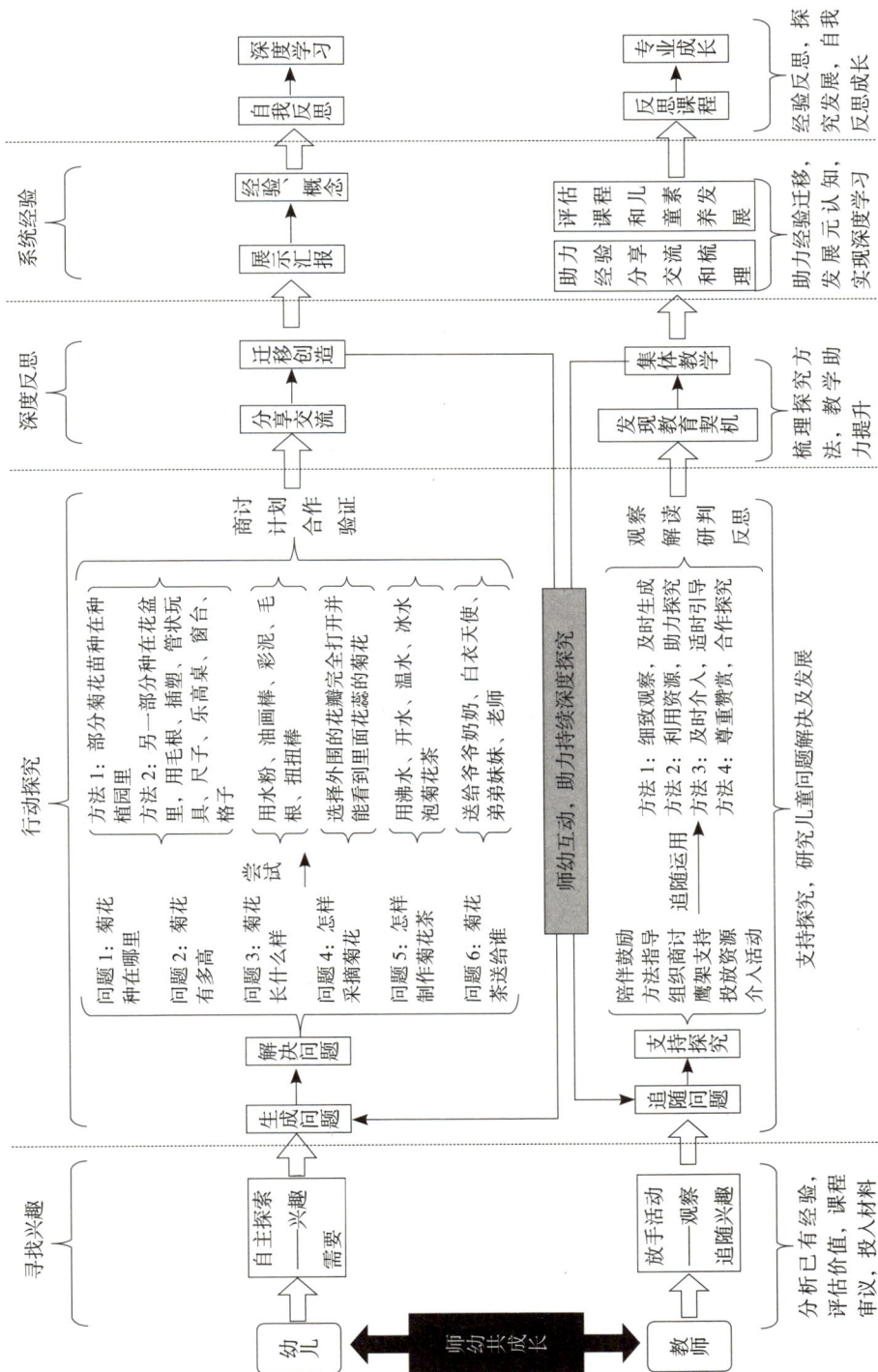

幼儿及教师在探究性课程中的师幼互动双培育路径

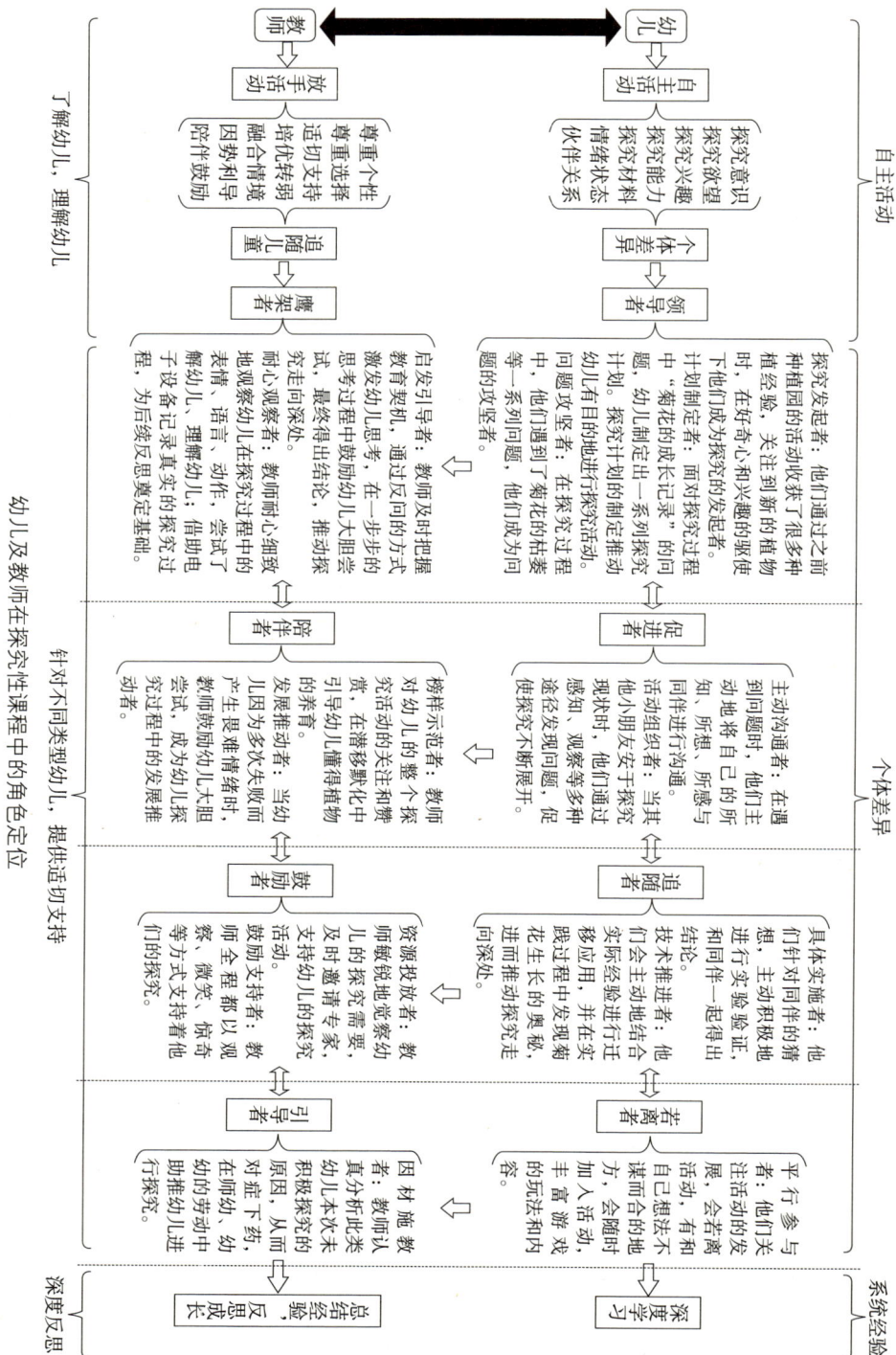

教师 ⟷ 幼儿

幼儿：自主活动

- 探究意识
- 探究兴趣
- 探究欲望
- 探究能力
- 探究材料
- 探究状态
- 伙伴关系

个体差异 → 领导者

探究发起者：他们通过之前种植园的活动收获了很多种植经验，关注到新的植物时，在好奇心和兴趣的驱使下，他们成为探究的发起者。

计划制定者：面对探究过程中"菊花的成长记录"的问题，幼儿制定出一系列探究计划。探究计划的制定推动幼儿有目的地进行探究。

问题攻坚者：在探究过程中，他们遇到了菊花的枯萎等一系列问题，他们成为问题的攻坚者。

⟺ 促进者

主动沟通者：在遇到问题时，他们将自己的所知、所想、所感与同伴进行沟通。活动组织者：当其他小朋友没安于探究时，他们通过适途发现问题等各种伙伴交流不断展开。

⟺ 追随者

具体实施者：他们针对同伴的精进行实验验证，主动积极地和同伴一起得出结论。技术应用者：他们会主动推进活动的移动过程中发现菊花生长的勇敢，并在实进而推动探究走向深处。

⟺ 离者

平行参与者：他们关注活动的发展，会注意离方，有和加入活动，会游戏的玩法和内容。

⟺ 深度学习 → **总结经验 反思成长**

教师：放手活动

- 尊重选择
- 尊重个性
- 融合情境
- 因势利导
- 陪伴鼓励

了解幼儿，理解幼儿。

追随者 ⟺ 鹰架者

启发引导者：教师及时把握教育契机，通过反问的方式激发幼儿思考，在一步步的思考过程中获得结论，引导幼儿懂得深处。

陪伴者：榜样示范者：教师对幼儿的整个探究活动的关注在探究中引导幼儿懂植物中潜移默化中影响幼儿，发展幼儿的素养。当幼儿发展在多次失败而产生困难情绪时，教师鼓励幼儿大胆尝试，成为幼儿探究过程中的发展推动者。

⟺ 鼓励者

资源投放者：教师敏锐地觉察幼儿的探究需要，及时邀请专家，支持幼儿的探究活动。鼓励支持者：教师全程都以观察、做究、倾听等方式支持着他们的探究。

⟺ 引导者

因材施教者：教师认真分析此类幼儿本次不积极参与活动的原因，从而对症下药，在幼儿的劳动中助推幼儿进行探究。

⟺ 深度反思 → **针对不同类型幼儿，提供适切支持**

幼儿及教师在探究性课程中的角色定位

科学探究能力的提升，深度学习有效发生

生成探究课程，培养科学素养

合作交流分享，培养探究情感

科学情感的培养

1. 幼儿踊跃表达活动中的发现，遇到的问题以及尝试解决来的想法，享受探究带来的快乐。
2. 幼儿不断地体验自主学习、合作探究的完整过程。
3. 当幼儿面对一次又一次失败，仍然坚持不放弃，其良好的学习品质得以形成和发展。
4. 幼儿对科学探究产生了浓厚的兴趣。

科学情感的支持策略

1. 当幼儿多次面对失败而产生畏难情绪时，教师积极鼓励并进行恰当的介入，引导幼儿进行思考。
2. 教师营造温馨、民主的探究氛围，尊重并鼓励每位幼儿的想法。

提高教师对幼儿科学价值观、科学精神培养的能力

灵活运用科学探究方法，提升探究能力

科学方法的获得

1. 幼儿对于菊花的高度，用毛根、尺子、玩具等进行科学的测量。
2. 幼儿根据当任的种植经验，对菜黄菊进行迁移。
3. 幼儿对于菊花叶子上的虫子再经历了一系列的尝试后，最终找到用肥皂水、喷药的科学方法。
4. 幼儿去掉菜黄菊的侧芽、侧花，只保留顶芽，开出菊花王。

科学方法的支持策略

1. 教师通过提问帮助幼儿进行梳理和归纳，引起其他幼儿的注意，并请他们一起参与讨论。
2. 教师利用家庭的教育资源，将幼儿的探究活动引向家庭中，包括作诗、赠菜等。

在支持幼儿的自主探究中，提高科学素养和科学教育能力

拓宽探究内容，丰富知识

科学知识的学习

1. 菊花的生长环境包括湿润的土壤、充足的阳光和水分。
2. 菊花叶子的变化可能与生长时间、管理照料等主观或客观因素有关。
3. 菊花叶子上出现的是蜜虫以及出现的原因。
4. 种植菊花时营养过多或过少都会使菊花枯萎。
5. 皇菊是切花菊，这类菊花植株有顶端优势，只保留顶芽，营养就仅供给顶端的花芽，开出菊花王。

科学知识的支持策略

1. 教师激发儿童对菜黄菊的兴趣，放手让幼儿自主探究。
2. 教师留给儿童足够的探索的时间与空间，在遇到问题时让幼儿先进行自主讨论，在此基础上进行引导。
3. 教师以启发诱导的形式支持幼儿探究，引发幼儿探索。

普及科学素养的理念，关注教师专业素养

幼儿 → 科学素养

教师 → 支持策略

幼儿及教师在探究性课程中科学素养的提升路径

● 案例二：晒秋哩

（本案例素材由山东省实验幼儿园李春蕾老师提供）

项目背景

对孩子来说，生活中的许多小事，都可以变成有趣的游戏活动。

在主题"遇见·秋天"中，幼儿与秋天相处了一段时间后，进行了"落叶之秋"的大讨论。通过"秋天的果实""秋天的颜色"等活动，初步感知秋天树木、花草、农作物以及气候等自然环境的变化，了解了秋天的主要季节特征。

秋天有着很多自己的小秘密，等着孩子们去发现。那俏皮伶俐的孩子们邂逅这个时节，接下来又发生怎样的故事呢？

项目研究目标

1. 培养幼儿合作能力，交流协商的能力，提升解决问题的能力。

2. 能主动探索自己感兴趣的问题，通过观察发现、晒秋活动，食物会随着气候的变化发生变化，发现晒秋的小秘密。

3. 通过晒秋活动，拓宽幼儿对秋天的认识。

4. 通过实践操作，丰富生活经验，真切感受到秋天丰收的喜悦之情。

项目准备

1. 晒秋场地。

2. 秋季相关绘本、调查表。

3. 生活化材料：各类应季农作物、竹竿、簸箕等晒秋材料。

项目来源

秋天是一个收获的季节，孩子们在认识秋天农作物的时候，从家里带来了一些山楂、柿子、丝瓜等秋天的果实。一次双休日回来，孩子们发现前几天带来的农作物发生了小小的变化。

"红红的山楂身上有了一块白白的'毛'，捏起来软软的。土豆长出芽芽了。"

"山楂肚子里面有好多黑黑的东西……"

"那为什么苦瓜没坏呢？"

"那是干的，就不会坏了！"

■ **可能去往何处**

"晒秋哩"活动开展可行性分析	
年龄阶段：3—4岁	
设计者：李春蕾　隋丽蓉　路洁	
可能发展的核心经验	**可开展的活动**
学习品质：主动选择、有目的性地进行项目探究，能将晒秋过程中产生的问题，主动寻求途径解决	◆ 晒秋·初相遇 ◆ 晒秋·初体验 ◆ "再战"晒秋 ◆ "三战"晒秋 ◆ 晒秋大发现 ◆ 品绘·秋味
健康：在活动中能够保持愉快的情绪	
语言：喜欢与他人一起谈论、表达晒秋中食物的变化；与他人讲话时能积极主动地回应	
社会：有问题时愿意向别人请教；制作食物时能与同伴分工合作，遇到困难时一起克服	
科学：能动手动脑寻找问题答案；通过直接感知和实际操作感知数量关系	
艺术：富有艺术鉴赏力，能够表达自己的审美感受并进行艺术创造和艺术表演	

领域	项目	关键经验
健康	身心状况	能够保持心情愉快
	动作发展	能借助简单的工具打、砸、剥、削，对事物进行加工；在动手实践中落实自己的想法

（续表）

领域	项目	关键经验
语言	阅读与书写准备	喜欢与他人一起谈论秋天的美好，并能根据晒秋的过程，记录表达自己的想法
	倾听与表达	能结合情境理解一些表示因果、假设等相对复杂的句子，能接受别的意见和建议，并呈现自己的活动成果
社会	人际交往	活动时能与同伴分工合作，遇到困难能一起克服，知道他人与自己的意见不一致时能够协商解决
	行为规范	具有规则意识，能够认真负责地完成自己所预设的任务，并坚持完成
科学	科学探究	能动手动脑寻求问题的答案，并能够在解决问题时与他人合作，通过对比分析得出结论
	数学认知	通过直接感知和实际操作理解数量关系
艺术	感受与欣赏	能够感受自己动手劳动得到晒秋的食物的成就感，合理表达丰收的喜悦之情
	表现与创造	能够充分发挥自己的想象，利用晒秋的食物制作简单的艺术品

"晒秋哩"幼儿发展可行性分析		
年龄阶段：3—4 岁		
设计者：李春蕾　隋丽蓉　路洁		
幼儿已有经验	**幼儿的问题**	**幼儿的兴趣点**
1. 已了解秋天的气候特征 2. 具备基本的观察技能和记录表征的能力 3. 具备艺术鉴赏和艺术表现的能力	1. 储存食物的方法有哪些 2. 什么是晒秋 3. 哪些地方更容易、更适合晾晒食物 4. 用什么材料做晾晒食物的架子 5. 食物晒到什么时候最好吃 6. 晒出的食物可以怎样食用	1. 什么叫晒秋 2. 为什么食物越晒越小 3. 制作美食 4. 品尝甜甜的食物

■ 资源分析

一环内资源	班级区角展台、读书区、美工区
二环中资源	幼儿园操场、图书借阅室馆、幼儿园后勤维修部、家长资源库
三环外资源	周边农场、社区居委会、婺源晒秋

■ 项目预设线索图

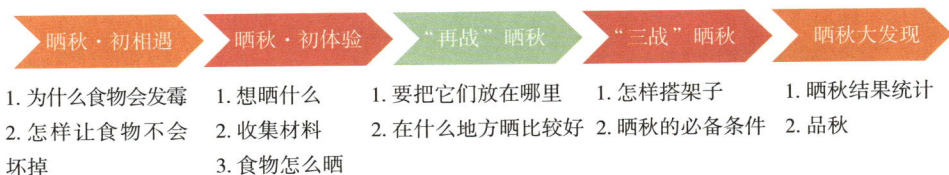

晒秋·初相遇	晒秋·初体验	"再战"晒秋	"三战"晒秋	晒秋大发现
1. 为什么食物会发霉 2. 怎样让食物不会坏掉	1. 想晒什么 2. 收集材料 3. 食物怎么晒	1. 要把它们放在哪里 2. 在什么地方晒比较好	1. 怎样搭架子 2. 晒秋的必备条件	1. 晒秋结果统计 2. 品秋

■ 项目过程可能会询问的问题

储存食物的方法有哪些？ ①

② 什么是晒秋？

晒出的食物可以怎样食用？ ⑥

③ 哪些地方更适合晒食物？

食物晒到什么时候是最好吃的？ ⑤

④ 用什么材料做晾晒食物的架子？

■ 项目方案解决的过程中可能涉及的方式方法、活动策略

可能涉及的方式方法	可能涉及的活动策略
借助坚硬物剥壳	集体讨论
平衡稳定架子	家园联动
询问采访	制作信息报
对比测量结果	思维导图
猜想验证	经验迁移
简单打结悬挂法	绘画表征

■ **项目预设活动**

探究一：晒秋·初相遇

探究二：晒秋·初体验

探究三："再战"晒秋

探究四："三战"晒秋

探究五：晒秋大发现

探究六：品绘·秋味

项目探究过程

探究一：晒秋·初相遇

怎样让食物不会坏掉呢？

际如："为什么晒干了，食物就不能坏呢？"

允和："我觉得是因为太阳能把细菌赶跑。"

教师："古代的人没有冰箱，你们知道他们是怎么储存粮食的吗？"

以梦："我看到过好多玉米铺在地上晒太阳。"

昭瑜："我姥姥晒过柿子和地瓜，做了地瓜干和柿子饼，可好吃了！"

孩子们似董非懂地解答着各自心中的疑问，教师此时进行了小结："这个呀，其实叫晒秋！"

问题一：什么是晒秋？

晒秋前，教师和幼儿交流晒秋这件事。

梓涵："老师，我知道晒秋就是晒秋天，我们在秋天出去晒太阳。"

以梦："就是要把秋天的东西拿来晒晒，好吃的，好玩的，还有被子、衣服。"

教师："晒秋就是晾晒农作物和果实，从而进行储存的农俗现象。在我们江西省的婺源，每年都会举行盛大的晒秋活动，一起欣赏一下吧。"

老师的话：

孩子们的想法千奇百怪，但他们的表达让讲述更加丰富。因为不熟悉晒秋风俗，孩子们有了更多美好的表达。尽管孩子并没有生活在乡村、山区，但是对于秋的体验、收获的喜悦，却有着深入的认识。

看完婺源的晒秋后，孩子们开心地聊开了。

"我也想晒秋！"

"我想晒玉米。"

"我最喜欢吃石榴，石榴也能晒吗？"

"我之前跟奶奶在家里晒过小麦！"

虽然孩子们很喜欢也很期待，但也有很多小疑惑和解不开的难题。

老师的话：

教育家陶行知先生说："生活即教育，教育只有通过生活才能产生作用并真正成为教育。"晒秋活动起源于生活中的小发现——孩子们发现前几天带来的农作物发生了变化，有发霉的、有长芽的，于是引发了此活动。通过欣赏晒秋活动，充分激发孩子的兴趣，教师也引导幼儿从中提取晒秋体验的核心元素，为活动做准备。

问题二：到底晒什么？

蔬菜、花卉、水果、农作物，哪些东西可以晒？

带着问题，孩子们和爸爸妈妈回家进行了晒秋大讨论。第二天来到幼儿园，一起画一画，选一选吧！

"我想晒的食物"绘画表征图

老师的话：

小班幼儿在对问题进行解决时，方式方法相对比较简单，对于表格的读写可能相对困难。因此，教师采取了适合幼儿的方法，根据"我想晒的食物"绘画表征图让幼儿自主选择与爸爸妈妈讨论后选择的晒秋食物，幼儿更易参与和理解。

收集材料：

孩子们根据自己的想法，拿来了他们最想晒的食物。

探究二：晒秋·初体验

问题一：这么多食物，要怎么晒呢？

"得把他们放在筐子里！"

"地瓜需要煮一下，要不晒出来是生的不好吃。"

"柿子、南瓜、花生需要洗一洗，它们还需要剥皮吗？

孩子们按照自己的想法动了起来，小三班就是一个农家乐，孩子们洗柿子、切南瓜、剥豆子、蒸南瓜、串辣椒，忙得不亦乐乎。

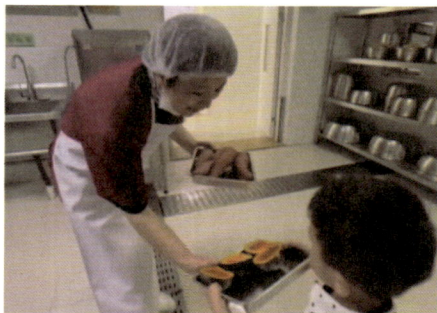

蒸煮食物的任务交给厨房阿姨

"切好的南瓜圈怎么有的有籽，有的没有呢？"

"胖胖的地方有籽，细的地方没有！"

"就和小朋友一样，食物都在肚子里！"

孩子们看看我，似乎很肯定自己总结出的答案。教师及时对孩子们的自问自答表示了默认和赞同："对，食物一般都藏在肚子里面！"

老师的话:

对于小班的孩子们，一些简单的操作他们都很感兴趣。一次结合实际生活练习的活动，他们自己动手操作，给柿子削皮、剥花生、切南瓜，幼儿反复不断地自发练习，习得大、小肌肉的动作及基本的生活技能、样式和程序。

剥花生小分队也在进行中，数一数，一共剥了多少个？

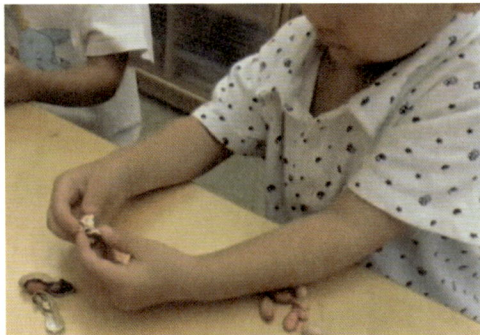

"老师，我剥了七个啦！两个红色的，五个白色的！"

"你们怎么剥的，这么快？"

用牙齿咬一咬，用小锤头锤一锤，借助积木砸一砸，好的方法事半功倍。

"啊，不好，用力过大，砸碎了一个！看来用力过大也不行！"

接着，师生一同了解了花生宝宝的成长经历。

"原来，花生的生长有点不一样，它的一生都在土里，从小长到大都不会见到阳光！现在终于可以出来晒晒太阳啦！"

老师的话：

孩子们在进行食物处理的过程中，通过直接感知和实际操作对食物进行加工处理。这一过程中，孩子们吸取经验，总结方法，是积极主动学习的过程，既培养了幼儿合作能力、交流协商的能力，又提升了幼儿解决问题的能力。幼儿通过实践操作，体验了生活，真切感受到了劳作的辛苦和喜悦，这促进幼儿认知、情感的发展。

问题二：晒秋开始了，这些食物到底会变成什么样呢？

"我觉得会越晒越好吃，会变得越来越甜！"

"玉米会变成爆米花吗？"

"会不会还是坏掉呢？"

孩子们对自己的做法还是有一些担心。

老师的话：

探究性课程强调合作研究，教师应尊重幼儿的想法，让幼儿大胆发表自己的意见，并亲自去实践中验证。在晒秋的过程中，教师给幼儿提供开放的空间，希望他们动脑思考，在实际操作中提高解决问题的能力。

问题三：食物装到哪里呢？

幼儿从家里带来了簸箕和竹筐。孩子们小心翼翼地把食物放进筐子里，期待着能晒出甜甜的果实。

为了方便标记，孩子们想了个好主意：用画笔记上自己的学号，这个记号太阳应该晒不掉吧。

老师的话：

孩子的想法千奇百怪，作为老师应该尊重孩子们的想法，充分创造条件发展他们的想象力和创造力。

问题四：要把它们放在哪里？在什么地方晒比较好呢？

"把它们放在教室里的干树枝上，靠近窗户有阳光！"

"外面的阳光，每次出去玩的时候都刺眼睛，肯定一会儿就晒好！"

"不行，外面不安全，会被人偷走，万一下雨或者来大风了怎么办？"

为了满足孩子们的求知欲，验证孩子们的设想，共分成了两队。

场地一：室内干树枝架

场地二：户外操场向阳处

"我看见了好恶心的东西呀！你们快过来看。"

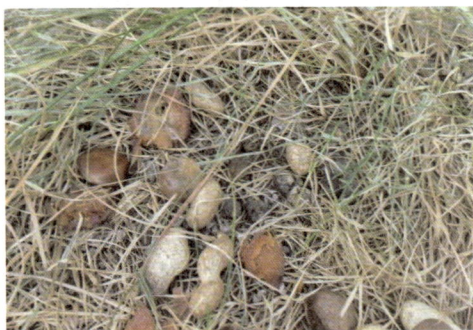

"啊——是粪便！"

"这是谁留下的？"

"肯定是小猫或者小老鼠，它们在晚上趁着我们不注意的时候来吃我们的东西了！"

"那怎么办呀，这些东西还能吃吗？"

"要是我们把它们放在高一点的地方就好了，小老鼠就够不着啦！"

老师的话：

小班的幼儿已经有初步的推理能力，能根据现象推测事件发生或者引起的原因，在上述事件中，孩子们观察事物的能力得到展现，能根据观察结果进行分析，进而找到解决问题的策略。

探究三："再战"晒秋

"要不我们一起搭个架子吧！这样可以把辣椒、葫芦、山楂放在高的地方了，小老鼠就够不到了，就像在我们的教室美工区的大树枝那样。"

"对，这是个好办法，可是我们怎么搭呀？"

"我看到妈妈晒衣服的时候，会用竹竿晒，我觉得竹竿可以。"

"墙角就有好多竹竿，可以让幼儿园的叔叔帮我们一起搭架子呀！"

第一步：先做架子腿，用到三角形稳定的原理，虽然不大理解，但是幼儿用手试了试，很稳固。

第二步：完成上半部分的横杆，把它架得很高很高，要不然小老鼠还是能爬上去。

第三步：铁丝固定，两只小脚对起来拧在一起就行了。

在大家的共同努力下，孩子们又进行了第二次晒秋。

"老师老师！柿子发霉了！"大圣哭着喊道。

"老师老师！山楂、栗子也发霉了！"看着架子上的东西，孩子们有些伤心。

看着晒秋的"成果"，孩子们陷入了苦恼。于是，师生一起进行班级大讨论。

小武："明明已经把柿子晒出去了，为什么还是会发霉呢？"

小丁："是不是因为我们放假了没照顾好它们？

小朋友讨论着，试图找出晒秋失败的原因。小丁突然大声喊道："我知道什么原因啦！放假的时候下雨，后面几天都是阴天，是不是把食物都淋坏了？它们没有晒到太阳，所以就发霉了。"

"对啊，晒秋必须要有太阳！"小朋友们决定，找天气好一点的时候，再次挑战晒秋。

探究四："三战"晒秋

千盼万盼，终于迎来了太阳公公，孩子们从家里又带来了许多食物。他们熟练地清洗、剥皮。追着阳光走，这次一定能成功了吧？

啊！又发霉了？小朋友赶紧检查其他食物，发现只有柿子发霉了。为什么呢？这次发霉的柿子和上次发霉的柿子一样吗？

小朋友们仔细地看了看，思考了一下。

"不一样，上次的柿子整个都发霉了，这次的柿子只有屁股发霉了。"

"应该是柿子的下面晒不到阳光！把它挂起来就好了！"

第二天，小朋友从家里带来很多脆柿，这一次，他们给每一个柿子都套上了小绳子，把它们挂了起来，这次每个地方都能晒到了。

过了四天，柿子没有发霉，捏起来扁扁的。

晒秋成功了，看着满满的成果，小朋友们开心极了。

老师的话：

当突发情况来临时，孩子们能主动尝试寻找问题发生的原因，在老师的帮助下，分析第一次、第二次晒秋，找出了食物发霉的原因，并针对这些原因进行调整。有了失败的经验后，孩子们会对各个因素有更多的思考。虽然遇到了多次的困难，但是孩子们对晒秋从未放弃，集合团队的智慧，分析问题，探寻方法，解决问题，在这过程中，孩子们体验到了成功的喜悦，也感受到了认真做好一件事情的满足感。

探究五：晒秋大发现

幼儿每天都会去观察晒品的变化，尝试着画一画，一起分享自己的收获和发现，把它们的颜色变化、大小变化、历经日程和发生的小插曲都记录下来，做一场户外写生。

发现一："阳光的力量真的好大，它是细菌的天敌，能把细菌赶走。"

发现二："南瓜越来越小了。"

有些食物会随着日晒的时间越来越小

发现三：毛毛虫吃掉了我们晒的东西，它也很喜欢吃！

发现四："柿子上长满了很多的小毛毛，这是变坏了，但是把它的皮剥下来再晒就会晒成柿子干了。石榴好像不适合晒，要不好喝的甜甜的石榴汁就被晒没了。"

发现五："原来在不同的时间点，阳光的光线是会变化的。"

上午　　　　　　　　　　　　下午

发现六："晒的地瓜干实在是太好了，都黏在筐子上拿不下来了，没办法，只能这样吃！看来，晒的时间也不能太长，要不太硬了咬不动，硌得牙疼！"

发现七："葫芦没有变小，但是它外面的颜色由原来的浅绿色晒得越来越黑了，还有的越晒越白。"

晒秋结果统计表

对比参数	场地一：室内干树枝架	场地二：户外操场
日照时间长短	短	长
照顾	要悉心照顾	很少管
被吃掉	不容易	容易
成功	否	是

发现八："阳光充足的地方比阳光少的地方晒的东西更好吃。"

发现九：有些食物需要剥皮，有些不需要。

直接剥皮的食物	橙子、橘子、柚子、毛豆、玉米
需要削皮的食物	苹果、红薯、土豆、山芋、南瓜
需要切片切断的食物	萝卜、苹果、南瓜、土豆、山芋、红薯
可以直接晾晒的食物	花生、红枣、大蒜、辣椒

再比较一下两个场地的食物变化情况。

场地一：这一次，户外的食物都没有变坏。

场地二：室内美工区树枝上的食物基本坏掉了。

探究六：品绘·秋味

问题：晒了这么多东西，可以把这些食物做成什么呢？

[品尝美食]

"水稻把壳剥下来，里面就是米粒，我们可以把它煮粥喝。大枣可以切成片放在稀饭里面。"

"我把晒干的辣椒带回家，和妈妈一起做了辣椒炒鸡蛋，突然感觉鸡蛋也变得甜甜的了呢，更好吃了。"

食物经过晾晒可以储存更久，味道也更香醇。果干和菊花可以泡茶，蔬菜干可直接食用或可煮炖菜肴。

[制造美景]

还剩下很多橘子皮，怎么办呢？这可不能浪费，制作一个橘子小树屋，让教室变成橘子味道的。

老师的话：

在晒秋收尾阶段，孩子们将自己的晒秋作品充分利用，在动手操作中感受美，发现美，表现美。

晒晒我自己

果蔬、农作物晒秋就告一段落了。在一个有阳光的午后，孩子们到户外活动时，小朋友们突然说："老师，晒秋可以晒我们吗？这样我们是不是就不会生病了呀？"

"一起来晒晒小脚丫，晒晒鞋子，暖暖的，好舒服！"

"来晒晒衣服吧！被子、书本都能晒呀！"

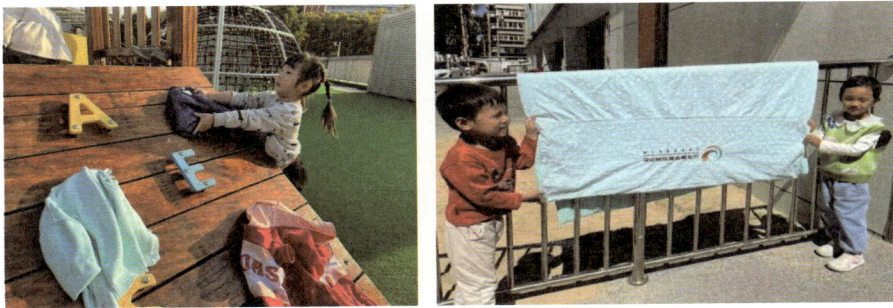

忙忙碌碌的晒秋活动落下了帷幕。孩子们晒出了丰富的食材，晒出了秋日的绚烂，也晒出了童真和稚趣。同时，孩子们亲身体验了劳动的乐趣，感受秋收的喜悦，用自己的方式与秋天来了一场美丽邂逅。

项目中教师的思考

晒秋，原本是源自农村的一种农俗现象，我们把它引进生活，搬进课堂，最大限度、多种形式地支持和满足幼儿在直接感知、实际操作、亲身体验中获得发展。

活动中，面对"食物发霉了"这个意外，小朋友积极思考，根据自己的生活经验提出解决办法，尝试用晒秋的方法储藏粮食蔬果。在整个过程中，他们全身心参与，真实的情景和真实的问题推动着他们去体验、思考与交流，我们看到，儿童真正感兴趣的课程就藏在真实的生活中，儿童的学习与发展是靠他们自己亲身经历的事情达成的。

在孩子两次晒秋失败时，教师没有急于告诉他们失败的原因，而是将问题抛给孩子，让他们在真实的情境中，通过观察、思考，调动已有经验来解决问题。面对孩子在生活中的失误，如何去挖掘其中的成长价值，帮助儿童获得正确看待和处理失误的态度和能力，是非常值得思考的问题。

晒秋晒秋，越晒越有！晒出一片欢欣，晒出一片富足，更晒出了孩子们对美好的向往。在历经一个月之久的晒秋活动中，每个幼儿有不同的观察点和兴趣点，他们的发现真实而丰富，他们的获得具体而生动。班本化、个性化的课程实施，回归真实，教育生活也由此焕发生机。

案例点评

把晒秋引入幼儿园，是一次结合实际生活的练习活动，充分体现了"生活即教育"，可以帮助幼儿在直接感知、实际操作、亲身体验以及动脑思考中获得多方面的发展。小班的孩子们对晒秋产生了浓厚的兴趣，他们自己动手操作，给柿子削皮、剥花生、切南瓜……幼儿不断地自发练习，习得大、小肌肉的动作及基本的生活技能、样式和程序。幼儿在这些练习中获得一些技能，形成一些意愿，同时培养和发展了思维能力、想象力和创造力。而在为食物寻找晒秋场所的阶段，幼儿不仅学会把精力集中在一个活动上，还学会按要求从头至尾地做一件事情，学会为实现特定的目标而合作，探究能力和解决问题的能力也得到提高。通过邀请后勤叔叔帮忙搭架子、分享晒秋食物，学会与人相处，这些都有助于他们在其他活动中专注学习，并建立良好的人际关系，逐步形成健全的人格。

1. "生活即教育"，可以促进幼儿在真实、生动的活动中获得发展

立足幼儿当时当地生活，活动主题取自幼儿生活中感兴趣的内容，才能组织深得幼儿喜爱的教育活动。晒秋活动起于秋季，实情实景，项目活动内容与幼儿所处的生活情境相融合，践行了在生活中教育的理念；晒秋活动内容丰富，幼儿在看、听、触、摸中习得农学知识，了解秋收冬藏的民俗文化，掌握不同植物果实的晾晒规律，为知识能力的习得以及适应未来社会生活提供学习契机，体现为生活向前向上而教育的理念；晒秋活动中，幼儿面对发霉、长芽等情况，乐于动脑，积极思考，勤于动手实践探究，在手脑并用中践行劳动教育理念，理解晒秋的不易，萌发在生活中的劳动意识和节约意识。

2. 助推幼儿在直接感知、实际操作、亲身体验中获得发展

《指南》中明确指出，"直接感知、实际操作、亲身体验"是幼儿的学习方式与特点，幼儿园应让幼儿在直接感知、实际操作、亲身体验中进行活动。晒秋活动的每一个环节都让幼儿直接感知、实际操作、亲身体验。教师让幼儿亲自带农作物，使幼儿对农作物有了直接的感知。幼儿直接感知后，教师便让幼儿亲自动手操作，洗柿子、切南瓜等，幼儿通过自己动手，加深了对农作物的认识，并且有愉快的活动体验。从收集材料、操作材料到收获成果，每一个环节都有幼儿的影子，幼儿直接感知、实际操作以及亲身体验，对幼儿动手能力，尤其是手部小肌肉的发展有着积极的促进作用。

3. 在互助合作、动脑思考中提高幼儿解决问题的能力

探究性课程强调合作研究，给幼儿提供一个开放的空间，让幼儿动脑思考，探究结果也是开放的，可以有不同的见解。在晒秋活动中，充分体现了合作性与探究性。在晒秋的整个过程中，幼儿会遇到各种各样的问题，当遇到这些问题时，教师会让幼儿自己动脑思考，幼儿会有各种奇妙的想法，教师会尊重幼儿的想法，让幼儿大胆发表自己的意见，并让幼儿亲自去实践中验证。幼儿在这个充满温馨与爱的环境中动脑思考，提出各种解决问题的办法，在潜移默化中提高解决问题的能力。

4. 提高幼儿的科学素养，帮助幼儿获得科学知识、提升探究能力、培养科学情感

通过晒秋活动，幼儿获得了一定的科学知识，比如花生长在土里，果实需要在晴天的时候来晒，晒过的果实体积会变小等。在晒秋过程中，幼儿会接二连三地遇到各种困惑，他们能够积极思考，在老师的帮助与引导下深入探索，并且通过动手操作，获得一定的科学技能。此外，在活动中，幼儿会有面临失败的时候，在这种情况下，幼儿会积极面对，这有助于培养幼儿积极、乐观的科学探究态度，并且使幼儿对科学有了浓厚的兴趣。

5. 在科学探究中，促进幼儿核心素养的发展

在晒秋活动中，幼儿核心素养的发展充分渗透。首先，在社会参与方面，幼儿的团队合作意识、劳动意识、问题解决能力得到了充分的发展。其次，在自主发展方面，幼儿乐学善学，勤于反思，能够进行自我管理，并促进了健全人格的发展。在文化基础方面，幼儿具有一定理性思维的萌芽，敢于批判质疑，勇于探究，并且具有一定的审美情趣。

晒秋，晒出愉悦，晒出富足，晒出孩子对美好生活的体验与向往。晒秋活动让幼儿通过生活化的体验，在直接感知、实际操作、亲身体验中获得知识与能力，并促进情感的升华。

寻找兴趣　行动探究　深度反思　系统经验

深度学习 ← 自我反思 ← 经验概念 ← 展示汇报

专业成长 ← 反思课程

迁移创造 ← 分享交流

集体教学 ← 发现教育契机

商讨计划
合作验证

观察解读
研判反思

师幼互动，助力持续深度探究

问题1：这么多粮食果食物要怎么晒？
- 方法1：把它们放在篮子里
- 方法2：地瓜需要蒸一下
- 方法3：柿子、南瓜需要洗一洗，还要把皮剥掉

问题2：要把尝试它们放在哪里？在什么地方晒比较好？
- 方法1：把它放在教室的干树枝上比较近窗户有阳光
- 方法2：人偷走，万一下雨和刮大风怎么办

问题3：这么多东西，可以把它们做成什么？
- 方法1：稻谷把壳剥下来，里面就是米粒，可以煮粥喝
- 方法2：晒干的柿子把它压一压，就是柿饼了
- 方法3：番薯干可以直接吃，橘子皮可以直接泡茶喝

幼儿 → 自主探索—兴趣需要 → 生成问题 → 解决问题

师幼共成长

教师 → 放手活动—观察追随兴趣 → 追随问题 → 支持探究

陪伴鼓励
方法指导
组织商讨
鹰架支持
投放资源
介入活动

方法1：细致观察，及时生成
方法2：利用资源，助力探究
方法3：及时介入，适时引导
方法4：尊重赞赏，合作探究

分析已有经验，评估价值，课程审议，投入材料

支持探究，研究儿童问题解决及发展

助力经验迁移，发展元认知，实现深度学习

评估课程和儿童素养发展

梳理探究方法，教学助力提升

经验反思，探究发展，自我反思成长

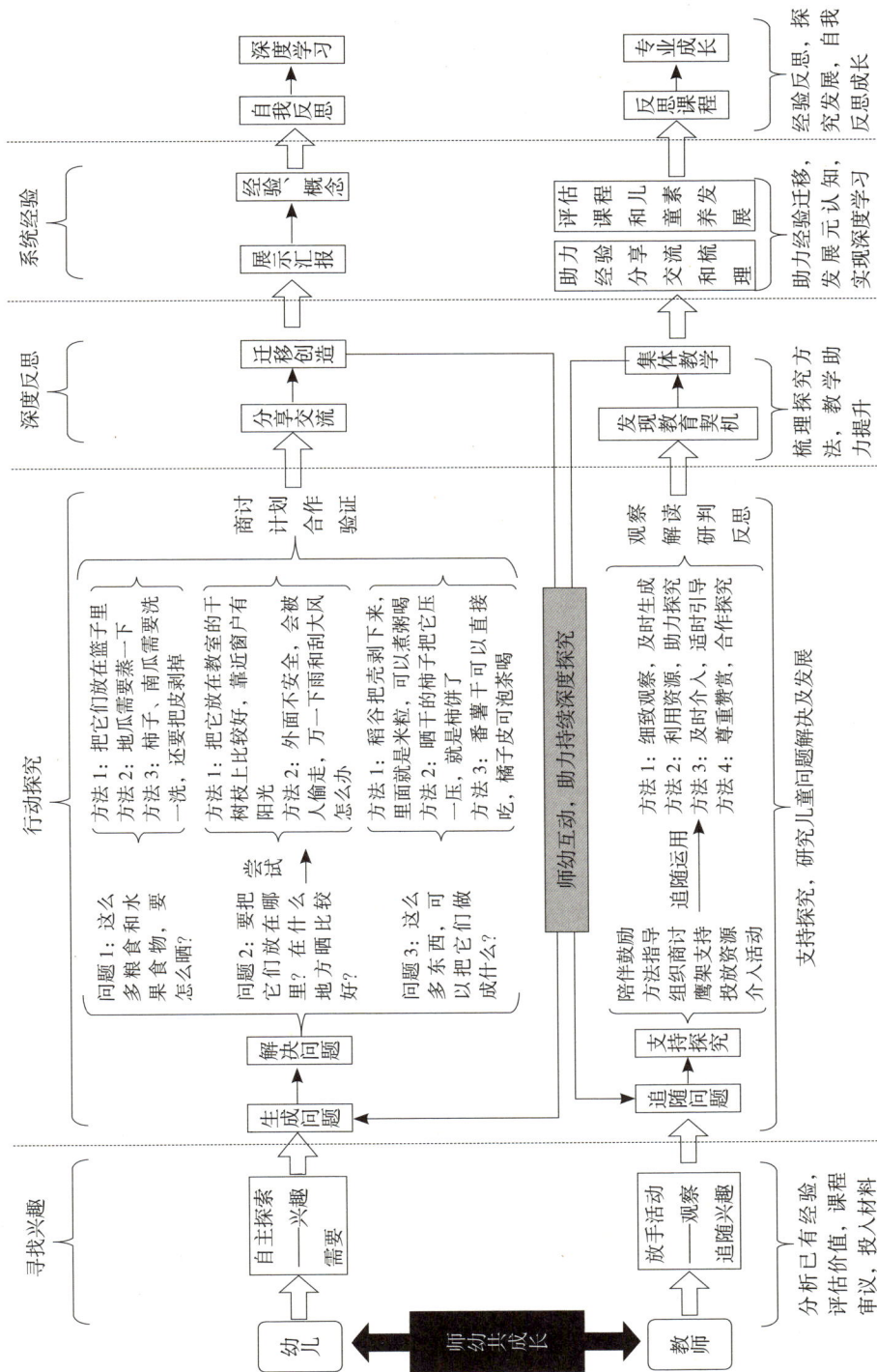

幼儿及教师在探究性课程中的师幼互动双路径培育路径

155

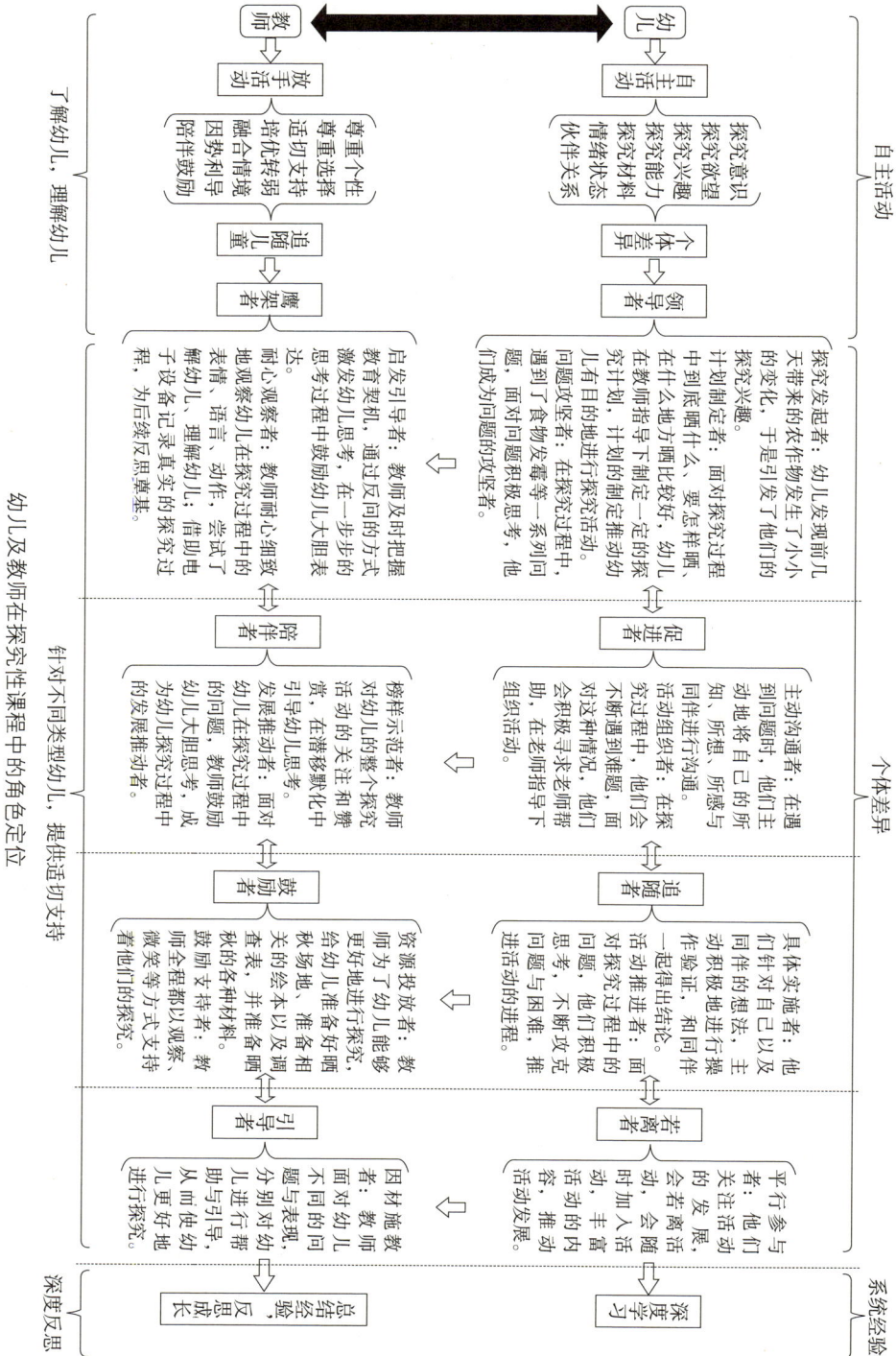

教师 ⟷ 幼儿

自主活动　　**个体差异**　　**系统经验**

幼儿（自主活动）：
- 探究意识
- 探究欲望
- 探究兴趣
- 探究能力
- 探究材料
- 情绪状态
- 伙伴关系

个体差异 → 领导者

教师（放手活动 / 自主活动）：
- 尊重支持
- 陪伴鼓励
- 优化情境
- 因势利导
- 融合情境
- 培优转劣

追随者 → 脚手架

探究发起者： 幼儿发现前几天带来的农作物发生了小小的变化，于是引发了他们的探究兴趣。

计划制定者： 面对探究活动中到底晒什么，要怎样晒，在什么地方晒比较好，幼儿有目的地进行探究活动中的计划制定，计划的制定在探究过程中会随着……

问题改变者： 在探究过程中，遇到了食物发霉等一系列问题，面对问题积极反思，他们成为问题的改变者。

促进者

主动沟通者： 在遇到问题时，他们将自己的所知、所思、所感与同伴进行沟通，在行为活动组织者：在探究过程中，会积极寻求老师帮助，在老师指导下组织活动。

追随者

榜样示范者： 教师对幼儿的潜移默化，引导幼儿在潜移默化中发展探究。幼儿在探究过程中：面对发展推进者，教师鼓励幼儿大胆思考，成为幼儿探究过程中的发展推进者。

陪伴者

启发引导者： 教师适时把握教育契机，通过反问的方式激发幼儿思考，在一步步的思考过程中鼓励幼儿大胆表达。

细心观察者： 教师耐心细致地观察幼儿在探究过程中的情绪、语言、动作，借助电子设备记录真实的探究过程，为后续反思奠基。

具体实施者： 他们针对自己以及同伴们的想法，和同伴一起合作验证，不断攻克活动过程中的问题与困难，推进活动的进程。

平行参与者： 他们关注他们的发展，会发现幼儿活动时的疑问，会离随时加入活动，推动活动的内容丰富活动发展。

追随者

鼓励者

资源投放者： 教师为了幼儿能够更好地进行探究，给幼儿准备各种好玩的绘本，准备相关材料。

秩序的支持者： 教师秩序各种材料，并根据情况关注的各种表现，鼓励等方式以观察，鼓励等方式支持着他们的探究。

引导者

因材施教引导者： 教师面对幼儿面对的问题分别引导，儿进行帮助，从而使幼儿更好地进行探究。

深度学习

系统经验　总结经验、反思、促成长

了解幼儿，理解幼儿。

针对不同类型幼儿，提供适切支持

幼儿及教师在探究性课程中的角色定位

深度反思

幼儿 — 科学素养

教师 — 支持策略

拓宽探究内容，丰富知识

科学知识的学习
1. 晒在秋天成熟的果实，叫晒秋；晒在夏天成熟的果实，叫晒场。
2. 知道了有的果实需要煮一下之后再晒，有的果实需要剥皮后再晒，削皮后再晒断后再晒等。
3. 花生是长在土里的。
4. 在搭架子时，知道了三角形稳定性原理。
5. 阴天的时候不能去晒果实，果实会发霉，需要在晴天的时候去晒，晒过的果实体积会变小。
6. 阳光可以赶走细菌。

科学知识的支持策略
1. 等待仔细观察的支持方法，留给幼儿自主解决问题的时间和空间；鼓励幼儿大胆表达自己的想法。
2. 教师鼓励幼儿探究如何剥花生。
3. 以启发诱导的形式支持幼儿活动，引发幼儿探索。

普及科学素养的理念，关注教师专业素养

灵活运用科学探究方法，提升探究能力

科学方法的获得
1. 当面对如何晒果实时，孩子们动脑思考，深入探究。
2. 洗柿子、削皮、剥皮、去籽等，促进幼儿手部动作，尤其是小肌肉的发展。
3. 幼儿剥花生时边剥边数，对数学进行初步的感知。
4. 幼儿尝试用不同的方法剥花生，并且在实际操作中提高解决问题的能力。
5. 幼儿分工协作，其合作能力、交流商能力得以发展。
6. 幼儿和叔叔一起搭架子，一定程度促进幼儿搭建能力的提升。

科学方法的支持策略
1. 教师通过鼓励的话语，引导幼儿一步一步地自主地进行探索。
2. 教师利用家庭的教育资源，将探究活动与家庭结合。
3. 根据幼儿年龄特点，采用合适的方法进行活动结果的记录。

在支持幼儿的自主探究中，提高教师科学素养和科学教育的能力

合作交流分享，培养探究情感

科学情感的培养
1. 幼儿踊跃表达晒秋中的发现，遇到的问题以及尝试解决的想法，享受晒秋带来的快乐。
2. 幼儿更好地体验的完整过程，合作探究的完整过程。
3. 当面对晒秋失败时，仍然坚持不放弃，幼儿良好品质得以形成和发展。
4. 幼儿对科学探究产生了浓厚的兴趣。

科学情感的支持策略
1. 当幼儿多次面对失败时，教师及时反思并进行恰当的介入，引导幼儿进行思考。
2. 教师营造温馨、民主的探究氛围，尊重并鼓励每位幼儿的想法。

提高教师对幼儿科学价值观、科学精神培养的能力

→ 科学探究能力的提升，深度学习有效发生

→ 生成探究课程，培育科学素养

幼儿及教师在探究性课程中科学素养的提升路径

157

二、游戏探究类课程

（一）游戏探究类课程的概述

精神分析学派认为，人类不得不面对与生俱来的原始冲动和欲望与社会道德规范之间的矛盾。弗洛伊德的人格结构理论中提出了本我、自我和超我，本我代表原始冲动和欲望，超我代表社会道德规范，而自我是调节本我和超我之间冲突的机制，本我在游戏中得到实现，游戏既满足幼儿的原始冲动和欲望，又不至于使幼儿的行为违背社会道德规范的约束。

认知发展学派的游戏观认为，游戏是同化大于顺应。皮亚杰指出，游戏能够对儿童不完善的动作或心理机能加以练习使其巩固和完善。此外，幼儿由于能力的有限无法适应现实世界，情感需要得不到满足，游戏可以弥补幼儿的情感缺失。

当代学前教育学者对游戏的认识正处于从本质性思维向生成性思维发展[1]，强调两种思维观念的和谐共生、协调统一。在现代生成性视野中，偶然性中蕴含着发展的无限可能性，在游戏中也是如此。幼儿游戏中的不确定性是促使儿童在游戏中实现深入探究的动力。游戏的不确定性为儿童的发展和展现自身独特魅力提供了广阔的空间，同时也为教育教学带来了挑战。生成性的思维方式为幼儿在游戏中实现深入探究提供了可能，游戏的生成性特征让幼儿从中体验到了未知与挑战的快感，也为儿童提供寻求发展的多样性和拓宽教育形态的可能性提供了空间。

游戏探究课程中，教师给予儿童最大的自由和探究的权利，利用、发掘和创设具有丰富、适宜刺激的探究环境，让幼儿园成为幼儿不断探究之所、生命存在之所、学习机会蕴藏之所、幼儿内心向往之所。儿童

---

① 王福兰：《论儿童游戏的不确定性》，载《教育理论与实践》2023 年第 43 期。

在爱的环境中，探索环境和材料，在与同伴互动中，追索内心的问题，在尝试、验证、探究和问题解决中享受探索和智力挑战的乐趣；教师在观察、陪伴和追随中，呵护、支持、助力儿童交流、表征、迁移、回顾，应用并创造性地发现和解决问题，实现深度学习。教师应创设良好的室内区域环境和室外区域环境，满足幼儿自由、自发、自主的探究需求和好奇、好活动、好探索的特点，进而使学前儿童内在的创造冲动和活动欲望得到激发，并促使学前儿童在生动活泼的科学活动中得到发展。在游戏探究类课程中，清晰地呈现出"多维支持，多线推进，多元评价"的深度学习路径。

（二）游戏探究类课程案例

● 案例一：我们的创客空间

（本案例素材由山东省实验幼儿园吴琼老师提供）

「项目背景」

创客空间是指创客动手创作、交流分享的活动场地。创客空间教育是在造物理念指导下，基于孩子兴趣，以主题、任务的内容，以项目学习的方式进行科学探索，倡导造物，鼓励分享，培养创新能力。

本项目源于一位幼儿通过海报的形式向大家分享了假期跟随哥哥到创客空间研学参观的经历。海报中呈现了各种可体验的高科技场域，有小组成员交流讨论的"创想汇"区域，实现编程创意的"机器人广场"，自我展示的空间"梦舞台"，链接各个区域的"奔码隧道"，还有在"智控坊"里运用激光雕刻机、3D打印等装备把想象的物品通过交流合作变成一件件现实的产品。这些给孩子们留下了深刻的印象，也成为孩子们交流讨论和游戏的热点话题。

为了追随幼儿对创客空间的兴趣，满足他们持续探究的欲望，教师跟随幼儿的思维发展，及时捕捉幼儿探究的生长点。从开始孩子们对所要建造的创客空间设计大讨论、规划创客空间，到创客空间建造初体验，发现并感知物体的运动方式是可以被改变的，再到生活中感受惯性与离心力的奥秘，直到最后创客空间的调试与运行成功。教师随时为幼儿在活动过程中的新想法、新难题做好物质材料、知识积累、情绪疏导等各方面的有效支持，为幼儿提供想象落地的平台；鼓励幼儿走出幼儿园，充分发挥大社会这一"活教材"的作用。幼儿在"玩创新"和自主探究的过程中不断激发创新的兴趣，培养创造的能力，提升 STEM 综合素养，锤炼团队合作、解决问题的能力。

项目研究目标

1.幼儿通过亲身体验、动手操作了解物体的运动状态是可以随着外界条件的改变而发生变化的，丰富了幼儿的认知。

2.通过探究活动，激发幼儿的探究兴趣和持续探究的欲望，并能够运用绘画表征的方式记录探究过程。在探究中学习与他人合作与交流，尝试用准确、有效的语言表达和交流自己在探究活动中的做法、想法和发现，在解决问题的过程中提升发现与解决问题的能力。

3.积极参与建构游戏，体验自我创造、自我挑战成功的成就感。

项目准备

经验准备：通过参观、体验活动对创客空间的内部构成、功能、作用有初步的了解。

物质准备：

1.木质积木、积塑类积木、乐高积木、纸卷筒等低结构材料。

2.《肚子里有个火车站》《建筑师的大创造》《未来建筑家——千奇百怪的房子》等绘本材料。

3.各种创客空间、高架桥图文材料。

项目来源

■ 可能去往何处

在暑假后的假期见闻分享会上，小宝通过海报的形式分享了跟随哥哥前往北京创客空间参观学习的所见所闻。新鲜的名词加上具有高科技设备的场所环境，以及能把想象的东西变成一件件产品的视觉冲击，再配合上小宝满是惊喜的解说，不禁让小听众们产生了对创客空间一探究竟的兴趣与热情。

当孩子们自主自发地利用周末去参观创客空间后，他们发现其实幼儿园里的很多材料和创客空间里的很像，一些探究过的项目、做过的小实验也和创客空间里的主题相似。在了解了创客空间之后，他们萌生了想要在班里建一个创客空间的想法。

老师的话：

1. 已有经验的影响。班级区域里丰富的活动材料，以及以往"空间站""我的幼儿园""我们的社区"的建构经验积累，孩子们已经养成先讨论设计，再按图纸合作搭建的习惯。有了这些经验，孩子们面对创客空间的建造时能够更加自信地表达自己的创造想法。

2. 往期项目再现。从语言反馈中发现幼儿提及的机器虫、无人驾驶汽车分别是中班进行过的探索活动和"汽车嘀嘀嘀"项目活动中的内容，虽然已过去几个月，但项目带给幼儿的影响却从未止步。可见，以幼儿兴趣为导向、以幼儿为主导的项目活动不仅能够强化幼儿的认知倾向，还能够成为他们灵活运用的经验。

因此，循着幼儿的兴趣点和已有经验，教师预设了本次项目化学习目标，支持孩子们的持续探索。可是，设计一个什么样的创客空间？要建造的创客空间里都有哪些场馆？场馆之间如何连接？这些都将成为孩子们接下来需要探索和实践的问题。

"我们的创客空间"幼儿发展可行性分析		
年龄阶段：5—6 岁		
设计者：吴琼		
幼儿已有经验	幼儿的问题	幼儿的兴趣点
1. 喜欢搭建活动，能运用平铺、垒高、架空等技能搭建简单的造型 2. 对创客空间硬件环境、功能设施已有初步的认识 3. 学习过中秋节思维导图的制作 4. 同伴交往、协作分工能力较强	1. 创客空间可以设计成什么样 2. 创客空间可以设置哪些场馆 3. 场馆之间如何连接	1. 对创客空间进行创意设计 2. 喜欢自由组合搭建创客空间 3. 与同伴不断调整并试运行自建的创客空间

领域	项目	关键经验
健康	身心状况	比较投入地参与游戏，享受游戏的乐趣，保持愉快的情绪
	动作发展	手的动作协调灵活，能根据需要画出图形，线条基本平滑
语言	阅读与书写准备	具有一定的读图能力，愿意用图画和符号表达自己的愿望和想法
	倾听与表达	能基本完整且较为连贯地讲述自己在活动中的发现和探究过程，别人在讲述时，能够认真倾听；愿意与他人交谈讨论，大胆在集体面前表达自己的想法
社会	人际交往	能听从接纳别人好的想法与同伴分工合作搭建，遇到困难一起克服，意见不一致时能够协商解决
	行为规范	在搭建过程中，能够积极、快乐；能认真负责地完成自己接受的任务；有一定的规则意识，爱惜材料，游戏后能主动整理材料，按类摆放整齐
科学	科学探究	乐于持续探究，在搭建创客空间时，发现存在问题后能积极参与解决；发现并感知物体运动的状态会随着外界条件的改变而发生变化；探究中能与他人合作交流，能用一定的方法验证自己的猜测
	科学与生活	了解创客空间的由来、作用及基本构成
艺术	感受与欣赏	关注创客空间的整体美观和艺术造型，能欣赏他人设计的创客空间
	创造性表达	乐于想象并能利用多种材料创造性地搭建创客空间，乐意装饰创客空间
学习品质	问题解决	搭建过程中，能够发现并大胆提出感到疑惑的问题，不怕困难积极进行猜想、表征，通过讨论、验证等途径获得解决问题的多种方式
	积极主动	能根据自己的兴趣和意愿，有目的地主动选择无人驾驶轨道、未来汽车馆、创客空间发射台、机器虫乐园等项目探究活动

"我们的创客空间"活动开展可行性分析	
年龄阶段：5—6 岁	
设计者：吴琼	

可能发展的核心经验	可开展的活动
健康：发展肌肉力量、动作灵活及协调能力；积极参与创客空间建构游戏，在搭建的过程中保持愉快的情绪，体验搭建的成功感	◆ 自主参观了解附近的创客空间 ◆ 创客空间设计创意大比拼 ◆ 创客空间所设场馆资料大搜集 ◆ 创客空间初体验 ◆ 搭建经验交流 ◆ 感知生活中的惯性与离心力 ◆ 创客空间落成与试运行
语言：能基本完整且较为连贯地讲述搭建创客空间的想法和过程；愿意与同伴交流想法，理解、倾听和回应同伴；能用图画和符号表达搭建创客空间的计划和过程	
社会：喜欢和同伴一起搭建游戏，能按照设计图纸进行搭建和游戏活动；搭建活动时，愿意接受同伴的意见和建议；在充分合作与交往中发展坚持、自信、创新、自主性等良好品质	
科学：感知材料的特征与作用，尝试用多种材料完成创客空间的建构，发展空间感知能力；愿意尝试探索，能通过观察、试验发现搭建创客空间试运行过程中存在的问题，找出解决策略，提高发现问题和解决问题的能力	
艺术：愿意欣赏搭建作品，能利用绘画表征的形式表现自己的创意设计及搭建过程	

■ **资源分析**

一环内资源	开放的室内建构区，充足的各种建构材料，包括塑料轨道积木、磁力片、乐高积木、木质搭建积木等，水彩笔、图画纸
二环中资源	幼儿园科学发现室、班级微信群、家长的专业指导或经验指导
三环外资源	附近创客中心、大型儿童游乐场、无人驾驶网络资源视频

■ 项目预设线索图

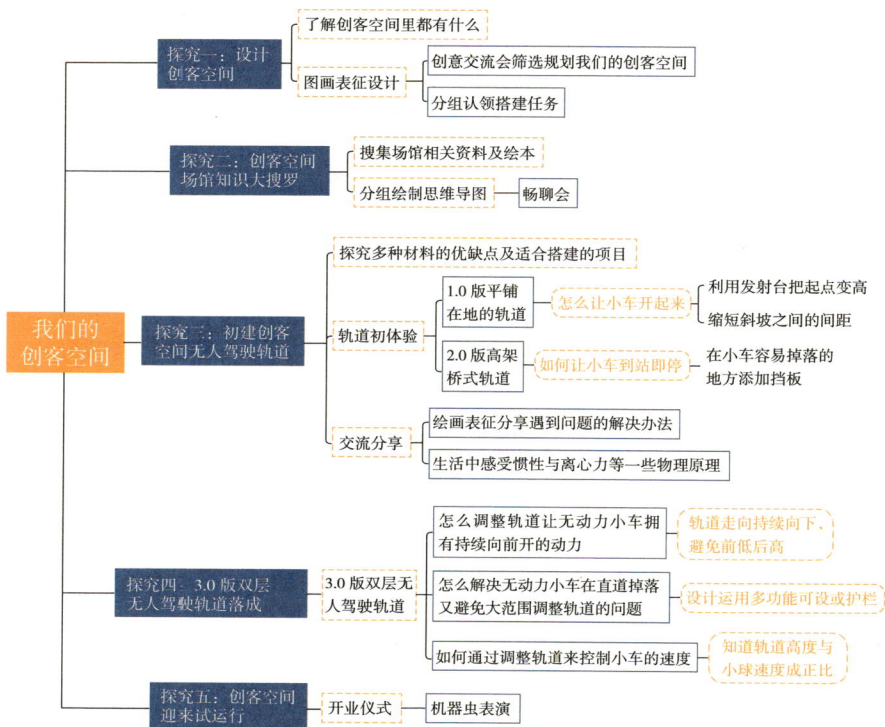

- 探究一：设计创客空间
  - 了解创客空间里都有什么
  - 图画表征设计
    - 创意交流会筛选规划我们的创客空间
    - 分组认领搭建任务

- 探究二：创客空间场馆知识大搜罗
  - 搜集场馆相关资料及绘本
  - 分组绘制思维导图 — 畅聊会

我们的创客空间

- 探究三：初建创客空间无人驾驶轨道
  - 探究多种材料的优缺点及适合搭建的项目
  - 轨道初体验
    - 1.0 版平铺在地的轨道 — 怎么让小车开起来
      - 利用发射台把起点变高
      - 缩短斜坡之间的间距
    - 2.0 版高架桥式轨道 — 如何让小车到站即停 — 在小车容易掉落的地方添加挡板
  - 交流分享
    - 绘画表征分享遇到问题的解决办法
    - 生活中感受惯性与离心力等一些物理原理

- 探究四：3.0 版双层无人驾驶轨道落成
  - 3.0 版双层无人驾驶轨道
    - 怎么调整轨道让无动力小车拥有持续向前的动力 — 轨道走向持续向下，避免前低后高
    - 怎么解决无动力小车在直道掉落又避免大范围调整轨道的问题 — 设计运用多功能可设或护栏
    - 如何通过调整轨道来控制小车的速度 — 知道轨道高度与小球速度成正比

- 探究五：创客空间迎来试运行
  - 开业仪式 — 机器虫表演

■ 项目过程中可能会询问的问题

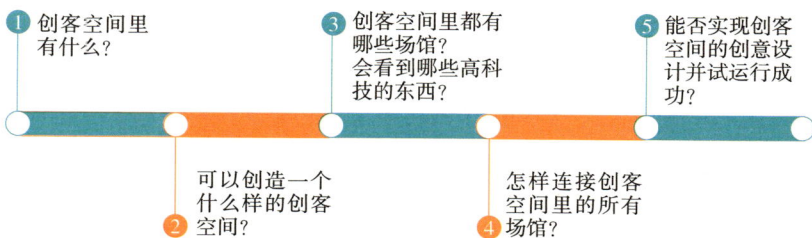

1. 创客空间里有什么？
2. 可以创造一个什么样的创客空间？
3. 创客空间里都有哪些场馆？会看到哪些高科技的东西？
4. 怎样连接创客空间里的所有场馆？
5. 能否实现创客空间的创意设计并试运行成功？

■ 项目方案解决的过程中可能涉及的方式方法、活动策略

可能涉及的方式方法	可能涉及的活动策略
图画表征	创意设计各式各样的创客空间
视频分享	学习同伴搭建经验
分组活动	不同的创客空间场馆

（续表）

可能涉及的方式方法	可能涉及的活动策略
实践验证	观察记录
尝试运行	反复调整
思维导图	场馆资料与获得经验的梳理

■ 项目可能涉及的游戏、活动、绘本

可能涉及的游戏	可能涉及的活动	可能涉及的绘本
建构游戏：我的创客空间	科学活动：各式各样的建筑	《未来建筑家——千奇百怪的房子》
美术游戏：场馆设计师	语言活动：创客空间里有什么	《肚子里有个火车站》
角色游戏：机器虫大舞台	科学活动：生活中的高架桥	《编程帮帮忙》《桥梁》
美术游戏：畅想	艺术活动：规划我们的创客空间	《建筑师的大创造》
建构游戏：轨道连连看	社会实践：实地参访	《住宅之书》

■ 项目预设活动

探究一：设计创客空间

探究二：创客空间里场馆知识大搜罗

探究三：初建创客空间无人驾驶轨道

探究四：3.0 版无人驾驶轨道落成

探究五：创客空间迎来试运行

【项目探究过程】

探究一：设计创客空间

问题一：你想创造一个什么样的创客空间呢？里面都有什么？

小宝："我想建一个双层的创客空间，里面有发射台、航天飞机制造间、未来汽车发明馆。"

柏惠："创客空间里面有可以画画的地方，而且可以把画的东西变成真的。"

子赫："我的创客空间里面像迷宫一样，有机器虫乐园，还可以建造一个发射台。机器虫想去哪儿，只要在发射台上一按按钮接着就可以到达目的地。"

孩子们都有自己想法，教师引导他们用笔画一画，用图画表征自己的创意设计。

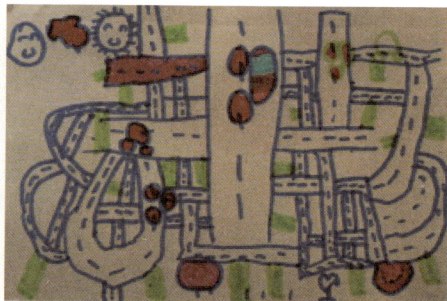

问题二：如何规划我们的创客空间？哪些创意可以实现？

设计完成后，哪些想法和创意会赢得更多小朋友的喜欢和支持，大家提议进行一次创意交流讨论会。设计者们通过大屏幕一一介绍自己的设计图纸，小听众们听后现场讨论。

讨论过后，他们按兴趣分为四个小组，分别是无人驾驶轨道组、未来汽车馆组、发射台组、机器虫乐园组。

探究二：创客空间场馆知识大搜罗

幼儿根据自行分组认领的不同项目，进行第一次圆桌会议。他们在讨论时分别就自己组涉及的项目进行了已有经验的碰撞，同时产生了一些具体问题。针对他们提出的问题，教师建议他们回家和爸爸妈妈一起寻找资料，并制作成图文信息报，再搜集相关书籍带来幼儿园分享交流。

有了经验和素材的积累，四个组的幼儿又进行了第二次圆桌会议，这一次每个人讲起来都滔滔不绝。对于孩子们产生的如何用一个简洁方式把大家讨论的大量内容记录下来这一难题，教师顺势引导他们可以通过思维导图进行经验和资料的梳理。

思维导图画完后，各组之间便迫不及待地互相交流了起来。

小宝："无人驾驶轨道能让我们想去哪儿就去哪儿吗？"

开心："当然可以啦，正好幼儿园里没有加油站，我们也不会开车。我们可以坐上无动力汽车，上车后只要告诉汽车我想去哪个场馆，汽车就会在预定的轨道路线上行驶，到站就停下，这样既安全又不会很乱，而且能很快就到。"

开心的这一番话引起了大家的注意和兴趣，纷纷表示可以组合起来试一试，于是选用什么材料、怎么搭、能否实现无动力小车在无人驾驶轨道上穿梭在创客空间中的各个场馆之间，这些成为孩子们下一阶段探索的问题。

探究三：初建创客空间无人驾驶轨道

问题一：选用哪种材料更合适？

材料名	优缺点	适宜搭建的项目
乐高积木	优点：拼插作品稳固性好 缺点：无法形成连续的光滑表面	创客空间场馆造型
磁力片	优点：容易搭建连续的轨道平面和立体造型 缺点：作品稳固性差，平铺造型难以架起	创客空间场馆造型
木制积木	优点：平铺造型容易架起，可形成斜面，用途广泛 缺点：立体造型稳固性差，固定的弧形积木不利于实现设计图	创客空间无人驾驶轨道及发射台、场馆造型的辅助材料

（续表）

材料名	优缺点	适宜搭建的项目
积塑轨道材料	优点：积木造型多样，有利于实现设计 缺点：数量有限，需要添加辅助材料	创客空间无人驾驶轨道 发射台
低结构材料库	优点：数量多、品种多，可随时根据需要做补充材料 缺点：缺乏统一性，不利于大规模采用	场馆造型的相关辅助材料

问题二：搭一条什么样的无人驾驶轨道？怎么搭？

1. 铺在地上的 1.0 版无人驾驶轨道——让无动力汽车动起来

经过对材料的充分探索，各组幼儿开始尝试搭建各自的项目。无人驾驶轨道组的泽泽、昊煜、小宝、开心还有几个孩子迅速被这套积塑类轨道材料箱吸引过来。

昊煜情不自禁地喊道："哇，这么多！有直的还有弯的。我们可以搭一个长长的轨道喽！可是没有无动力小车呀。"

"对！咱们可以先用这个小球来当无动力小车，让它行驶在咱们的无人驾驶轨道上。小旗子就来当站牌吧。"小宝说。

昊煜和泽泽把材料一块接着一块，首尾相连地拼接起来，形成轨道，平放在地板上。

泽泽用一块木质积木把起点架起来，放上小球说："开起来吧，无动力小车！"可是小车没走多远就停了，泽泽赶紧追上去用手推着小车继续往前走。最后，小车在泽泽的帮助下才到达终点。

昊煜和泽泽搭建的轨道

很快，大家都意识到无动力小车开不起来这一问题。原因是什么？他们展开了讨论。昊煜说是因为轨道太长了，开心认为汽车动力不足的时候遇过坡道就很难过去。

听到他们的讨论，教师追问："那怎么改进能让小车自己开到终点，真正实现无人驾驶？"

"把起点架高一点，让小车自己冲下来。""把后面这一块长的去掉，让轨道变短。"孩子们用手边比画边说，十分踊跃。

大家都有自己的想法，教师引导幼儿可以先画设计图再进行验证。

图纸画好了，大家开始改造轨道。可是很快他们就发现用两块木质积木架高的起点，轨道很容易滑落。这时，开心提议去找发射台组看看他们有什么好办法。

"你们可以试试我们最新研发的这款发射台！"梓赫边介绍着边将其连接在无人驾驶轨道的起点。

过了一会儿，梓赫高喊着："成功啦！我们的发射台可以帮你们实现。"

分享环节，教师把搭建作品投到大屏幕，请他们来分享自己的搭建过程。泽泽叙述了一开始小车开动不起来的状况，接着通过设计图分享了他们要把起点架高，再把轨道变短一点，却又遇到了轨道滑落的新问题。梓赫通过改造轨道记录图，分享了如何利用自动跳台式发射台让无人驾驶小车从高处飞驰而下，即当拥有足够的动力后能很快就能到达终点的改造办法。通过这次游戏孩子们已经发现了轨道高度与小车速度的关系。

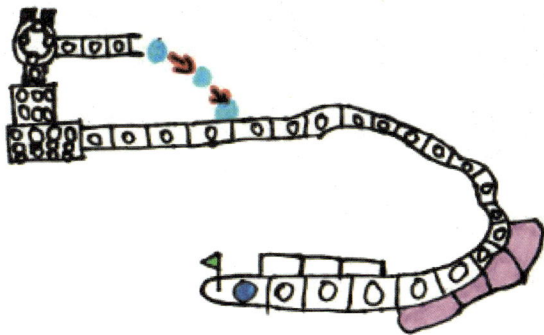

改造轨道的设计图纸

2. 高架桥式的 2.0 版无人驾驶轨道——让无动力汽车按乘客要求进站

从这之后的一段时间里，孩子们探索出各式各样的轨道。不仅组合利用各式各样的发射台，轨道也开始与地面有了一定的坡度，形成了高架桥式无人驾驶轨道。

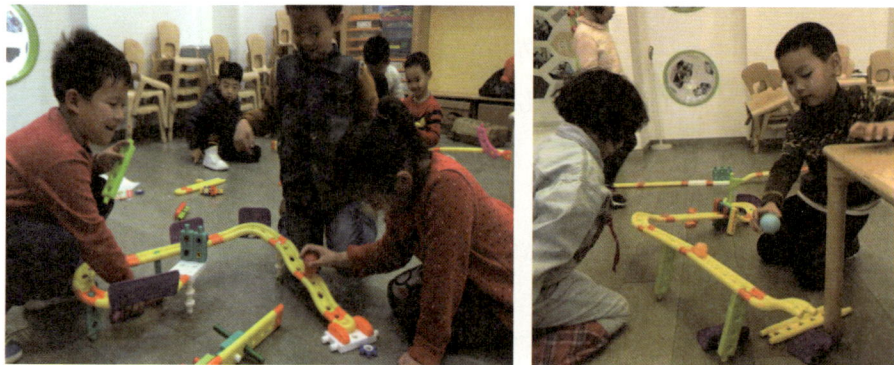

各式各样的高架桥式轨道

子睿、小贝、天正、诗程搭建的高架桥还在终点处设计了通过"小球进洞"实现无人驾驶汽车到站即停的新游戏环节。不过，他们发现轨道架高了，小球的速度过快，会经常冲出轨道，他们不得不手拿透明挡板在小球容易掉落的地方挡住它，这样才能保证小球顺利进洞从而实现无动力车到站即停。

搭建高架桥　　　　　　"小球进洞"的新游戏环节

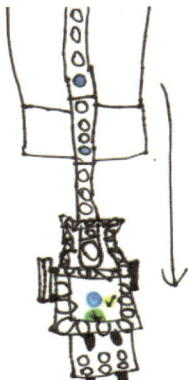

"小球进洞"设计图

手拿透明板挡住小球防止掉落

分享交流环节，教师提问："你们在游戏过程中，遇到最大的困难是什么？"孩子们说："小球老往下掉！""为什么小球总是会掉下来呢？你们是怎么解决的？"他们用绘画表征来分享解决办法。

游戏涉及坡度与速度的关系、物体惯性的影响因素以及离心力的问题。幼儿在游戏中是有所感受的，教师并没有给幼儿讲述复杂的物理原理，而是让孩子们带着这些感受和问题，和爸爸妈妈去搜集资料，一起到生活中去寻找答案。

探究四：3.0版无人驾驶轨道落成

孩子们搜集来了一些关于轨道的绘本投放到阅读区。其中，《肚子里有个火车站》里弯弯曲曲的火车轨道给了孩子启发。

1.3.0版双层无人驾驶轨道

无人驾驶轨道组的小宝边比画边说："来，今天我们让轨道转起来吧，穿梭在场馆之间！"

发射台组的梓赫说："好，我们可以加入你们，给无动力小车提供超强冲击力！"

彬彬说："哦！我知道了！我们去青岛玩的时候走过那种一圈一圈的高架桥。

教师此时出示了几张高架桥的图片。孩子们画出了设计图纸。

3.0 版无人驾驶轨道——双层高架桥设计图纸

畅畅、欢欢和彬彬铺设轨道，小宝将最后小车到站即停的机关拼插好，开心和小贝认真看着图纸，梓赫将发射台起点架在了桌子上。大家自由分工，互相配合，轨道很快就建好了。

自由分工互相配合

2. 无动力小车在行驶中遇到了过不去的坡

这时，开心拿来小球说："咱们试一试，让无动力小车出发吧！"这个提议却被小宝叫停了。原来，小宝发现轨道前面低后面高，小车上不去。孩子们进行了调整，将后面高的底座调整到了前面。轨道调整好以后，无动力小车开远了。

轨道前低后高

3. 创造多功能护栏

可是，小车刚刚进入第一个弯道就掉下去了。畅畅从材料箱里找来紫色的挡板插在轨道旁边充当护栏。他们又试了一次，小车顺利通过了第一个弯道，可是却从直道上掉了下去。

弯道添加护栏

小宝设计出了一个可调节的多功能护栏，它既能调节轨道的高度，还能充当直道的护栏。难题解决了，小车顺利通过了直道。

安装多功能可调节护栏

4. 探秘如何控制无动力小车的速度

小车继续向前开去，大家的目光齐刷刷地跟着它，小车在顺利通过三个弯道后急剧下降，又一次冲出了轨道。

彬彬冲过去指着平铺在地上的轨道说："这里太矮了。"

小贝、欢欢马上跑到搭建区拿来圆柱体和小木块充当支架，把平铺在地面上的轨道又架了起来。

彬彬发现问题

木块充当支架

5."从发射台开始"轨道大检修

小车又一次从发射台出发了。

可这一次又没有成功。小宝失望地躺在地上说："我觉得这次可能真的成功不了。"这时，我走到小宝旁边说："原因出在哪儿呢？不如我们从头再挨个儿检查一下吧。"小宝听后走到起点，并示意正在试图改造后面轨道的彬彬和发射台组的梓赫到起点处检查调整。

彬彬提议："要不我们让它矮一点试试？"

"可是我们没有东西了"小贝看着空空的材料箱说。

"我们用木块来代替吧，就像这里一样。"开心指着用木块充当底座的地方说。

"我觉得这里不用护栏也行。"欢欢把一段直轨道上的充当护栏的材料拆了下来。有了材料，发射台便从桌子上调整到了支架上。

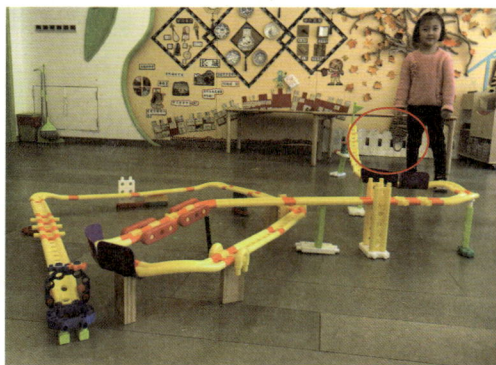

起点架在了支架上

6.3.0版双层无人驾驶轨道落成，小车按照预定路线到站即停

孩子们一步步顺着轨道朝着终点的方向不断调整，大概尝试了十多次，最后小球成功落入洞中，实现了无动力小车按照预定的路线到站即停的设计。孩子们高声呼喊："可以坐上无须加油充电的小车，想去哪个场馆就去哪儿！"

3.0版无人驾驶轨道及发射台及其绘画表征

探究五：创客空间迎来试运行

3.0版无人驾驶轨道的搭建成功让孩子们对创客空间的完善与试运行产生了浓厚的兴趣。为了实现创意设计，他们决定进行创客空间最后的组合与试运行。

问题一：首次运行可以做点什么？

"真想坐上无动力小车在我们的创客空间里转两圈。"

"应该来个开业仪式。"

问题二：机器虫表演什么？

孩子们开始设计机器虫舞步路线图，为了庆祝创客空间投入试运行，他们主动回家搜集音乐、电动跳舞虫跳舞视频等相关资料。

看着眼前初具规模的创客空间，伴随着动感的音乐和机器虫欢乐的舞步，孩子们兴奋的表情、专注的眼神、雀跃的动作，都传递了他们成功的喜悦。

项目中的 STEAM 要素分析

科学	技术	工程	数学	艺术
了解小车在轨道行驶的动能来源于势能的转换，小车行驶的速度与冲击力与轨道的坡度和小车的质量成正比；了解路线图与机器虫运动轨迹的关系	学习运用多种材料进行创客空间场馆的建造和建构；学习正确连接轨道的方法，学会根据落点增加护栏；学会使用按键控制机器虫运行轨迹的方法	了解创客空间各场馆及其内部无人驾驶轨道的建造流程；亲历设计，搭建的过程培养精确、严谨、坚持、细心的良好思维与实践品质	了解无人驾驶轨道搭建中轨道的坡度；比较球的质量大小；数出机器虫路线图中各方向运动步数，并将其一一对应于按键次数等数学方法	运用绘画表征的形式为搭建的物品设计简单的外观造型；记录探究的过程；学习运用不同颜色及形状来表现思维导图中各个层级，并注意色彩搭配，具有一定的审美意识

项目中幼儿形成的关键经验

核心科学概念——物质科学	物体与材料的特性	幼儿通过多次实验、对比发现了搭建区里多种材料的特性，据此将材料与适宜搭建的项目建立联系
	物体的位置和运动	在体验中学习，在经历中感受。幼儿在建构创客空间的过程中获得了关于重力的感性经验，渐渐发现了物体的运动方式是可以被改变的，感知到物体的运动状态会随着外界条件的改变而发生变化
	观察实验能力	在无人驾驶轨道搭建过程中，学习观察事物的运动和变化，并通过长期系统的观察，探寻到轨道坡度与小车速度的关系，逐渐发现可以利用板子防止小车从轨道掉落等事物和现象之间内在联系
	科学思考能力	根据观察到的无动力小车总是从轨道掉落这一现象，结合已有的经验进行合理的推论并对现象进行解释和预测，例如以交换底座、轨道架高等方法验证自己的猜测

（续表）

| 核心科学概念——物质科学 | 表达交流能力 | 在项目进行过程中，不论是圆桌会还是交流讨论会，以及游戏时互相交流、游戏后的分享，能够用准确、有效的语言表达和交流自己在建构过程中的做法、想法和发现，并通过图画记录探究过程，从中学习与他人合作与交流，倾听、理解和评价他人的观点 |
| | 设计制作能力 | 通过运用多种物体进行建造和建构；选择所需要的工具、技术对已有的材料进行设计和操作；用图画形式设计创客空间，并能够根据设计图进行创客空间的搭建 |

「项目中教师的思考」

1. 真正实现"小游戏里有大学问"

这次游戏过程中孩子们遇到了很多难题，追随着这些问题，他们展开了多次探索。

幼儿在不同游戏阶段遇到的问题、提出的猜想及验证方法

发现的问题	提出猜想	尝试验证	是否解决问题
小球滚动不起来	轨道太长、太平	起点架高，轨道变短	是
轨道架高后小球容易掉落，无法顺利进洞	轨道变高，速度过快	找到易落点，用透明板子挡住	是
小球上不去	轨道前低后高，小球冲击力不足	交换底座	是
小球在弯道处掉下来	掉落的弯道需安上护栏	紫色挡板充当护栏	是
小球在直道掉落	直道需安上护栏	多功能支架	是
下坡太陡，小球速度过快冲出轨道	提升轨道高度，减缓速度	木块充当支架将轨道架高	是
小球依然无法到达终点	起点过高	降低起点高度	是

发现问题后的尝试与探索，直至问题的解决，这是本次游戏过程中最大的价值点。在体验中学习，在经历中感受，幼儿在这一过程中初步

获得了有关坡度与速度的关系和物体惯性方面的感性经验，真正实现了"小游戏里有大学问"。这些经验不仅是幼儿在这次活动中最大的收获，同时会对幼儿未来的学习有所帮助。

2. 充足的游戏时间，使幼儿在探究中表现出了良好的学习品质

《指南》中指出："幼儿在活动中表现出的积极态度和良好行为倾向是终身学习与发展所必需的宝贵品质"。

只有长时间的持续游戏，才能使幼儿有机会不断深入探究和创造，发现幼儿在探究中表现出的良好的学习品质。

在这个持续了一个多小时的建构游戏中，兴趣、自信、意志在支撑着。当小球冲不上去时，想到前后交换底座；当小球从弯道冲出轨道时，用紫色挡板充当护栏；当小球在直道掉落时，发明了一种多功能支架。这些场景都是幼儿积极应对困难的学习品质。

幼儿在困难面前不退缩，大胆思考，不断试误，积极反思不断调整。幼儿趴在地上铺设重叠复杂的轨道，表现了他们认真专注的学习品质。这说明他们对这些活动非常感兴趣，操作的过程满足了他们不断挑战自我的需求。在游戏讨论环节，幼儿讨论热烈，表现了他们主动思考的学习品质，只有经过思考，会用形象生动的语言解释问题的答案。

幼儿像工程师一样解决一个个工程难题，他们具备的这些学习品质也恰恰是他们日后学习所必需的品质。

3. 充分发挥教师的作用，让幼儿的探究成为深度学习

在这一游戏过程中，教师的作用主要体现在以下三个方面。

第一，细致观察，认真捕捉探究中的学习生长点。随着活动的持续进行，幼儿不断遇到问题，寻找答案，解决问题。在这一系列活动中，有两个学习生长点：轨道坡度与小球速度的关系，如何克服小球的惯性。

第二，及时介入，引导幼儿不断探究与挑战。在游戏停滞不前时需要介入，及时提出问题，明确幼儿解决问题的方向，鼓励他们继续前行。在获得成功时，认真欣赏他们的作品，并鼓励他们。在幼儿看来，教师的赞赏和鼓励是对他们最好的认可，这也会带给他们不断探究的自信和勇气。教师成为孩子发展的支持者、引导者和帮助者。

第三，组织讨论，将探究引向深入。针对幼儿在游戏中出现的问题，在游戏结束后组织幼儿进行讨论。之所以组织讨论是考虑到幼儿在解决问题时所获得的经验，有时是不具体的，有时也可能是试误中的偶然结果，这些都要经过讨论和梳理才能变得具体，才能迁移至新情境，甚至迁移至其他同伴。在讨论的过程中，播放视频让幼儿重温游戏过程，通过提问引发他们深入思考，努力使每一次的讨论成为再次游戏和探究的开始。

4. 进一步的支持策略

第一，材料方面。目前的材料区中，已经投放了很多种材料。为了支持幼儿进行深入探究和学习，特别是创客空间内场馆的建构，准备增加部分材料用以激发幼儿更多的创意，创新游戏玩法。

材料类别	最初的材料	准备增加的材料
场馆搭建类	乐高积木、磁力片、木制积木、奶粉罐、纸筒	阿基米德积木、大小不一的纸箱、硬纸板、圆形的塑料制品、PVC管
工具类	白纸、水彩笔、记号笔	直尺、热熔胶枪、刻刀、剪刀、3D打印笔

第二，时间方面。基于幼儿的经验，追随幼儿的兴趣，教师继续支持、引导他们开展后续活动，比如和幼儿共同筹划无动力汽车大赛，实现更多的场馆造型设计，举办一场"创客空间场馆造型展览会"等。

第三，家长资源方面。在分享交流环节，有些关键性的问题仅通过讨论难以解释清楚，可以让孩子在生活中感受坡度与速度的关系、物体的惯性的影响因素、如何克服离心力。教育要向生活延伸，要向家庭延伸，家长是重要的合作伙伴，要与家长携手，拓展孩子的经验，形成家园教育合力，助推孩子的学习与成长。

「**项目感悟**」

本次项目化探究课程以幼儿对建构创客空间的兴趣为基点。整个活动中孩子们与材料有长达一个月的互动，儿童的内在经验经历了不断重组、拓展与更新。探究过程中，儿童在问题情境里，计划、工作、回顾，在解决完一个问题后又会生发出新的问题，展现了他们积极主动、坚持不懈、合作交流，同时具备意志、自信和智慧，其中兴趣是产生无限可能的催化剂。

陪伴、观察、支持与解读孩子主动探究的过程让教师渐渐读懂孩子行为背后的意图，捕捉到他们意图背后的兴趣和需要；细致观察，捕捉兴趣点和生长点；适时介入，推动项目探究的深入与发展；分享讨论，让幼儿充分表征与表达；引发幼儿的思考，让他们经历从玩到思的过程；指导遵循有形无痕，保证幼儿项目化学习高度的自由、自主。教师真正成为孩子发展的支持者、引导者和帮助者。

孩子们丰富的想象和创造，以及自主、自发、全身心地投入到项目化探究活动中，是真正的"游戏专家"。孩子们具有良好的学习品质，是有能力有自信的学习者。

案例点评

1. 以兴趣为切入点，激发幼儿的探究兴趣

该活动源于一位小朋友哥哥的创客空间研学经历，通过小朋友与大家的分享，激发了小朋友们对创客空间的兴趣。教师以此为切入点，引导幼儿进行探索。孩子们自由发表意见，一场以儿童兴趣为探究起点的创客空间活动展开了。

2. 教师角色定位正确，做到了支持者、引导者、鼓励者的角色

在整个活动过程中，教师陪伴、观察、支持、鼓励幼儿的探索活动，细致观察，捕捉兴趣点与生长点，推进活动；适时介入，引导幼儿推动活动顺利开展；鼓励幼儿充分进行表达与表征，引导幼儿进行思考；教师对整个探究活动给予关注与赞赏，在潜移默化中引导幼儿懂得速度与坡度的关系问题；教师及时关注幼儿的探究需要，及时投放绘本等材料，支持幼儿的探究活动。此外，教师能够做到及时反思，以助于引导幼儿的活动。总之，教师角色定位正确，促进了活动的顺利进行。

3. 在整个活动中促进幼儿科学素养的提升

在创客空间活动中，幼儿获得了一定的科学知识，如关于坡度和速度关系问题、惯性的作用等。其次，幼儿掌握了一定的科学方法，如当

小球的速度过快经常冲出轨道时，可以借助挡板防止其冲出轨道；根据搭建经验及实际问题，适时调整物体的能力；根据探究发现进行反向迁移，并解决实际问题的能力等。此外，整个活动能激发幼儿对科学的兴趣，培养科学探究态度。

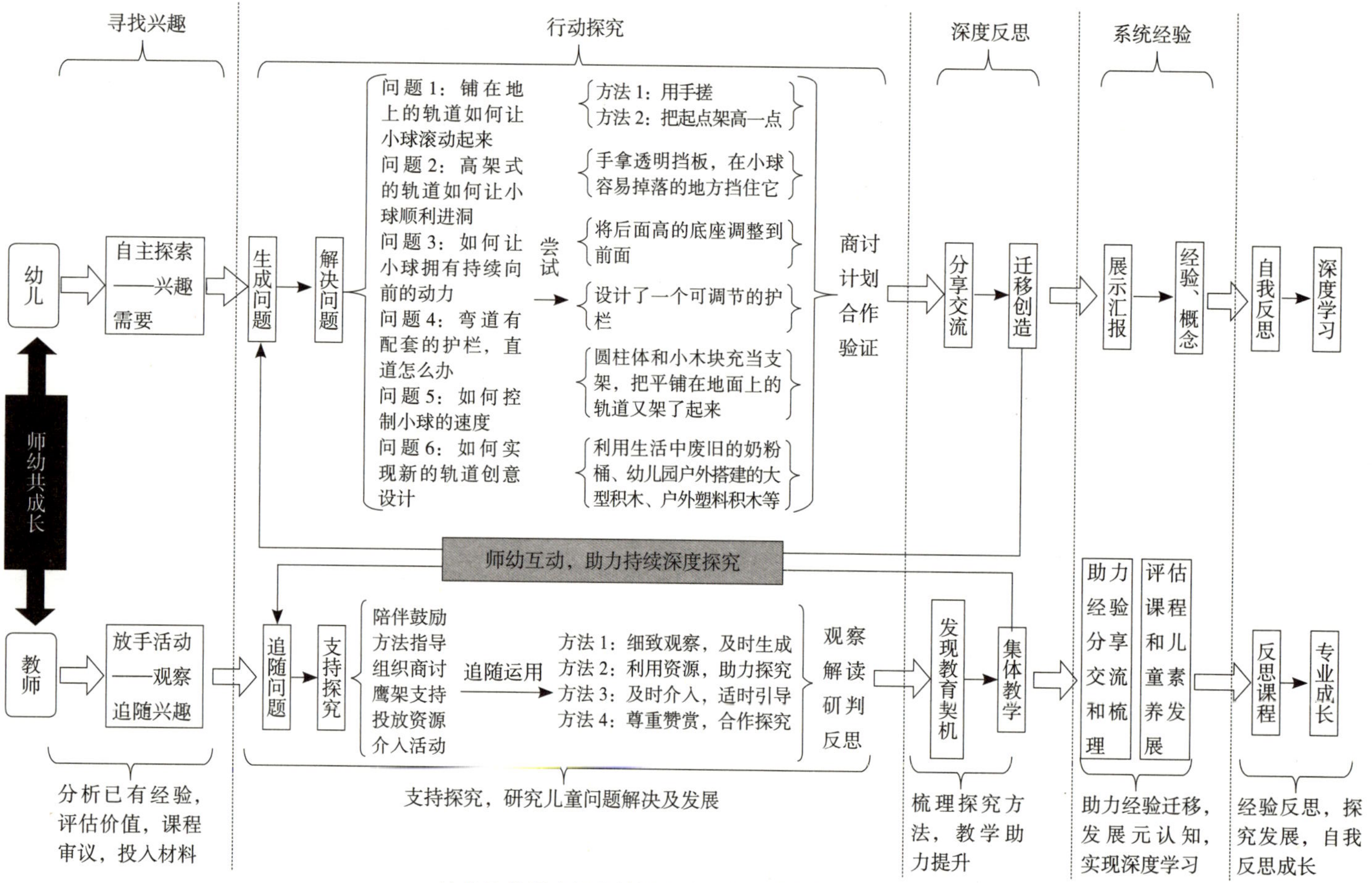
寻找兴趣
行动探究
深度反思
系统经验
幼儿
自主探索——兴趣需要
生成问题
解决问题
问题1：铺在地上的轨道如何让小球滚动起来
问题2：高架式的轨道如何让小球顺利进洞
问题3：如何让小球拥有持续向前的动力
问题4：弯道有配套的护栏，直道怎么办
问题5：如何控制小球的速度
问题6：如何实现新的轨道创意设计
尝试
方法1：用手搓
方法2：把起点架高一点
手拿透明挡板，在小球容易掉落的地方挡住它
将后面高的底座调整到前面
设计了一个可调节的护栏
圆柱体和小木块充当支架，把平铺在地面上的轨道又架了起来
利用生活中废旧的奶粉桶、幼儿园户外搭建的大型积木、户外塑料积木等
商讨
计划
合作
验证
分享交流
迁移创造
展示汇报
经验、概念
自我反思
深度学习
师幼共成长
师幼互动，助力持续深度探究
教师
放手活动——观察追随兴趣
追随问题
支持探究
陪伴鼓励
方法指导
组织商讨
鹰架支持
投放资源
介入活动
追随运用
方法1：细致观察，及时生成
方法2：利用资源，助力探究
方法3：及时介入，适时引导
方法4：尊重赞赏，合作探究
观察
解读
研判
反思
发现教育契机
集体教学
助力经验分享交流和梳理
评估课程和儿童素养发展
反思课程
专业成长
分析已有经验，评估价值，课程审议，投入材料
支持探究，研究儿童问题解决及发展
梳理探究方法，教学助力提升
助力经验迁移，发展元认知，实现深度学习
经验反思，探究发展，自我反思成长

幼儿及教师在探究性课程中的师幼互动双培育路径

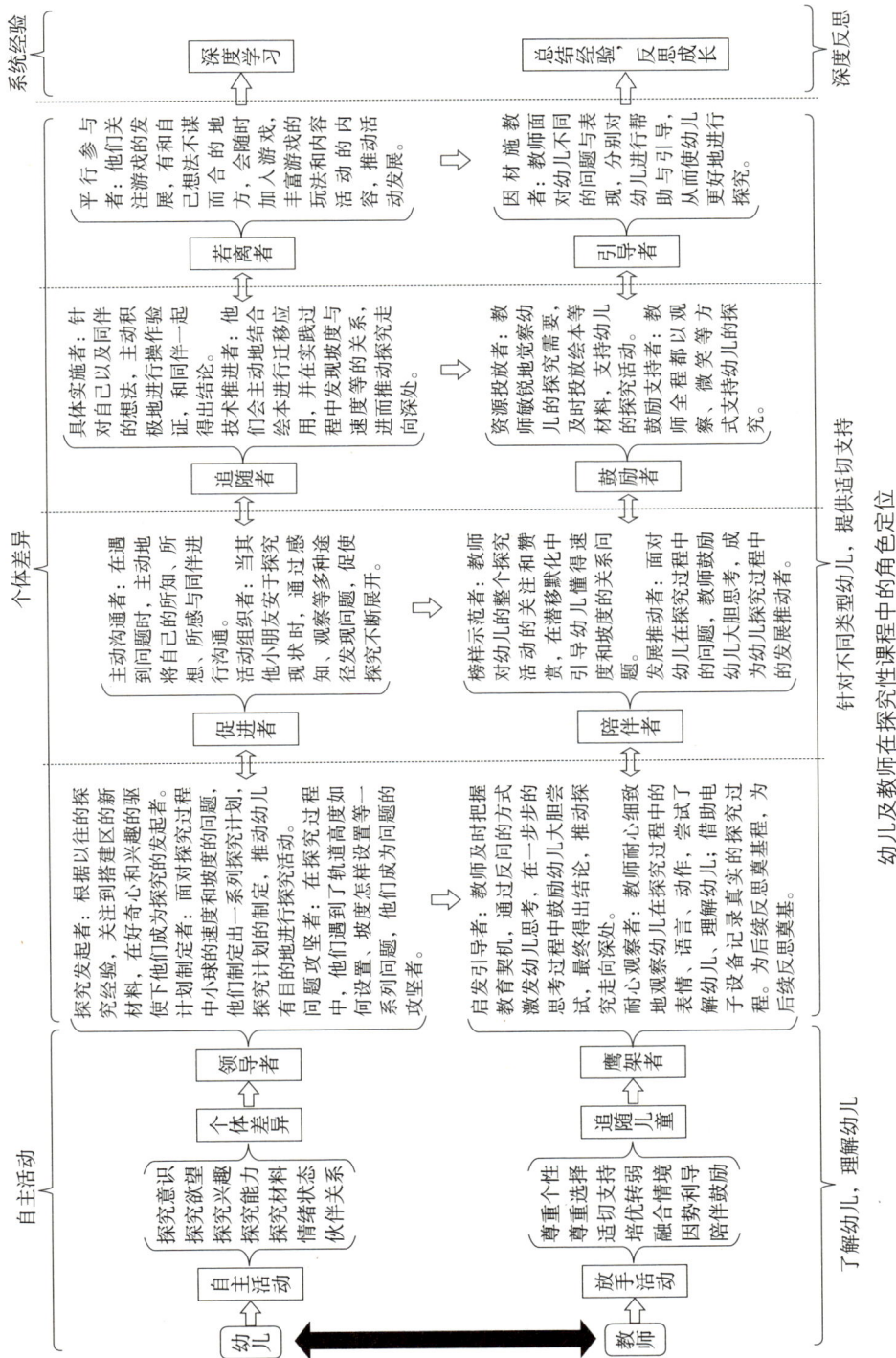

系统经验 **深度反思**

自主活动 **个体差异**

幼儿：自主活动、个体差异

- **探究意识、探究欲望、探究兴趣、探究能力、探究材料、情绪状态、伙伴关系**

领导者
探究发起者：根据以往的探究经验，关注到搭建区的新材料，在好奇心和兴趣的驱使下他们成为探究的发起者。探究计划制定者：面对探究过程中小球的速度和坡度的问题，他们制定出一系列探究计划。探究计划的制定，推动幼儿有目的地进行探究活动。问题攻坚者：在探究过程中，他们遇到了轨道高度如何设置、坡度怎样设置等一系列问题，他们成为问题的攻坚者。

促进者
主动沟通者：在遇到问题时，主动地将自己的所知、所想，所感与同伴进行沟通。活动组织者：当其他小朋友安于探究现状时，通过感知、观察等多种途径发现问题，促使探究不断展开。

追随者
具体实施者：针对自己以及同伴的想法，主动地进行操作验证，和同伴一起得出结论。技术推进者：他们会结合绘本进行迁移应用，并在实践过程中发现坡度与速度等的关系，进而推动探究走向深处。

若离者
平行参与者：他们关注游戏的发展，有和自己想法不谋而合的地方，会随时地加入游戏，丰富游戏的玩法和内容，推动活动发展。

深度学习

教师：放手活动、追随儿童

- **尊重个性、尊重选择、适切转弱支持、培优转弱、融合情境、因势利导、陪伴鼓励**

鹰架者
启发引导者：教师及时把握教育契机，通过反问的方式激发幼儿思考，在一步步的思考过程中鼓励幼儿大胆尝试，最终得出结论。耐心观察者：教师耐心细致地观察幼儿在探究过程中的表情、语言、动作，借助电子设备记录真实的探究过程，为后续反思奠基。

陪伴者
榜样示范者：教师对幼儿的整个探究活动的关注和赞赏，在潜移默化中引导幼儿大胆思考、引导幼儿理解速度和坡度的关系问题。发展推动者：面对幼儿在探究过程中的问题，教师鼓励幼儿大胆思考，成为幼儿发展过程中的推动者。

鼓励者
资源投放者：教师敏锐地感察幼儿的探究需要，及时投放绘本材料，支持幼儿的探究活动。鼓励全程都以观察、微笑等方式支持幼儿的探究。

引导者
因材施教者：教师面对幼儿不同的问题与表现，分别对幼儿进行引导，从而使幼儿更好地进行探究。

总结经验、反思成长

了解幼儿、理解幼儿

针对不同类型幼儿，提供适切支持

幼儿及教师在探究性课程中的角色定位

教师 ◄──────► 幼儿

幼儿：科学素养　　教师：支持策略

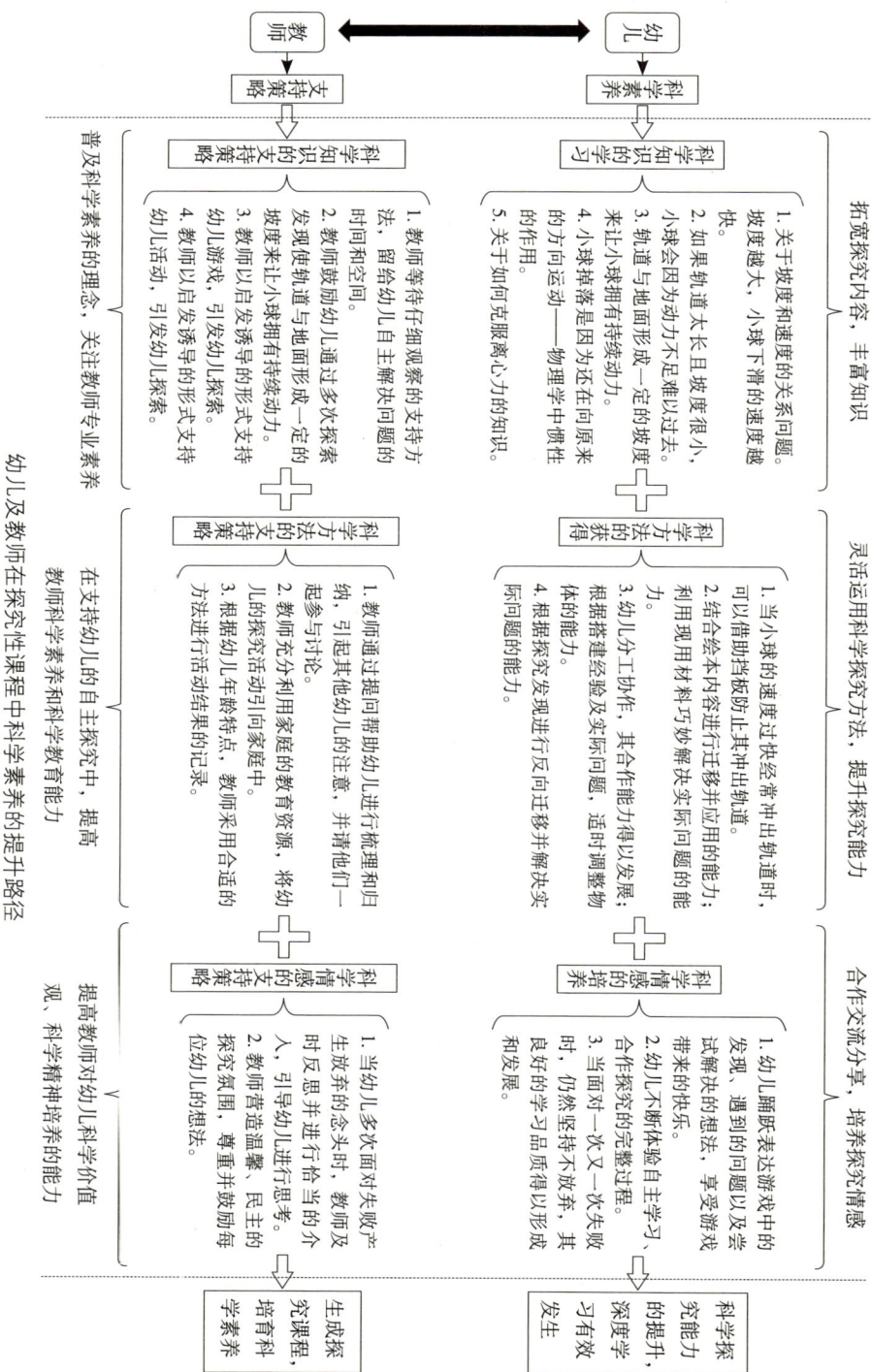

拓宽探究性内容，丰富知识

科学知识（幼儿）
1. 关于坡度和速度的关系问题。坡度越大，小球下滑的速度越快。
2. 如果轨道太长且坡度很小，小球会因为动力不足难以过去。
3. 轨道与地面形成一定的坡度来让小球拥有持续动力。
4. 小球滚落是因为动力——物理学中惯性的作用。
5. 关于如何克服离心力的知识。

科学知识的支持策略（教师）
1. 教师等待仔细观察的支持方法，留给幼儿自主解决问题的时间和空间。
2. 教师鼓励幼儿通过多次探索发现使轨道与地面形成一定的坡度来让小球拥有持续动力。
3. 教师以启发诱导的形式支持幼儿游戏，引发幼儿探索。
4. 教师以启发诱导的形式支持幼儿活动，引发幼儿探索。

灵活运用科学探究方法，提升探究能力

科学方法的获得（幼儿）
1. 当小球的速度过快经常冲出轨道时，可以借助挡板防止其冲出轨道。
2. 结合绘本内容进行应用的能力；利用现用材料巧妙解决实际问题的能力。
3. 幼儿分工协作，其合作能力得以发展。
4. 根据探究发现进行反向迁移并解决实际问题的能力。

科学方法的支持策略（教师）
1. 教师通过提问帮助幼儿进行梳理和归纳，引起其他幼儿的注意，并请他们一起参与讨论。
2. 教师充分利用家庭中的家庭教育资源，将幼儿的探究活动引向家庭中。
3. 根据幼儿的年龄特点，教师采用合适的方法进行活动结果的记录。

合作交流分享，培养探究情感

科学情感的培养（幼儿）
1. 幼儿多次体验游戏中的发现，遇到问题以及尝试解决问题的快乐。
2. 幼儿不断体验自主学习、合作探究的完整过程。
3. 当面对一次又一次学习时，仍然坚持不放弃，其良好的学习品质得以形成和发展。

科学情感的支持策略（教师）
1. 当幼儿多次面对失败、生放弃的念头时，教师及时反思并进行适当的介入，引导幼儿进行思考。
2. 教师营造温馨、民主的探究氛围，尊重并鼓励每一位幼儿的想法。

科学探究能力提升，学习深度有效发生

生成探究课程，培育科学素养

普及科学素养的理念，关注教师专业素养

在支持幼儿的自主探究中，提高教师科学素养和科学教育能力

提高教师对幼儿科学价值观，科学精神培养的能力

幼儿及教师在探究性课程中科学素养的提升路径

● 案例二：我们的"六一"

（本案例素材由山东农业大学幼儿园吕秀云、王晶、关燕华老师提供）

项目背景

"六一"，是小朋友自己的节日；"六一"，是快乐而有意义的节日；"六一"，从来不只在 6 月 1 日这一天，而是属于小朋友的每一天。我园每年都会举行历时一个月的庆"六一"活动，设置了"乐享食光""挑战自我""我行我秀""风采展示""家庭表现"等五大主题三十余项小项目的挑战活动。小朋友们通过自己的努力，完成挑战，获得印章，再兑换成"六一欢乐币"，在"六一欢庆日"当天购买自己喜欢的礼物，送给自己、家人、朋友、老师，让"六一"过得快乐而有意义，还原童年该有的幸福模样。

"六一"属于每一位小朋友，小朋友才是"六一"的主角。2023 年，我们将"乐享食光""挑战自我""我行我秀""风采展示"四大主题的挑战项目的选择权、"六一"存折封面的设计权、活动场地的安排等交给小朋友，由他们自己设计、选择；另外，结合"养成教育"的实践，增加了为期一个月的"一日生活好习惯"主题活动，由教师观察幼儿在园每日的言行，在每周五"每周一谈"时与小朋友一起分析、讨论，奖励表现优异者一定数量的"小太阳"，一个月的总数量为 10 颗"小太阳"，旨在引导小朋友巩固已形成的良好习惯，为他们的幸福童年和终身发展奠基。

项目研究目标

1. 积极参与庆"六一"系列活动的设计、表征、挑战、盘点，充分体验"我能行，我可以"及"我的六一我做主"的愉悦感、胜任感。

2. 活动中能够提出感兴趣或感到困惑的问题，并与教师、同伴合作，多种方式解决问题，提高深度学习的能力。

3. 体验通过自己努力换取成功硕果的成功感、自豪感，感受分享礼物带来的快乐，学会大胆表达爱。

4.进一步巩固"生活习惯、文明礼仪、安全与规则意识、学习品质、品德修养"五个方面的"养成教育"良好习惯，为后继学习和终身发展奠基。

项目准备

1.各项"六一"挑战主题及项目所用到的体育器材、食材、厨房用具等材料。

2."六一欢庆日"使用的各类文具、玩具、发饰、食物等物品共计56个品种3000余件。

3."六一"存折、"六一"欢乐币、人民币、钱包、购物袋等。

4.纸笔、剪刀、彩纸、胶棒等材料。

项目来源

1.**源于已有经验。**大班的小朋友已经参加了两次幼儿园庆"六一"活动，他们对挑战主题和"六一欢庆日"印象深刻，也知道庆"六一"活动是从5月份就开始了。基于丰富的庆"六一"经验，他们对"六一"活动充满了期盼和向往。

2.**充满信心和力量。**每次"六一"后，教师都会引导小朋友回顾反思自己的挑战经历，总结失败或成功的原因，他们对自己有正确的认知和评价，自信心和自我效能感显著增强；另外，我园"养成教育"实践的开展，也助力小朋友养成自信、阳光、敢于尝试和挑战的好品质。所有这些都使小朋友在面对庆"六一"活动挑战时充满了信心和力量。

■ 可能去往何处

"我们的'六一'"活动开展可行性分析（一）
年龄阶段：5—6岁
设计者：梁晶、王程程、孔令霞

（续表）

幼儿已有经验	幼儿的问题	幼儿的兴趣
1. 了解并体验过去两年"六一"的挑战项目 2. 掌握做美食的揉、搓、卷、切等技能 3. 具备跑、跳、钻、爬等动作技能 4. 具有初步的、独特的审美能力 5. 凡事有自己的想法并能勇敢表达	1. 今年要挑战哪些项目呢 2. 我想做棒棒糖，但是我不会做，怎么办 3. 今年我能挑战成功吗 4. 今年的挑战难不难 5. 今年的"六一"挑战和中班相比会有哪些变化呢 6. 今年有哪些礼物呢	1. 新增的挑战 2. 挑战上次未成功的项目 3. 获取奖章的过程 4. 挑战成功后的自豪与喜悦

领域	项目	关键经验
健康	身心状况	"六一"系列活动中能保持积极、愉悦的情绪，遇到问题或困难知道想办法解决，用比较恰当的方式表达，不随便发脾气
	动作发展	完成挑战的过程中，提升走、跑、跳、攀爬、平衡等动作的协调能力，使身体具有一定的力量和耐力；较熟练使用儿童厨房用具
语言	阅读与书写准备	喜欢与同伴一起讨论，练习有关阅读与创编方面的挑战；能够积极参与"六一"存折封面的设计、规则图的表征，并正确署自己的名字
	倾听与表达	能够注意倾听各项活动要求及他人意见或想法表达；能够清晰、有序、连贯地创编包含三种事物的有趣故事；同伴挑战失败时主动安慰、鼓励
社会	人际交往	愿意与同伴分享"六一"挑战活动中的趣事或问题；设计挑战主题和项目时能倾听和接受他人的意见，敢于说明自己选择的理由；遇到问题时能主动想办法
	社会适应	理解规则的意义，与老师、同伴共同制作"六一"活动各项规则，并积极遵守；认真完成各项挑战任务；愿意为班级团队赛努力练习，具有一定的集体归属感

（续表）

领域	项目	关键经验
科学	科学探究	对于活动中遇到的问题，能够积极动脑筋想办法解决；能观察、比较、分析、统计等多种方法比较"欢乐币"与人民币的异同；能用图表、数字、绘画等方式记录
	数学认知	通过统计印章的数量，购买中的价格计算等，熟练掌握10以内加减运算，并尝试分类计算
艺术	感受与欣赏	愿意与他人分享自己设计的"存折"、规则图等
	表现与创造	根据自己的喜好和审美设计购物袋、选择"六一欢庆日"物品
学习品质	好奇心与内驱力	对"六一"活动充满好奇和兴趣，愿意为获得印章而积极练习，并大胆应对挑战
	主动性与做计划	积极参与"六一"项目的设计，能够按照自己的意愿规划挑战项目、采购的先后顺序；做事具有一定的计划性
	解决问题	能够积极面对"六一"活动中遇到的问题，并独立思考；尝试与他人合作等方式解决问题
	反思与解释	各项挑战结束后能够反思自己成功或失败的原因，愿意尝试弥补的方式，使自己变得更好

"我们的'六一'"活动开展可行性分析（二）
年龄阶段：5—6岁
设计者：刘玉梅、姚淑娴

（续表）

可能发展的核心经验	可开展的活动
健康：保持愉快的心情，能够正确面对问题，并积极寻求解决方法；发展基本动作，提高运动能力，增强身体的协调性	◆ 回顾"六一"项目 ◆ 设计"六一"存折封面 ◆ 设计挑战项目方法或规则示意图 ◆ 每周完成一个挑战主题 ◆ 家庭表现 ◆ 装饰购物袋 ◆ 盘点获得的印章和欢乐币 ◆ 分享礼物
语言：清楚连贯表达自己的想法或需求；能用符号、简单文字、图画等方式大胆进行表征；能用恰当的语言表达自己对家人、同伴、老师的关爱	
社会：活动中能与同伴分工合作，协商解决问题；能认真倾听他人关于"六一"活动的不同想法，尊重他人的意愿，能坚持自己的想法，有主见	
科学：掌握 10 以内的加减运算，能在"六一"采购中较熟练地运用；能运用多种方法统计印章、欢乐币数量	
艺术：能按照自己的审美设计购物袋、规则图、存折封面等	

■ 资源分析

一环内资源	1. 幼儿园活动场地 2. 各主题各挑战所需要的材料、用具等 3. 幼儿园全体教职工的帮助、支持和指导 4. 以往"六一"活动的照片、视频及其他课程资料
二环中资源	1. 家庭中各种的练习材料 2. 家长的帮助、支持和指导
三环外资源	1. 社区中与活动相关的体育器械等资源 2. 大学各学院各部门对幼儿的关心和支持 3. 相关服务单位提供的遮阳棚、矿泉水等物品 4. 与烹饪有关的节目、视频或现场展演

■ 项目预设线索图

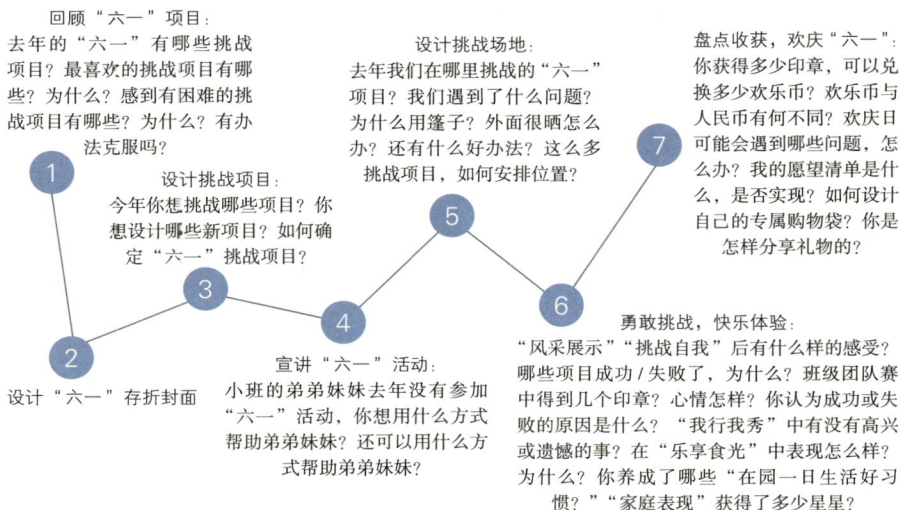

1 回顾"六一"项目：
去年的"六一"有哪些挑战项目？最喜欢的挑战项目有哪些？为什么？感到有困难的挑战项目有哪些？为什么？有办法克服吗？

2 设计"六一"存折封面

3 设计挑战项目：
今年你想挑战哪些项目？你想设计哪些新项目？如何确定"六一"挑战项目？

4 宣讲"六一"活动：
小班的弟弟妹妹去年没有参加"六一"活动，你想用什么方式帮助弟弟妹妹？还可以用什么方式帮助弟弟妹妹？

5 设计挑战场地：
去年我们在哪里挑战的"六一"项目？我们遇到了什么问题？为什么用篷子？外面很晒怎么办？还有什么好办法？这么多挑战项目，如何安排位置？

6 勇敢挑战，快乐体验：
"风采展示""挑战自我"后有什么样的感受？哪些项目成功/失败了，为什么？班级团队赛中得到几个印章？心情怎样？你认为成功或失败的原因是什么？"我行我秀"中有没有高兴或遗憾的事？在"乐享食光"中表现怎么样？为什么？你养成了哪些"在园一日生活好习惯？""家庭表现"获得了多少星星？

7 盘点收获，欢庆"六一"：
你获得多少印章，可以兑换多少欢乐币？欢乐币与人民币有何不同？欢庆日可能会遇到哪些问题，怎么办？我的愿望清单是什么，是否实现？如何设计自己的专属购物袋？你是怎样分享礼物的？

■ 项目过程可能会询问的问题

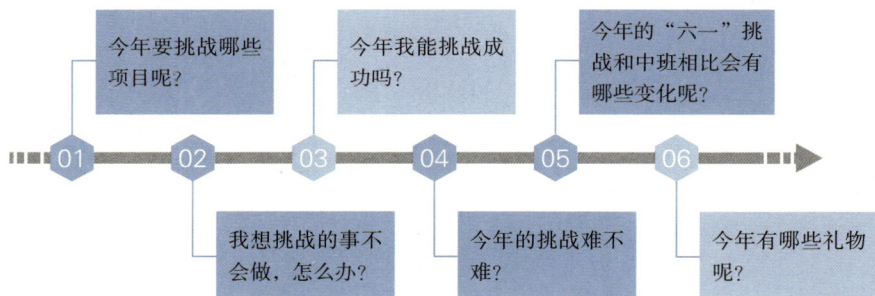

01 今年要挑战哪些项目呢？

02 我想挑战的事不会做，怎么办？

03 今年我能挑战成功吗？

04 今年的挑战难不难？

05 今年的"六一"挑战和中班相比会有哪些变化呢？

06 今年有哪些礼物呢？

■ 项目方案解决的过程中可能涉及的方式方法、活动策略

可能涉及的方式方法	可能涉及的活动策略
经验迁移	回忆讲述
设计与操作	绘画表征
现场查看与安排	观察记录
活动宣讲	统计梳理
反思与分析	交流分享
尝试与练习	勇敢挑战

■ **项目预设活动**

探究一：回顾"六一"项目

探究二：设计"六一"存折封面

探究三：设计挑战项目

探究四：宣讲"六一"活动

探究五：设计挑战场地

探究六：勇敢挑战，快乐体验

探究七：盘点收获，欢庆"六一"

项目探究过程

探究一：回顾"六一"项目

问题一：去年的"六一"有哪些挑战项目？

瑞瑞："去年有做寿司的挑战项目，还做了水果拼盘。"

米粒："我还做了面条、馄饨、麻花、月饼。"

家乐："我做了水果奶昔、三明治。"

甜甜："有跳绳、扔沙包，还有爬绳索。"

大鱼："有跨栏、赶小猪、骑小车过障碍物。"

暖馨："还有系扣子、叠衣服、系鞋带。"

俊豪："不光是做美食，还拍球、跳绳、滚铁环、唱歌了！"

天天："去年可多了，套圈、踢球、赶小猪、跨栏……"

好儿："你那些都是'挑战自我'！还有'乐享食光''风采展示''垃圾分类'。夹豆子那个是什么环节来着？"

维然："我行我秀！"

……

老师的话：

　　虽然 2022 年"六一"过去一年了，但大班幼儿每每提及还是如数家珍，兴奋交流，对曾经经历的挑战项目娓娓道来，甚至有的幼儿能够说出"乐享食光""风采展示"等主题的名称。说明这样的"六一"形式深得幼儿的喜爱，给他们留下了难忘的印象。对去年"六一"项目的回顾，是为了唤醒并激发大班幼儿对今年"六一"的探究兴趣和渴望。

问题二：最喜欢的挑战项目有哪些？为什么？

苗苗："我最喜欢做美食中的寿司，因为寿司又好吃又简单。"

妮妮："我喜欢做三明治，因为我喜欢吃三明治。"

丫丫："我最喜欢唱歌，因为学歌时很有趣，我唱歌也好听，还可以唱给老师、小朋友和爸爸妈妈、爷爷奶奶听。"

宸宸："我最喜欢夹豆子。因为夹豆子可以在家练习，也可以让我们学会使用筷子。"

成宇："我最喜欢套圈，因为每次套都有惊喜。"

赫赫："我喜欢所有关于运动的挑战，因为我个子有点矮，我得长个。"

点点："我最喜欢拉轮胎，这样可以练臂力。"

好儿："我最喜欢'风采展示'环节，因为可以锻炼自信力。"

甜甜："我最喜欢拍球，因为我喜欢体育运动。"

彩萱："我喜欢做寿司，因为寿司里面有很多有营养的蔬菜水果。"

大鱼："我喜欢跨栏，因为可以强身健体，使我更有力量。"

糖糖："我喜欢踢球，因为踢球可以锻炼我们的腿和脚。"

老师的话：

说一说自己喜欢挑战的项目并解释原因，能够为幼儿提供"思考经历背后的因果关系"的机会。我们发现，幼儿对于最喜欢的挑战项目的原因描述为"快乐""有挑战""为了长高""营养""强身健体有力量""锻炼我们的腿和脚"等，这些原因既有直观感受，又有认真思考，体现了幼儿对已有经验"运用、分析和评价"的高级认知层次的深度学习。

问题三：感到有困难的项目有哪些？为什么？有什么办法克服吗？

米粒："我觉得最难的是踢足球，我总是踢不进球门。因为我没有多练习。以后我要多练习。"

家乐："我觉得最难的是讲故事，因为感觉讲故事很长。我想办法把它变成简单的故事。"

糖糖："我觉得最难的是滚铁环。因为它需要掌控好方向，我每次滚（铁环）的时候它都会乱跑。我要多练习，并问问其他小朋友怎么滚（铁环）的。"

大鱼："我觉得跳绳很难，因为之前我不会跳绳。我现在跳得好有两个原因：一个是我姐姐鼓励我，另一个是我在家多练习。"

维然："投沙包最难，因为只有三次机会。得掌握好力度，要不就投不准。"

妙妙："射门最难。因为我踢球的角度不对。我要从正中方向射门且力度要适中。"

老师的话：

这一环节中，幼儿能够直面"感到困难"的项目，分析"难"在哪里？为什么"那么难"？通过与同伴间的交流，消除了他们的"畏难"情绪。这或许就是合作的力量、交流的力量！同时，幼儿对如何克服"困难"也给出了自己的想法，他们的分析和表述非常客观，比如"多练习""认真一步步做""慢一点""掌握好力度"等，又一次说明了"大部分问题至少有三种解决方法"。相信他们一定会克服困难实现愿望！

探究二：设计"六一"存折封面

今年"六一"存折的封面，我们把设计权、选择权交给幼儿，让他们按照自己的想法设计，并按照大多数幼儿的喜好来选择定稿。一起来看看他们的设计吧！

| 1号 | 2号 | 3号 |

4号

5号

6号

7号

8号

9号

10号

11号

可以看出，每一幅作品都非常优秀，图案设计、颜色搭配、布局构思等都很用心。最终，还是请幼儿用"贴贴画"的方式来投票选出"六一"存折的封面图案吧！

令教师们出乎意料的是，11号设计作品脱颖而出！这与我们的预测是截然不同的。为什么教师的预测和幼儿的选择会如此不一致呢？于是我们采访了投票的幼儿，听听他们的想法。

柠檬："因为蛋糕上有一个可爱的小兔子，我喜欢小兔子。"

清月："这个画上有各种表情的气球，我最喜欢！"

壮壮："这个蛋糕是多层的。"

乐乐："当然是因为有彩虹棒棒糖。"

易霖："因为蛋糕、棒棒糖和气球都是我喜欢的！"

辰辰："因为今年是兔年，所以有个小兔子，气球有很多表情，我们都喜欢。"

采萱："整幅画都是五彩缤纷的，蛋糕上有可爱的小兔子，而且小朋友都爱吃棒棒糖，带有表情包的气球也是我们的最爱。"

硕硕："气球上的表情代表我们的小朋友的心情，我们有蛋糕吃的时候，就很高兴，和朋友有矛盾时，我们就很伤心。"

老师的话：

幼儿喜欢和选择的理由有很多，比如"气球有各种各样的表情""有可爱的小兔子""有彩虹棒棒糖"等，很多小朋友似乎都能在这幅设计作品上找到自己喜欢的"点"。这或许就是幼儿的思维和想法，有时仅仅一个"喜欢"就已经足够了。作为教师，我们常挂在嘴边的一句话就是"以幼儿为中心"，如何真正做到呢？那就从尊重幼儿的选择开始吧！我们最终提取了这幅作品中的蛋糕和气球图案，放在了"六一"存折的封面上，并给设计作品的幼儿颁发了纪念证书。

探究三：设计挑战项目

问题一：你今年想挑战哪些项目？

瑞瑞："我想挑战踢球。因为我第一挑战失败了，所以我今年想再试一次。"

家乐："上一年我套圈一个也没套中，今年想再次挑战一下套圈。"

糖糖："去年我跳绳也没跳好，今年我会跳绳了，我想再挑战一下跳绳。"

加特："今年我想挑战报沙包，因为去年我一个也没投中。"

果果："今年我想挑战讲故事，因为去年我没有讲好。"

大鱼："今年我想拼乐高，我之前拼乐高的时候拼得很乱、很丑，乱七八糟。"

采萱："我想挑战唱歌，因为去年我唱得不好，也没有选好歌。"

老师的话：

从幼儿的表述来看，他们大部分都想挑战以往失败的或完成度不太好的项目。这充分体现了他们不畏困难、勇于挑战、积极向上的良好品质，也是自尊自信的表现。

问题二：你想设计哪些新项目？

如意："可以增加'挑战小厨房'环节，我会做西红柿炒鸡蛋，做好了就获得一个章。"

维然："可以增加一个魔术环节，这样我就可以在帽子里变出一朵花送给老师。"

老师的话：

因为有了两年的挑战经验，所以他们对想挑战的项目很有想法，难度也在一步步提高，特别是很多小朋友提出了"挑战小厨房"的想法，用真实的食材挑战制作美食，相信在练习及挑战的过程中，他们热爱劳动的品质和良好的饮食习惯就自然而然地养成了。同时，设计及表达想法的过程，也是他们制定与形成规则的过程，由内而外的规则，不需教师再引导再要求，这其实也是从他律到自律的一个过程。

问题三：如何确定"六一"挑战项目？

柚柚："都很好玩，那就'点兵点将'吧！"

诺诺："都写在纸上，抓到哪个就确定那个！"

小田："投票。把小奖贴贴到自己最喜欢的项目下面，每个人只有一个奖贴。"

好好："可以举手表决。老师说项目，小朋友举手表决，且每个人只有一次机会。"

最终，教师和幼儿通过商讨的方式决定了"六一"的各项挑战活动，主要分为六大主题三十多个小项目。幼儿自主设计了每一项挑战项目的标识。

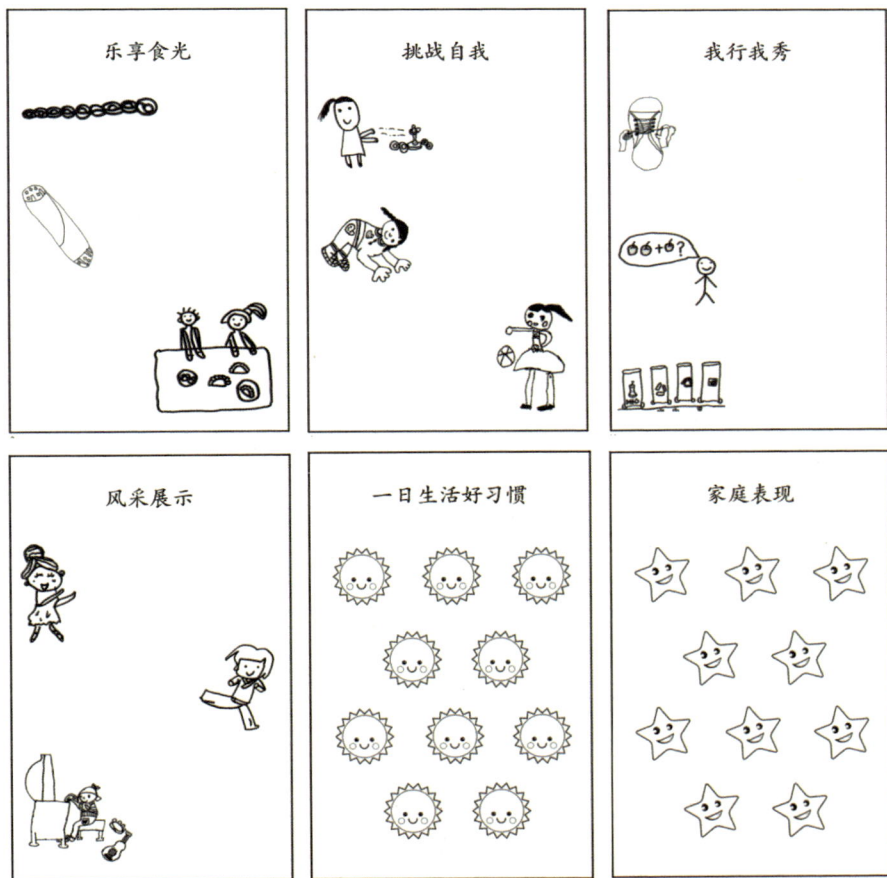

乐享食光

挑战自我

我行我秀

风采展示

一日生活好习惯

家庭表现

老师的话：

倾听幼儿的建议，尊重幼儿的设计。我们发现他们真的是有能力的学习者！他们的笔触虽然稚嫩，但却能抓住每一项活动的典型特点并灵动地表现出来，充满了儿童画的特点。当他们欣赏"六一"存折时，兴奋地交流"这是我设计的！""那是××小朋友画的！"骄傲和自信洋溢在一张张笑脸上，这就是对幼儿最大的尊重，最有力的支持。

探究四：宣讲"六一"活动

问题一：小班的弟弟妹妹去年没有参加六一活动，怎么办？

诺诺："没事，多练习就能挑战成功。"

乐乐："可以先让他们挑战一些简单的，要不他们哭了就不好了。"

廷润："我回家要教给我弟弟怎么挑战！"

好好："拿着他们的手，教给他们。"

柠檬："可以给他们画一个标志，让他们观察。"

问题二：你想用什么方式帮助弟弟妹妹？

天天："我们可以一个领一个弟弟妹妹去练习，就像以前的'大手拉小手'。"

果果："我们可以领着弟弟妹妹去试一试挑战的项目，教他们怎么玩。"

怡宁："老师允许的话，我们可以去小班教室告诉弟弟妹妹'六一'那天有什么好玩的项目。"

家乐："要是他们骑车的时候不小心摔倒了，我们可以扶一下，并安慰一下他们。"

采萱："比如说'滚小猪'，当弟弟妹妹滚不进的时候，我们可以慢慢地握着他们的手，教他们去练习，练习一下就会了。"

小芥："把步骤图画在牌子上，他们不会的时候看一看就会了。"

问题三：还可以用什么方式帮助弟弟妹妹？

家乐："我可以在见到弟弟妹妹的时候告诉他们'六一'的项目。"

大鱼："如果实在不行也可以给弟弟妹妹写信，我们当小老师教弟弟妹妹怎么过'六一'，都有什么项目。"

糖糖："可以先带弟弟妹妹看一看挑战项目，熟悉一下，再教他们怎么去体验。"

大二班好儿、小雪两位小朋友向小一班弟弟妹妹宣讲

大三班采萱、艺宁两位小朋友向小三班弟弟妹妹宣讲

老师的话：

面对小班弟弟妹妹在"六一"活动中可能会遇到的困难，每名幼儿都积极动脑筋想办法予以帮助，而且这些办法非常多样，有宣讲、引导、示范、手把手教、示意图、步骤图、"大手拉小手"、打电话、鼓励、安慰、写信、画画、写书等。在宣讲的过程中看得出他们虽然有些紧张，但非常用心，不仅达到了宣讲的目的，而且锻炼了表达和交往能力，这个过程也是一个对幼儿责任心、爱心培养的好方法。

探究五：设计挑战场地

问题一：去年我们在哪儿挑战的"六一"项目？我们遇到了什么问题？

采萱："去年我们在幼儿园户外游戏的地方挑战的'六一'活动。"

大鱼："对，虽然天很热很热的，但是我们玩得很愉快。"

糖糖："我发现我们拍的照片脸上红红的。"

丫丫："我知道，这是因为我们用了红色棚子。"

问题二：为什么用棚子？

采萱："棚子反射回来的光照在我们脸上就形成了这样的红红的脸。"

怡宁："去年因为太热了，我们搭棚子遮阳。"

瑞瑞："用棚子可以让我们不感觉那么热。"

果果："因为搭棚子可以防止太阳晒到我们。"

问题三：外面很晒怎么办，还有什么好办法？

米粒："可以打太阳伞，也可以抹防晒霜。"

甜甜："打一个大大的遮阳伞，这样就可以让更多小朋友不被晒到。"

二宝："可以穿防晒衣。防晒衣就是一种可以防晒的衣服。"

子瑞："可以穿白色的衬衫，因为白色的衣物可以散热。"

瑞瑞："我们可以把项目所需的东西搬到教室里面，再把教室里面的椅子都搬走，然后把东西都摆到桌子上。"

桃子："把桌子和椅子放到一个很宽敞的地方，这样就可以玩很多的项目。"

糖糖："教室里的桌子不用动，小朋友们排好队，老师把项目都放到桌子上，小朋友们一个一个地排好队体验。"

怡宁："也可以去图书室，图书室地方大，小朋友排好队玩挑战项目。"

圆圆："去多功能厅，那里更宽敞，可以容纳好多小朋友。"

安安："我们上次搭的棚子是不透风的，我想设计一个透风的，这样更凉快了！"

朵朵："透风的会不会漏雨，万一下雨或者很晒怎么办？还是去我设计的房子里吧！"

最终，幼儿与教师商量决定：第一方案还是沿用之前的"六一"活动场地，只不过是把红色顶子的遮阳棚换成蓝色顶子。如果遇到下雨天就使用第二方案，把活动场地转移到教室和多功能厅里。

问题四：这么多挑战项目，如何安排位置呢？

决定好了场地的位置，大家又一起讨论起具体挑战项目的位置了。

1. 拉轮胎

甜甜："我们可以在操场上拉轮胎，因为这里有很长的跑道，可以拉着轮胎跑。"

怡宁："对！每个小朋友可以沿着跑道的颜色拉轮胎。"

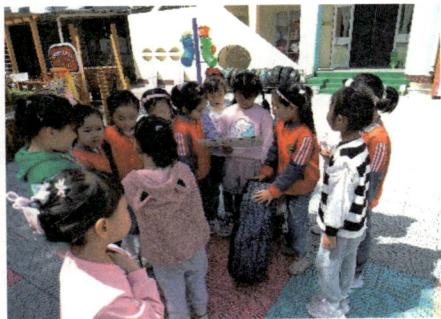

2. 跳远

桃子："我觉得立定跳远应该在院子里进行，因为这里特别平整，小朋友不容易被绊倒。"

3. 投篮

甜甜："我觉得可以在一个阴凉的地方投篮。"

圆圆："因为这样就不晒了。"

家乐："不刺眼，对眼睛好。"

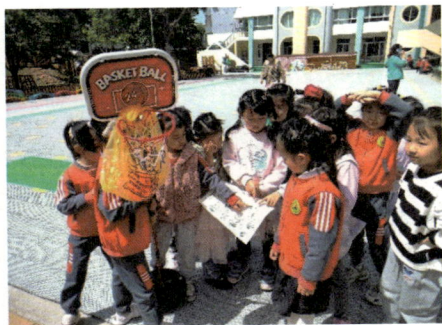

4. 套圈

甜甜："丫丫你看，我们可以在教学楼前的空地上放套圈的东西。"

丫丫："我觉得套圈的东西比较多，放那里正合适。"

5. 手脚爬爬乐

佳晴："手脚爬爬乐的垫子太大了。"

一帆："我们可以按照甜甜的设计，把垫子放到操场的中间。"

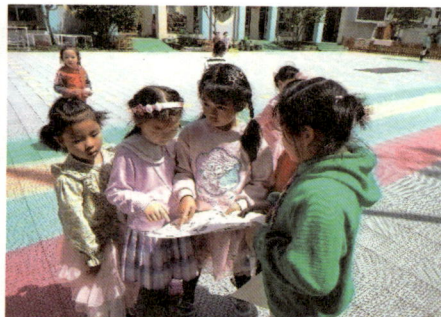

6. 拍球

果果："我们在楼梯那拍球可能会碰到头。"

糖糖："那我们离远一点就好了。"

7. 跳绳

暖馨："我们拍完球可以在旁边跳绳。"

暖暖："那我们就在黄色格子这跳绳吧。"

8. 射门

一帆："我们的球门比较大，所以我们应该找一个大一点的地方。"

圆圆："我们根据甜甜设计的地图放这里刚刚好。"

9. 投沙包

千荀："我们从这里取沙包，然后放到这里，很方便。"

家乐："对的，我们在跳远场地的旁边就好了。"

10. 跳房子

桃子："这个地方鼓鼓的，不平整，跳房子不安全。"

甜甜："我们可以去操场那边跳房子，这里很平。"

老师的话：

通过看去年"六一"的活动视频和照片，唤醒了小朋友们对活动场地使用过程中产生的问题的记忆。例如，拍的照片上他们的脸色发红，于是他们对问题进行了非常客观的归因分析，发现是遮阳棚的问题，并就如何解决这个问题，基于自己的生活经验提出了很多的想法，如各种防晒的方法、更换活动场地、设计不同功能的遮阳棚等。对于如何合理安排大班"挑战自我"主题中的 10 个小项目的位置，小朋友们先整体设计，然后拿着设计稿进行实地检验，通过与同伴的反复商讨，确定自己认为比较合理的位置。发现问题、分析问题，与同伴合作，迁移已有经验解决问题的过程，以及结合实际场地验证解决方案的过程，正是体现了幼儿探究的过程。

探究六：勇敢挑战，快乐体验

（一）主题一：风采展示

小朋友"风采展示"的照片

问题一："风采展示"后有什么样的感受？

大赫："我很快乐，因为我第一次在舞台上给大家展示街舞，还得到了大家的掌声，所以很高兴。"

浩轩："我在变魔术的时候第一次失败了，但是我没有紧张，又变了一次就成功了。"

多多："我第一次在舞台上背诵《天净沙·秋思》，我很喜欢这首词，并成功地背下来了。"

琪琪："我表演了跳舞，我很开心。我还看了别的小朋友表演魔术。我准备让爸爸也给我买一个魔术道具。"

好好："刚开始上台的时候有点紧张，表演起来就好了。"

妮妮："我穿着喜欢的舞蹈服，很开心。在等待的时候我有点紧张，但当老师帮我放了音乐，我跳起舞来后，就不紧张了。"

老师的话：

"风采展示"给予每一名幼儿展示的机会。偌大的舞台、台上的焦点只属于表演的他（他们）。不管是落落大方还是稍有紧张；不管是声音响亮、舞姿优美，还是声小忘词、不知所措，"舞台"带给他们的是一次丰富的体验，是一次勇敢的尝试，是一次生命的成长！"风采展示"后的经验交流，是幼儿回顾表演、表达感受的过程，是拓展经验、替代性学习的过程，也是不断总结、逐步成长的过程。

（二）主题二：挑战自我

幼儿与老师一起讨论、设计了"挑战自我"的规则，并用图文并茂的方式展示出来。在 5 月的第二周，勇敢完成了 10 项个人挑战和 1 项班级之间的团队赛。

问题一："挑战自我"已经完成，你有什么感受？

多多："我在跳绳的时候后面有点跳不动了，但我自己给自己加油，然后我就挑战成功了。"

好好："我感觉足球射门有点变难了，因为距离远了。"

颖一："我觉得非常好玩，因为这是我第一次参加这样的'六一'挑战。"

宸宸："我原来觉得套圈距离太远，以为会失败，但我没想到竟然挑战成功了，套中了 4 个呢！"

大俊："我感觉很开心。因为我挑战了投沙包，全投中了！"

苗苗："我感觉又开心又难过，因为有两个印章没有得到，其他都得到了。"

问题二：哪些项目挑战成功了，为什么？

妮妮："拉轮胎我挑战成功了。因为我平时我多吃饭、不挑食，而且会用力气，这就是我成功的原因。"

冉冉："跳绳我挑战成功了。因为我不仅在幼儿园练习，在家也练习了。"

琪琪："跳房子我挑战成功了。因为我住的小区里也有这个，我经常跳，而且夹沙包跳我也会，所以我成功了。"

多多："我都挑战成功了。因为我在挑战的时候给自己加了油，勇气在我心里就像种子一样慢慢长大，所以我挑战成功了。"

宸宸："我在练习手脚爬爬乐的时候总看不准，因此在挑战的时候我瞪大眼睛仔细看，慢慢爬，就成功了。"

大俊："我拍球挑战成功了。因为我经常在家练习，并且拍球速度也很快，所以成功了。"

问题三：哪些项目挑战失败了，为什么？

陶陶："足球射门我没有成功，因为当时我没有集中注意力。"

馨茹："定点投篮我失败了，我只投进了一个球，规则是 5 进 3 才算成功。"

小田："足球射门我失败了。前两个球进了之后，我觉得第三个球也能进，结果一不留神把球踢斜了，所以失败了。"

英峻："拍球的时候我没好好拍，所以没成功。"

睿睿："我定点投篮失败了，第一次是因为篮筐晃了一下，第二次是因为我用力过猛了。"

佳佑："我套圈失败了，因为那个杆有点矮，我扔圈的时候扔歪了。"

苗苗："投沙包我失败了，是因为投最后一个的时候力度有点小了。"

老师的话：

规则来源于幼儿的想法和设计，幼儿才能更自觉地遵守，更容易掌握和内化。在活动后的反思中，每一名幼儿都能客观地分析成功或失败的原因。令人高兴的是，他们能将成功归功于自己的坚持、自信、细心、

专注、刻苦练习、及时调整策略、向他人学习、平时不挑食等；将失败归结于注意力不集中、练习少、用力过猛或过小等。一句"我在挑战的时候给自己加了油，勇气在我心里就像一颗种子慢慢长大"，让我们异常感动，这种体验和话语只有在真实的经历中才会产生。

问题四：班级团队赛中得到几个印章？心情怎样？你认为成功（或失败）的原因是什么？

佳晴："我很伤心，因为得了最后一名。钻洞的时候我们'堵车'了，前面的人钻得太慢。"

大鱼："输赢不是重点，只要尽力就知足了。"

采萱："因为有些人爬得很慢，整个队伍就变慢了，所以就输了。"

米粒："匍匐前进的时候，大一大二都是两个小分队，我们只有一队，我们都在那儿排队，浪费了很多时间。"

柚柚："得到第二名我还是很开心的，就是最后安吉箱的时候我钻不过来，我要减肥啦。"

小瑜："我钻安吉箱时有点慢，之前练习的时候我没参加，这是我第一次玩，已经很开心啦！"

冉冉："非常开心。由于上次比赛我们输了，我们通过上一次的比赛，知道了自己力气小，之后我们好好吃饭、锻炼，因此这次得了第一名。"

妮妮："我很激动。比赛一开始的时候，我们以为会输，因为上次就输了，还被别的班笑话，但这次我们得了第一名，我们又找到了自信。"

宸宸："很开心，因为这是第一次得第一。我们的速度很快，比赛时很认真，我们也很团结。"

老师的话：

大班幼儿已经具有了一定的竞争意识和团队精神，他们热爱集体，愿意为集体的荣誉而努力。在以往的其他团队赛中，失败的班级中有的幼儿会伤心流泪，老师极力安抚后，情绪才会平复下来。这次的班级团队赛，大三班倒数第一，他们的老师刻意没有在第一时间安抚他们，而是在第二天与他们展开了集体讨论。这样就给了幼儿心里缓冲的时间和集体消化、接受的空间。在讨论中，我们可以看到他们在正确地分析原因，恰当地表达情绪、情感方面的进步。

（三）主题三：我行我秀

幼儿与老师一起讨论，设计了"我行我秀"的规则，并用图文并茂的方式展示出来。在5月的第三周，勇敢完成了9项个人挑战。

"我行我秀"规则设计图

"我行我秀"展示照片

问题："我行我秀"中有没有很高兴或很遗憾的事情？

瑞瑞："'整点半点'这一关很难，我摆拨四点半，可是我很着急，很紧张，找不到点了。老师告诉我怎样拨时间，最后在老师的帮助下，我挑战成功了，我想对老师说谢谢。"

采萱："'看图编故事'我很开心，我选到了自己喜欢的图，图很漂亮。我编了一个《小蚂蚁找糖果》的故事，老师夸我讲得好，我很高兴。"

妮妮："'整理书包'我成功了，因为我知道铅笔、橡皮和尺子的位置，最后得到了小奖章很开心。"

恩尚："我'系鞋带'挑战成功了，多亏了我的好朋友刘瑞对我的帮助，我很感谢他。"（走过去拥抱了刘瑞）

米粒："我遗憾的事情是在'看图编故事'的时候，我就讲了一两句话，我觉得自己讲得不好，老师也没有给我盖章。"

明明："我遗憾的是'系鞋带'有点慢了，我还得多练。"

霖霖："我最高兴的是参加'看图编故事'，因为我可以随意发挥。"

壮壮："我最高兴的成功挑战了'夹豆子'，因为豆子很小，容易掉，但是我还是成功了。"

老师的话：

往年的"我行我秀"主要集中在幼儿良好的生活习惯方面。应他们的要求，我们今年只保留了往年"系鞋带""夹豆子""垃圾分类"三项游戏类挑战，结合幼小衔接的课程，又设计加入了"看图编故事""看图列算式""自编应用题""整理书包""整点半点""整理被褥"六项挑战。看得出来，幼儿对新项目非常感兴趣，经过充分的准备，他们几乎全部挑战成功，这也是对即将到来的小学生活的积极准备。寓教于乐，幼小衔接也可以很快乐，很精彩！

（四）主题四：乐享食光

幼儿与老师一起讨论、设计了"乐享食光"的规则，并用图文并茂的方式展示出来。在5月的最后一周，勇敢完成了9项个人挑战。

今年加入了新的挑战项目"挑战小厨房"，幼儿园提供了真实的厨房用具，幼儿们可以在园里练习，也可以在家里练习。

问题：你在"乐享食光"中表现怎样？为什么？

陶陶："我觉得做麻花有点难。我用太空泥练习做的时候还行，但是用面就有点困难了，因为面不好控制。"

小亓："'挑战小厨房'的时候我很开心，因为挑战结束后园长妈妈品尝了说很好吃。"

睿睿："我在'挑战小厨房'的时候表现有一点点不好是放醋放少了，但是我又很开心因为我挑战成功了，得了3个章。"

柠檬："我很开心，因为每个我都挑战成功了。"

苗苗："我原本以为我可能会有两三个项目挑战失败，但没想到我全挑战成功了。因为我在家和妈妈包水饺，用剩下的面做了麻花和麻团，这就是我成功的原因吧。"

左左："我做了鸡蛋饼，得到三个章。"

明和："我有一个小遗憾，因为我忘记了做水果拼盘了，所以这项没有盖章，我下次一定要检查好，都盖上章。"

老师的话：

"乐享食光"是幼儿最喜欢的主题，因为不仅能动手操作真实的食材，尝试做一次"小大人"，而且还能品尝到各种诱人的美食。在挑战中，我们鼓励幼儿积极尝试，勇敢迎接各项挑战。我们充分尊重幼儿的意愿，比如"挑战小厨房"项目中有三分之一的幼儿并未设计食谱参加挑战，考虑到幼儿的个体差异，关键时刻"开绿灯"，让每一位幼儿都能充分体验经过努力挑战成功的乐趣。幼儿在评价自己的活动表现时，也非常客观、实际，这也是幼儿形成自尊、自信，提高认知水平的体现。更难能可贵的是，幼儿在整个过程中所表现出来的积极、稳定的情感、情绪，一定会对他们的后继学习和终身发展大有裨益。

（五）主题五：在园一日生活好习惯

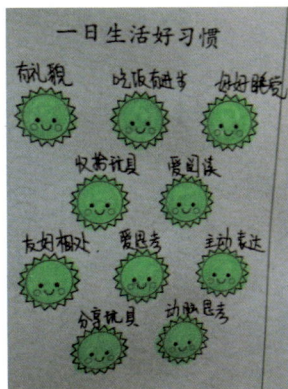

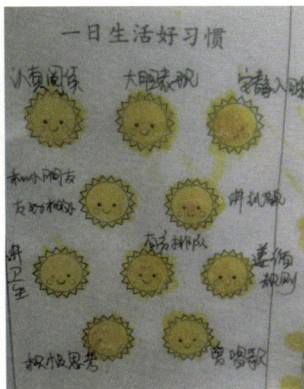

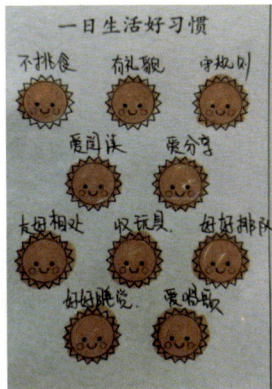

问题：你养成了哪些"在园一日生活好习惯"？

小亓："我养成了好好叠被子的好习惯。"

果果："我现在越来越喜欢看书了。"

宸宸："我现在越来越喜欢帮忙干活了。"

博源："原来我很害羞，现在慢慢不害羞了，喜欢说话了。"

柚柚："我养成了按时喝水的好习惯，因为'多喝水不生病'。"

熙然："我养成了勤洗手、讲卫生的好习惯，还有要按规则做事情，自己的东西要自己整理。"

诺诺："我主动关心帮助别的小朋友。"

霖霖："我养成了吃饭时细嚼慢咽，不浪费食物的习惯。"

一帆："以前我做事总是很拖拉，现在有了时间观念。"

老师的话：

结合幼儿园开展的"养成教育"，我们设计了这一挑战主题，就是想引导幼儿关注、审视自己在园一日生活中的表现，并作出科学、客观的评价。幼儿在这一过程中，不仅养成、巩固了诸多良好的习惯，而且能将零散的经验加以概括，形成概念。

（六）主题六：家庭表现

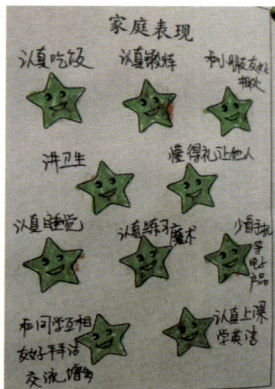

问题："家庭表现"中你获得了多少颗星星？如何获得的？

馨茹："10颗星星我全部得到了，因为爸爸妈妈说我表现得好，早上按时起床，还帮助弟弟妹妹。"

妮妮："我也得了 10 颗星，因为我自己洗袜子，还帮妈妈干活，爸爸妈妈觉得我表现得很棒。"

好好："我每天坚持读书，所以得了 10 颗星。"

浩轩："我在家照顾奶奶，所以爸爸给了我 10 颗星。"

桐桐："我那 10 颗星是洗碗、收拾玩具，还有帮助爸爸妈妈干家务得来的。"

诺诺："我帮妈妈照顾弟弟，获得了 10 颗星星。"

一迪："我获得了 5 颗星星。我没有按时睡觉，有时还忍不住吃手，所以妈妈只给我 5 颗星星，不过我会努力改变的！"

老师的话：

"家庭表现"是一项挑战极强的项目，因为需要幼儿持续付出一个月的努力。"家庭表现"的具体内容也是因孩子的特点而异，由家长和孩子一起召开家庭会议后决定的。通过一个月的努力，幼儿在家长的帮助和监督下学习做家务，使幼儿园倡导的"养成教育"的好习惯得以巩固。从幼儿的表述中可以感受到他们挑战成功之后的胜任感、获得感、愉悦感。

探究七：盘点收获，欢庆"六一"

问题一：你获得多少印章？可以兑换多少欢乐币？（计数、加减）

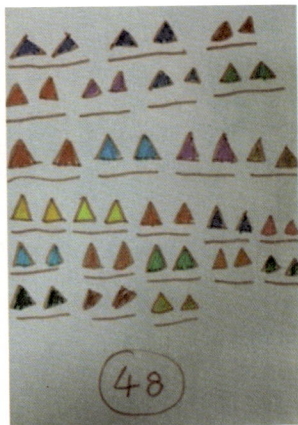

两个两个数

5 个 5 个数

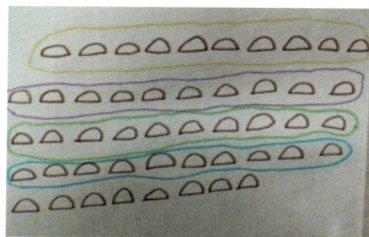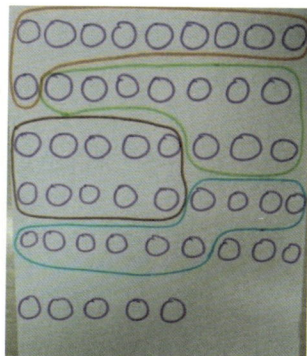

10 个 10 个数

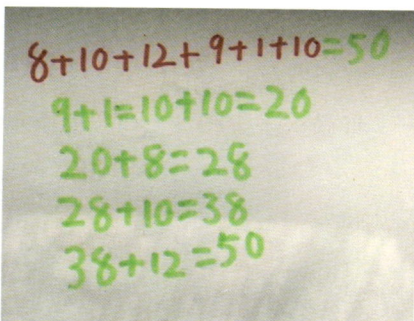

按主题统计后再相加

小亓："我数了数，得了 52 个章，应该能兑换 52 块钱吧！"

浩轩："我得到的章少，才 47 个，因为我在'挑战自我'中有几个失败了，但我觉得我也能买很多东西。"

睿睿："我的不多也不少，有 51 个章，其中团队赛加了 3 个章，'挑战小厨房'加了 3 个章，兑换 51 块钱。"

好儿："我有 32 个章、10 颗小星星、10 个小太阳，每个印章和小星星还有小太阳都算一个欢乐币，我能得 52 个欢乐币。"

小雪："我有 27 个印章加上 10 个小太阳和 10 个小星星，一共是 47 个欢乐币！"

则成："老师说一颗小星星、一个小太阳和一个印章都是一块钱，全部获得的是 53 个，'小厨房'我没有挑战，所以我是 50 个，可以换 50 块钱的欢乐币。"

烁烁："有 21 个印章，加上我之前的小太阳、小星星，一共有 41 个，我可以兑换 41 个欢乐币。"

老师的话：

在统计印章、太阳和星星的过程中，幼儿通过观察、分析、比较，发现点数、分类计数等多种统计数量的方法，自然运用加法运算解决问题，在探究过程中发现并总结出最便捷、最准确的统计方法，这实际上就是把数概念整合进游戏的过程，是幼儿在真实的世界、有意义的情境中应用数字的一种自然方式，对使用十进制数奠定了基础。幼儿通过数字、图画、图表、符号等方式进行表征和记录，在实际操作过程中体验了数学方法解决问题的乐趣；也可以让我们清晰地了解他们应用数学解决问题的思维过程，这也是幼儿数学思维发展的基础。

问题二：欢乐币与人民币有什么不同？（观察、统计）

苗苗："人民币两面都有图画，欢乐币只有数字。"

冉冉："人民币可以用在很多地方，欢乐币只能在幼儿园用。"

雅雅："人民币有彩色的，欢乐币只有粉色。"

浩轩："人民币角上有编码，欢乐币没有。"

苗苗："欢乐币只有一面有数字，人民币两面都有。"

好儿："欢乐币是正方形的，人民币是长方形的。欢乐币上有幼儿园的名字和章，人民币正反面都有图案，欢乐币背面没有图案。人民币有好多种颜色，欢乐币只有一种。"

天天："欢乐币只能在'六一'当天使用，第二天就不能使用了；而且欢乐币没有防伪标记，人民币有防伪标记。"

点点："欢乐币最大面值是 10 元，人民币是 100 元，而且人民币上有毛主席爷爷，欢乐币上没有。"

果果："欢乐币上面只有数字，而人民币上有风景图。"

老师的话：

在比较欢乐币和人民币异同的过程中，幼儿们用观察、比较、分析、统计等方法，对两种纸币的颜色、形状、面值、图案、红章、功能等方面进行了仔细研究，又对两种纸币的意义进行了探究。幼儿们从已有的生活经验当中汲取到更多的知识，也为接下来的欢庆日采购活动提供了更多条件。

问题三："六一"欢庆日会遇到哪些问题？怎么办？（不能实现、安全问题、丢东西）

天天："可能会掉钱，所以要准备好一个小的钱包挂到脖子上。"

乐乐："可能想买的买不到，所以买的时候先去最喜欢的那里排队。"

廷润："得注意安全，因为人太多不能因为着急就推别人。"

诺诺："得把钱花完，因为欢乐币只能'六一'当天用。"

冉冉："一定要根据自己的愿望清单快速购买，不能因为没有计划而浪费时间，不然兑换时间到了什么也买不到。"

妮妮："不能一边玩一边吃东西，因为会浪费时间。"

大赫："不能在买东西的时乱跑，不然会受伤的。"

冉冉："不能跑着去买东西，因为不注意会把买的东西丢了。"

浩轩："买完东西一定要记着拿好，不要把之前买的东西落在摊上。"

宸宸："买的东西要放在袋子里，不然会丢的。"

柠檬："买的礼物要回家打开，不然玩坏了回家就不能玩了。"

佑佑："不能拿着玩具当武器打着玩，因为会受伤，玩具也会坏。"

浩轩："买完东西一定拿着钱包，不然钱会掉出来。"

妮妮："买东西时一定要拿好装礼物的袋子，不能因为高兴就拿别人的欢乐币。"

老师的话：

根据以往的经验，采购过程中会出现各种各样的问题。安全问题是老师们最大的担忧，但当这个问题变成给幼儿自己的事情，他们结合自己的生活经验，延伸出不仅是人身安全，还有物品安全、愿望能否实现、财务安全等一系列的问题。面对问题，他们大胆提出自己的解决办法，获得了文明礼仪、时间规划、采购规划、规则意识、物品保管等多方面的有益经验，也形成了自信、自主的良好品质。

问题四：我的愿望清单？

宁宁："我的愿望清单是小饼干、吸吸冻、小兔子手链。这些是送给爸爸、妈妈、姐姐和我自己的。"

琪："我的愿望清单有发夹、小鸟笼、扇子、华容道。小饰品，我想送给阿姨家的哥哥，兔子饰品给自己，小发夹送给好朋友，扇子是送给妈妈的，因为天气越来越热。"

果果："小卡子、手链、芭比娃娃、吸吸冻、棒棒糖、科学小实验，这些都是想送给姐姐的，夹子想送妈妈，小饰品想和姐一起玩。"

暖暖："我在愿望清单里画了手链，风扇、小水枪、发卡、曲奇饼干，我喜欢这些，我想把这些送给爸爸妈妈和姐姐，送给自己洋娃娃，我怕其他的我画不出来。"

暖心："我在愿望清单里画的发卡是送给妈妈的，小发卡是送给我自己的，气球是送给哥哥的，大的芭比娃娃也是送给自己的，小风扇是放在家里的，大家都可以用，汪汪队是买给我和哥哥的，我们可以一起玩，我还买了六个棒棒糖，因为我家里有六个人，有爸爸妈妈、爷爷奶奶、哥哥和我自己，每个人都有一个棒棒糖。"

六六："我的愿望清单里画了小卡子、小风扇、小鸟笼、棒棒糖、饮水机，还有曲奇饼干。因为我觉得小卡子很好看，小风扇很凉快。买小鸟笼是因为我喜欢小鸟，棒棒糖是送给姐姐的。我想买饮水机，是因为我家里有一个，但是它坏了我还想再买一个。我觉得曲奇饼干很好吃，我也画了下来。"

玉辰："我要买个小兔子串珠送给我妹妹。今天天气很热，我还要买一个小风扇，让屋里变得凉快。我喜欢喝桃子和橙子味道的果汁，这是我的最爱。"

问题五：对照物品价格，愿望能否实现？

恺恺："我的愿望清单里有四种物品，分别是2元、4元、8元和8元，我用五子棋分别数好之后，再一个一个点数，就得出了22元。我共有42个欢乐币，所以剩的欢乐币我准备买一个卡子送给妈妈，如果还能剩下就买点零食。"

则程："我用蘑菇钉计算的愿望清单，十个拼成一根，一共需要35个欢乐币，我也能剩下一些欢乐币，到时候再买一些吃的或者本子吧！"

小雪："我也是用蘑菇钉把每一物品用一种颜色插在一起，我数了数一共是33个，剩下的钱我就买一些吃的吧！"

糖糖："我的超了。我只有42个欢乐币，愿望清单需要48个，我得好好想想去掉哪个。"

老师的话：

幼儿说出自己的购买愿望并用绘画表征的方式表现愿望清单；对照物品价格计算一下自己的愿望能否实现；能够让幼儿对六一当天的采购活动有更明确的目的性和计划性，也能锻炼大班幼儿的计算能力、解决问题的能力，体验生活中数学的有用和有趣。我们可以看出，在幼儿的愿望清单中，有给自己的礼物，有给家人的礼物，也有给老师的礼物，这也是幼儿关心关爱他人的表现，也是我们养成教育中"品德修养"方面的教育目标之一，只有爱自己、爱家人，才会爱家乡、爱祖国。

问题六：如何设计自己的专属购物袋？

怡宁："我在我的购物袋上画上了自己喜欢的图案。"

米粒："我在棕色的纸袋上贴上了自己最喜欢的贴画。"

甜甜："我在布袋上画了我最喜欢的草坪游戏。"

采萱："我最喜欢蝴蝶，我在布袋上画上了很多蝴蝶、小草，我还画上了音符。"

宸宸："在我的袋子外面画小花和小草。"

苗苗："我在我的袋子上画了很多小朋友在庆'六一'。"

老师的话：

在设计购物袋的过程中，幼儿们找到不同材质的袋子，使用不同的颜料和画笔进行了大胆、自由地设计。颜色鲜艳的纸袋子作为底色，剪下来的漂亮图案、自己喜欢的小贴画、创造的美图全部都装饰上。有些幼儿带来的塑料袋在大家热烈的讨论中被投了反对票，环保意识在幼儿们心中已经生根、发芽。幼儿们能够运用多种工具材料及表现手法来表达自己的感受和想象，在创作过程中逐渐形成自己独特的审美并享受到创作乐趣。

问题七：快乐采购，欢庆"六一"

"六一"欢庆采购的日子终于到了，幼儿们拿着袋子和自己的钱包，穿梭在各个摊位上，热闹但不拥挤，这一天发生的趣事也很多。

"六一"趣事:

家乐:"我买了一个玩具,然后再想买一个草莓口味的饼干,但是我发现我的钱不够了,于是我就换了一个别的零食,这也不错。"

米粒:"我想买根棒棒糖,可是卖完了。当我很难过的时候,我居然在钱包里又发现了一块钱,我就买了一根麻花。"

俊豪:"买东西的时候因为时间短,跑步就是我的兴趣,只有提高我的速度和我的兴趣,我才能买到我想要的东西。"

石榴:"我去买夹子的时候,老师说三块,我给她三块,她竟然看成了两块,我让她好好数数。"

小雪:"买东西的时候本来想去买气球,结果跑错摊了,我要气球的时候很尴尬。"

乐乐:"我准备要买扇子的时候,错过了那个摊,我回来的时候都卖没了,我就换成了风扇,结果更凉快了。"

老师的话:

令幼儿们无比期待的欢庆日活动终于在6月1日早上拉开帷幕,幼儿们怀着激动的心情开始了欢庆日采购活动。很多幼儿买到心仪的礼物,内心喜悦欢腾;还有的幼儿因为数量限购,及时启动了自己的第二套方案,也买到了喜欢的礼物。利用这样的机会让幼儿直面挫折,运用积极的情绪去面对、处理问题,对幼儿们的抗挫折心理教育是个良好的契机,同时也有助于培养他们自觉承担后果的意识和能力。在采购过程中与老师的交流既锻炼了语言表达能力,也增加了自信心。

问题八:你是怎样分享礼物的?

小雪:"我送给弟弟一个气球和棒棒糖,给妈妈一个麻花,果冻送给姐姐,他们都很感动,我也很开心。"

乐乐："我买了很多麻花给家人分享，买了头绳给姨姨、妈妈和奶奶，因为她们三个最好看，我感觉这是我的一片心意，他们都很开心！"

熙然："我把我买到的东西分享给妈妈和奶奶，因为她们平时做饭很辛苦，而且我妈妈每天都在电脑前工作很辛苦，她们收到礼物很感动，我也很快乐。"

廷润："我给弟弟买了一把玩具枪，正好他也没有，所以他很开心。"

妙妙："爸爸妈妈挣钱不容易，现在他们挣钱养我，等我长大了挣钱养他们。"

丫丫："我送给姐姐一个杯子，姐姐很高兴。"

老师的话：

爱与感恩教育一直渗透在日常的各类活动中，通过家长的反馈和幼儿的分享交流，我们深刻感受到他们发自内心的关爱。他们为爸爸、妈妈、姐姐、哥哥、老师等身边关心他的人都送去了自己暖暖的爱意。"爱别人"是一种能力，幼儿在日常生活、游戏中接受的品德教育已经外显为自己的行动。

项目中幼儿形成的关键经验

在"我们的'六一'"项目课程中，幼儿获得了丰富的有益经验，各方面的能力也得到锻炼和提高，形成了优秀的品质和积极稳定的情绪情感。下面从养成教育和幼小衔接两个视角来分析项目中儿童形成的关键经验。

1. 从养成教育看幼儿形成的关键经验

五大内容	项目中幼儿获得的关键经验	我们开展的活动
生活习惯	1. 具有良好的卫生、饮食及睡眠习惯 2. 自主穿脱衣物、整理床铺	"在园一日生活好习惯""家庭表现""我行我秀"
文明礼仪	主动与老师、同伴以及熟悉的人问好	"四大挑战""'六一'欢庆日"

（续表）

五大内容	项目中幼儿获得的关键经验	我们开展的活动
规则意识	1. 掌握基本的安全知识，自觉遵守 2. 运动时注意安全，不给自己和他人造成危险 3. 多种方式商讨制定规则，并主动遵守	欢庆日可能会遇到的问题，挑战自我中的十项个人挑战及班级团队赛，制定各项目挑战规则
学习品质	1. 发现并描述不同种类物体的特征或事物前后的变化 2. 对事物进行观察，尝试分类和概括 3. 主动提问，合理采纳别人意见 4. 有目的有计划探索感兴趣的事，不被干扰 5. 能有序连贯清楚地讲述一件事情 6. 回顾探究过程，反思探究行为，大胆解释与表述	回顾"六一"项目，欢乐币与人民币有何不同，礼物有哪些，获得多少印章，挑战后的分享，挑战场地规划，制作美食，挑战自我，挑战生活类技能，设计"六一"存折封面，用什么方式帮助小班弟弟妹妹，挑战后的盘点
品德修养	1. 与同伴分工合作，遇到困难一起克服 2. 愿意接受同伴意见和建议，不接受时说明理由 3. 有礼貌与人交往，关注别人情绪和需要，主动帮助别人 4. 在发起活动或活动中出主意想办法	统计印章数量，你想设计哪些挑战项目，如何确定挑战项目，应对各项挑战，购买礼物，弟弟妹妹挑战时当志愿者，设计挑战项目、场地

2. 从幼小衔接看幼儿形成的关键经验

四大准备	项目中幼儿获得的关键经验	我们开展的活动
身心准备	1. 能经常保持积极稳定的情绪 2. 遇到困难和不开心的事情不乱发脾气，不迁怒于他人 3. 积极参加多种形式的户外运动 4. 手部动作协调，能使用简单的工具和材料	挑战成功了／失败了，心情怎样，"我行我秀"中高兴和遗憾的事，家庭表现中的持之以恒，"挑战自我"挑战"夹豆子""系鞋带""整点半点"

（续表）

四大准备	项目中幼儿获得的关键经验	我们开展的活动
生活准备	1. 保持规律作息，良好个人卫生习惯；自己的事情自己做，管好自己物品 2. 具有初步的时间观念，做事不拖沓 3. 知道基本的安全知识，有自护意识 4. 能做力所能及的家务劳动	"在园一日生活好习惯""家庭表现" 欢庆日可能会遇到的问题
社会准备	1. 能与同伴分工合作共同完成任务，遇到困难互帮互助，发生冲突协商解决 2. 能主动表达自己的想法和需求 3. 能遵守游戏和日常生活中的规则 4. 知道要做诚实的人，说话算数 5. 理解任务要求，向家长清晰转述 6. 原以为集体出主意、想办法、做事情	如何确定"六一"挑战项目，设计挑战场地，如何帮助小班弟弟妹妹，各项挑战项目，愿望清单，分享礼物，设计购物袋，班级团队赛
学习准备	1. 对身边新事物感兴趣，有好奇心和探究欲 2. 喜欢刨根问底，乐于动手动脑 3. 能专注做事，分心时能在成人提醒下调整注意力 4. 做事有一定的计划性 5. 愿意用图画、符号等方式记录自己的想法和发现 6. 在集体情境中能认真听并能听懂他人说话，有疑问时能主动提问 7. 能在教师指导下，尝试运用数数、排序、简单的统计和测量等数学方法解决日常生活中的问题	"六一"挑战有哪些，可以兑换多少欢乐币，设计安排挑战场地，应对各项挑战项目，"家庭表现"，愿望清单，欢庆日采购，统计印章数量，愿望清单，设计挑战项目，各项挑战之后的交流与反思，统计印章数量，可以兑换多少欢乐币

「项目中教师的思考」

1. 尊重幼儿，把设计、选择、挑战的权利还给幼儿

《评估指南》中指出："支持幼儿自主选择游戏材料、同伴和玩法，支持幼儿参与一日生活中与自己有关的决策。"幼儿是活动的主人，教师应充分尊重幼儿的主体地位，以幼儿为中心。因此，我们把今年庆"六一"系列活动中四大主题三十个项目的选择权、"六一"存折封面主体图案的设计权、各个挑战项目的表征权、喜欢的"六一"礼物的选择权等等全部交给幼儿，让他们充分参与、讨论、分析、交流，最后做出决定。有选择权并能做出决策的幼儿才是自尊、自信高水平发展的幼儿。

2. 关注差异，支持幼儿在原有基础上获得发展

每个幼儿在沿着相似进程发展的过程中，各自的发展速度和到达某一水平的时间不完全相同。在庆"六一"系列活动中，我们充分尊重幼儿发展进程中的个别差异，支持和引导他们从自身原有水平上向更高水平发展。比如，在持续一个月的"在园一日生活好习惯"中，我们会对能力强的幼儿提出更高一点的要求，要求他们在自己做好的基础上积极主动的帮助他人，而对个别特殊的幼儿要求就相应放低一点，只要能达到基本要求就能获得一颗"小太阳"的奖励；又如，我们与家长达成共识，让幼儿意识到获得印章和奖励的过程就是自己付出努力获得收获的过程，我们不会强求所有的幼儿都获得全部的印章，而是尊重他们的发展水平，在保护其自尊心的前提下据实给出相应的奖励。

3. 基于问题，实现幼儿有意义的深度学习

学习能力是人类重要的生存能力。幼儿深度学习能力培养是在其整合、建构、迁移和创造性运用知识经验解决实际问题的过程中实现的。大班庆"六一"系列活动中，我们始终坚持以教师和幼儿的问题为导向，引导幼儿在解决一个又一个的问题中丰富经验，获得认知，促进发展。

项目感悟

"六一"是所有小朋友的节日，儿童节从来不只在"六一"这一天。

大班"我们的'六一'"项目活动中，教师充分放手，相信幼儿是有能力的、积极主动的学习者；鼓励幼儿大胆表述自己的想法、问题和困惑，引导幼儿尝试使用多种方式解决问题，引发幼儿有意义的深度学习；通过提供材料、追问启发、鼓励引导等多种策略给予幼儿最大的支持，使幼儿在宽松、信任、和谐的氛围中体验节日快乐，获得发展和提高。

幼儿在项目活动中主动参与设计、表征、提问、解决问题、分享、表达等各种不同的活动，始终保持愉悦、积极的情绪状态；在挑战的同

时，积极争做小小志愿者，给小班弟弟妹妹进行活动宣讲、在他们挑战时给予适时、必要的帮助。大班幼儿收获的不仅仅经验、能力，更重要的是爱、尊重、理解、助人等优秀的品质。

"我们的'六一'"项目活动实施的过程，既是师幼共同庆祝"六一"儿童节，感受节日快乐的过程，也是师幼共同体验、共同成长、共同提高的师幼双培育、共成长的过程。

幼儿深度学习表格

认知层面		
	理解与批判	**案例片段：**在统计印章、太阳和星星的过程中，幼儿通过观察、分析、比较，发现点数、几个几个数、分类数等多种统计数量的方法，自然运用加法运算解决问题。幼儿通过数字、图画、图表、符号等方式进行表征和记录，在实际操作过程中体验了运用数学方法解决生活中问题的乐趣。 **案例分析：**学习如果仅停留于"知道"的层面，则尚属于"浅层学习"，而该案例中幼儿在"知道"的基础上进一步探究、分析、选择，建立起自己对该问题的理解与看法，达到了"深度学习"。
	联想与建构	**案例片段：**在比较欢乐币和人民币异同的过程中，大班幼儿用观察、比较、分析、统计等方法，对两种纸币的颜色、形状、面值、图案、印章、功能等方面进行了仔细的研究，分析出了欢乐币使用的场所和特殊的时效性，是幼儿园为小朋友设计定制的，而人民币的使用范围很大，可以随时买到想要的东西。 **案例分析：**知识是相互联系的而不是彼此绝缘的，深度学习要求幼儿调动已有的知识参与当下的学习，通过激活背景知识并将新旧知识有机整合，从而建立起有结构的知识网络。在该案例中，幼儿通过联想已有的生活经验，理解了"欢乐币与人民币的异同"这一新知识，其已有的生活经验得以拓展和延伸，新经验得以获取。
	迁移与应用	**案例片段：**在讨论"六一"欢庆日会遇到什么问题的环节中，幼儿迁移生活成人的经验、自己以往"六一"活动中的经验，提出了很多解决"丢钱丢物"问题的办法，如专门钱包存放欢乐币、拿好钱包、不要跑着买东西、买到的东西放到袋子里、保管好自己放礼物的袋子等。另外，对于安全问题、愿望能否实现的问题也大胆迁移运用已有经验，提出了多种解决办法，获得了文明礼仪、时间规划、规则意识、物品保管等多方面的有益经验。

（续表）

认知层面	迁移与应用	**案例分析：**王小英教授指出，如果幼儿能运用已有知识解决一个现实问题，那他必然是理解了这一知识，并能将其应用到新的情境中来。在本案例中，幼儿根据自己的已有经验并借鉴成人的经验提出了解决问题的办法。可见，幼儿能够活学活用所学知识解决现实生活中的真实问题。
动机层面	积极情绪	**案例片段：**在挑战"我行我秀"后，幼儿表达了自己感到高兴或遗憾的事情，在这个过程中，他们的情绪都比较稳定。 在"挑战自我之班级团队赛"中，所有幼儿在比赛中为了集体荣誉而全力付出，虽然赛后有的开心有的失落，但从他们的话语中能感受到他们积极正向的情绪情感。 在"挑战自我之哪些项目挑战失败了？为什么？"中，幼儿能够客观分析原因，非常高兴他们能将失败归结于注意力不集中、练习少、用力过猛或过小等。 在"欢庆日采购物品"环节，幼儿怀着激动的心情开始了欢庆日采购活动。很多孩子买到心仪的礼物，内心喜悦欢腾。 在"分享礼物"中，幼儿将用自己辛苦挣来的钱购买到的礼物送给了家人、好朋友、老师，他们以不同的方式表达自己的对朋友、对家人、对老师的爱。 **案例分析：**幼儿的深度学习是一个全人整体性投入的活动，动机、情感、意志等非智力因素的投入涵盖其中。在本案例中，我们看到幼儿在各个探究活动中，始终保持积极的情绪、浓厚的兴趣，其深度学习得以有效发生。
社会文化层面	人际互动	**案例片段：**幼儿为爸爸、妈妈、姐姐、哥哥、弟弟、妹妹、小姨等身边关心他的人都送去了自己暖暖的爱意。他们把爱分享给爱他和他爱的人。在整个项目活动，幼儿都是在群体中进行的，其群体人员涉及幼儿园中的小朋友、教师、爸爸妈妈等；群体范围涉及幼儿园和家庭。 在"宣讲'六一'活动"中，大班幼儿想到了小班弟弟妹妹是第一次参加"六一"活动，他们对"六一"毫不了解；于是他们就想出了宣讲的方法，把自己的已有经验告诉弟弟妹妹，无论是现场宣讲，还是给弟弟妹妹的信，都表达出他们在与弟弟妹妹的交往中对弟弟妹妹的爱。在小班弟弟妹妹挑战的过程中，我们也能看到大班幼儿作为志愿者的身影，他们仔细观察哪些弟弟妹妹遇到了问题，用恰当的方式及时提供帮助。

（续表）

社会文化层面	人际互动	**案例分析：**幼儿的深度学习是在"群体情景"中展开的，需要与同伴互动、讨论交流，需要与同伴携手解决问题。在本案例中，我们看到幼儿在与教师、爸爸妈妈等成人交流过程中，了解了更多关于"六一"开展的各种活动，他们遇到困难主动向成人、伙伴寻求帮助，从而顺利解决问题。幼儿在帮助小班弟弟妹妹的过程中，巩固、加深了对"六一"的认知，增强了责任感；整个项目活动是在"群体情景"中进行的，幼儿的深度学习也在彼此交流讨论、合作探究的过程中有效发生。

师幼共成长

教师 ←——→ 幼儿

寻找兴趣

幼儿：自主探索——兴趣 → 生成问题

教师：放手活动——观察 追随兴趣

分析已有经验，评估价值，课程审议，投入材料

行动探究

解决问题：

- 问题1：回顾"六一"
- 项目2：设计"六一"存折面和想挑战项目
- 问题3：你想设计哪些新项目
- 问题4：小班弟弟妹妹没有参加时"六一"怎么办
- 项目5：如何安排挑战没怎么样
- 问题6：获得多少印章
- 问题7：挑战币与几人民币有什么不同
- 问题8：欢乐币、欢庆日会遇到哪些问题
- 问题9：愿望能否实现
- 问题10：愿望实现自己的专属
- 问题11：如何设计专属购物袋

师幼互动，助力持续深度探究

- 方法1：运用已有经验解决问题
- 方法2：根据自己的审美和意愿，设计存折面；整合同伴的意见，思想
- 方法3：设计挑战规则
- 方法4：设计给弟弟妹妹的一封信，即小班开放日
- 方法5：根据兴趣，设计，迁移已有经验，验证活动
- 方法6：真实表达挑战感受法合理安排位置
- 方法7：计数，统计的方法
- 方法8：观察，比较，统计
- 方法9：交流讨论，大胆预测
- 方法10：观察，比较，计算，统计
- 方法11：根据自己的审美和意愿，采用水彩、油画棒、粘贴等多种方式装饰自己的专属购物袋

陪伴鼓励，组织商讨（追随运用与技巧支持），提供方法指导，投放资源，个人活动

支持探究，研究儿童问题解决及发展

充分利用家长资源，争取家长的支持和配合；提供多种材料练习；活动的教师语言、行为；鼓励幼儿同伴合作，共同解决问题

梳理探究方法，教学助力提升

观察 解读 研判反思

发现 集体教学 教育契机

商讨 计划合作 验证

分享交流 迁移创造

展度示汇报

深度反思

系统经验

经验 概念

自主反思，深度学习

助力经验迁移，分享交流和梳理

评估课程，反思课程，儿童素养发展，专业成长

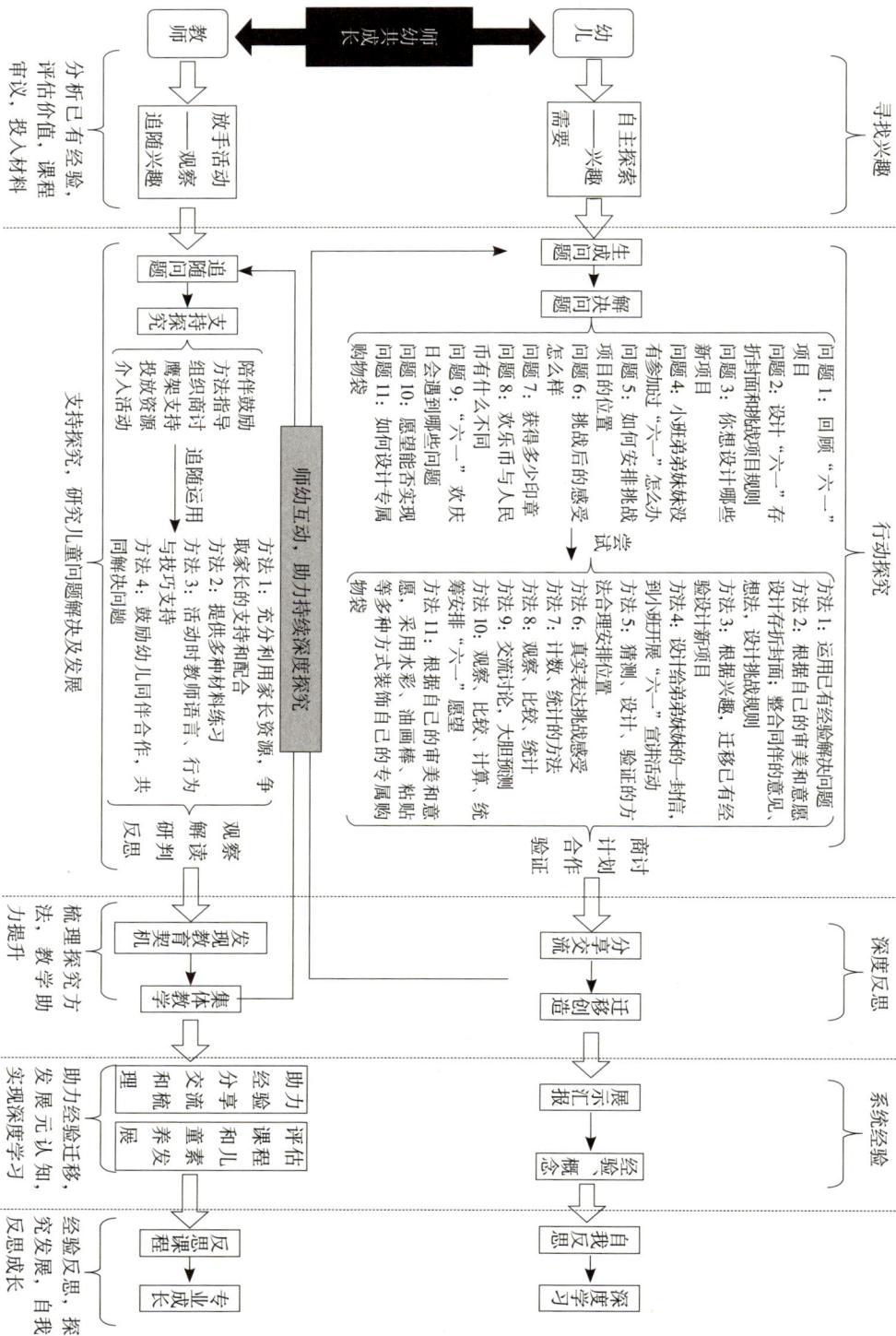

幼儿及教师在探究性课程中的师幼互动双培育路径

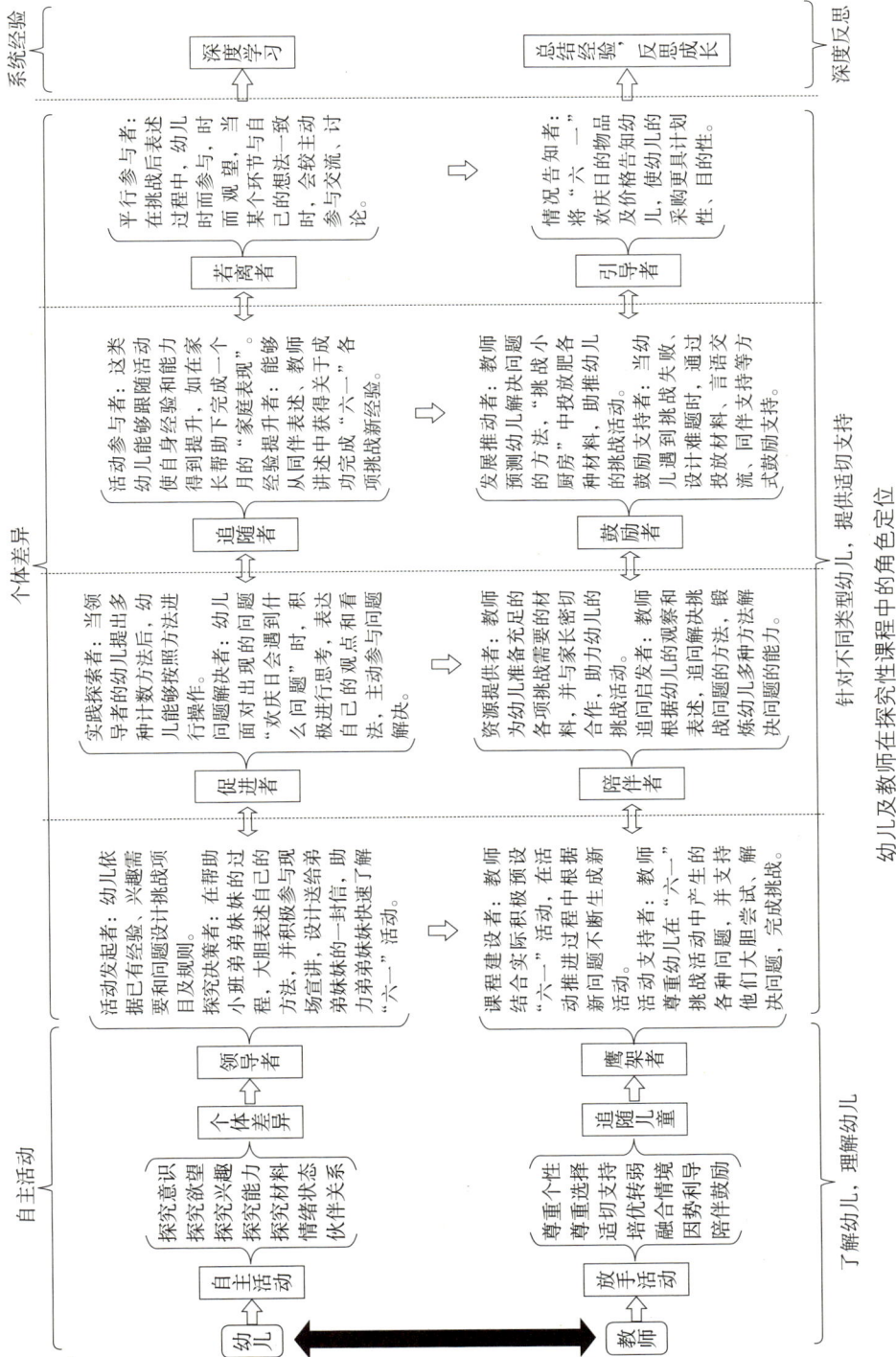

系统经验　　　　　　个体差异　　　　　　自主活动

深度反思

幼儿

自主活动 ⇆ 个体差异
探究意识、探究欲望、探究兴趣、探究能力、探究材料、情绪状态、伙伴关系

领导者
活动发起者：幼儿依据已有经验、兴趣需要和问题设计挑战项目及规则。
探究决策者：在帮助小班弟弟妹妹的过程中，大胆表达自己的想法，并积极参与现场宣讲、设计送给弟弟妹妹的一封信，助力弟弟妹妹快速了解"六一"活动。

促进者
实践探索者：当领导者的幼儿提出多种方法数方案后，幼儿能够按照挑战进行操作。
问题解决者：幼儿面对出现的问题"欢庆日会遇到什么问题"时，积极进行思考，表达自己的观点和看法，主动参与问题解决。

追随者
活动参与者：这类幼儿能够跟随活动使自身经验和能力得到提升，如在家长帮助下完成一个月的"家庭表现"；能够从同伴表述、讲述中获得关于成功完成"六一"各项挑战新经验。

平行参与者
平行参与者：在挑战的过程中而而参与、观望，当某个环节与自己的想法一致时，会参与交流、讨论。

深度学习

了解幼儿、理解幼儿　　　　　幼儿及教师在探究性课程中的角色定位　　　　　针对不同类型幼儿，提供适切支持

教师

放手活动 ⇆ 追随儿童
尊重个性、尊重选择、适切支持、培优转弱、融合情境、因势利导、陪伴鼓励

鹰架者
课程建设者：教师结合实际积极预设"六一"活动，在活动推进过程中根据新问题不断生成新活动。
活动支持者：教师尊重幼儿在"六一"中产生的各种挑战，并支持他们大胆尝试，完成挑战。

陪伴者
资源提供者：教师为幼儿准备充足的各项材料，并与家长密切合作，助力幼儿的挑战活动。
追问启发者：教师根据幼儿的观察、表述，追问解决挑战，锻炼幼儿多种方法解决问题的能力。

鼓励者
发展推动者：教师预测幼儿解决问题的方法，"挑战小厨房"中投放肥各种材料，助推幼儿的挑战活动。
鼓励支持者：当幼儿遇到挑战失败，通过设计难题，投放材料，言语交流，同伴支持等方式鼓励幼儿。

引导者
情况告知者："将'六一'欢庆日的物品及价格告知幼儿，使幼儿的采购更具计划性、目的性。

总结经验、反思成长

229

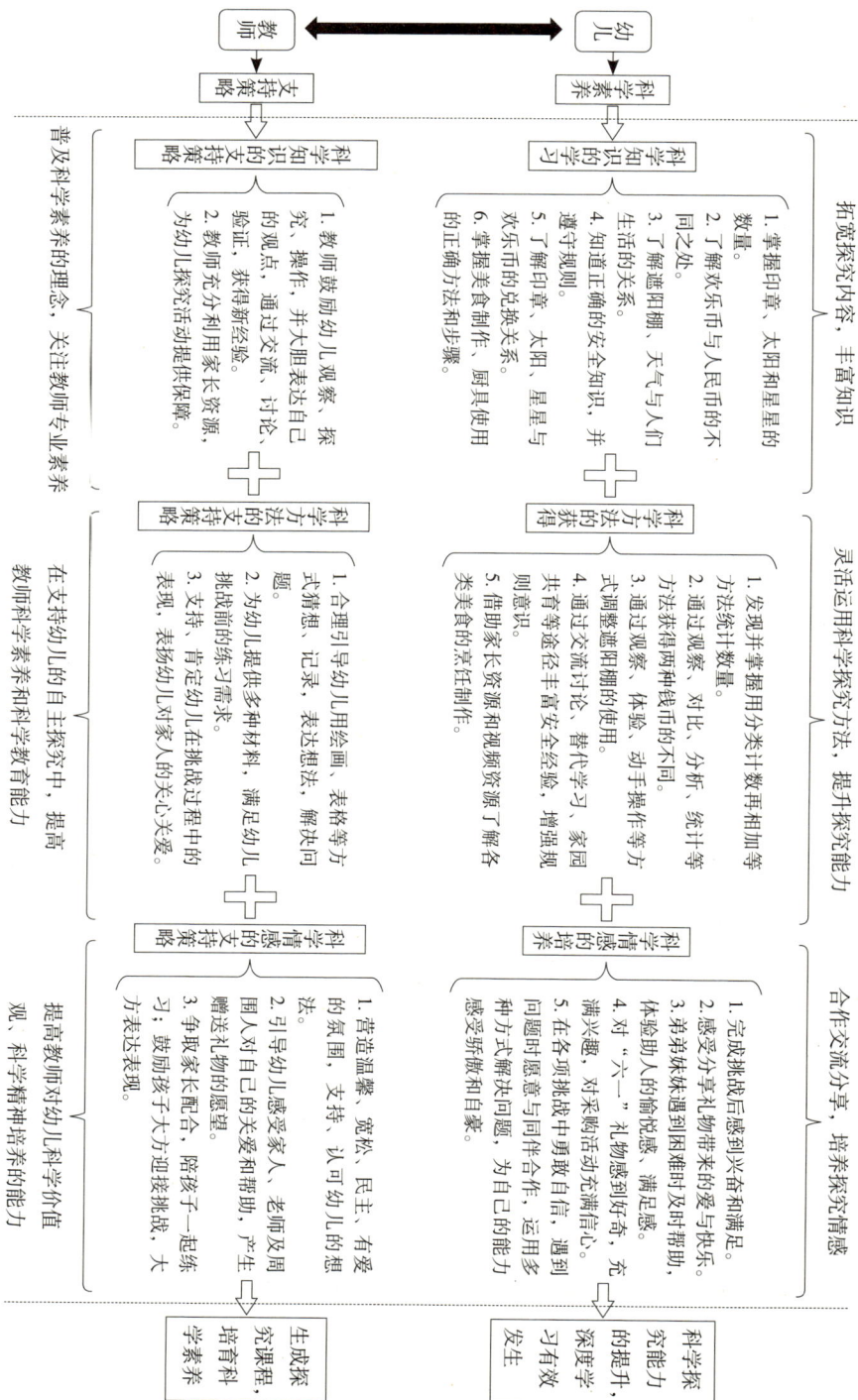

教师 ←→ 幼儿

教师：支持策略
幼儿：科学素养

科学学习 — 科学知识的支持策略

拓宽探究内容，丰富知识

科学知识：
1. 掌握印章、太阳和星星的数量。
2. 了解欢乐而与人民币的不同之处。
3. 了解遮阳棚、天气与人们生活的关系。
4. 知道正确的安全知识，并遵守规则。
5. 了解印章、太阳、星星与欢乐币的正确的兑换关系。
6. 掌握美食制作、厨具使用的正确方法和步骤。

科学知识的支持策略：
1. 教师鼓励幼儿观察、探究、操作，并大胆表达自己的观点，获得新经验，通过交流、讨论、验证。
2. 教师充分利用家园资源，为幼儿探究活动提供保障。

普及科学素养的理念，关注教师与专业素养

灵活运用科学探究方法，提升探究能力

科学方法的获得：
1. 发现并掌握用分类计数再相加等方法统计数量。
2. 通过观察、对比、分析、统计等方法获得两种线的不同。
3. 通过遮阳棚、体验、动手操作等方式调整遮阳棚的使用。
4. 通过交流讨论、替代学习，共得丰富经验。
5. 借助家园资源和视频资源了解各类美食的烹饪制作。

科学方法的支持策略：
1. 合理引导幼儿用绘画、表格等方式精想、记录，表达想法，解决问题。
2. 为幼儿提供多种材料，挑战当前的练习需求，满足幼儿。
3. 支持、肯定幼儿在挑战过程中的表现，表扬幼儿对家人的关心关爱。

教师科学素养和科学教育能力

合作交流分享，培养探究情感

科学情感的培养：
1. 完成挑战后感到兴奋和满足。
2. 感受到分享礼物感带来的爱与快乐。
3. 弟弟妹妹遇到困难时及时的帮助，体验助人的愉悦感，满足感。
4. 对"六一"礼物感到好奇，充满兴趣。
5. 在各项挑战活动中勇敢自信，通遇问题时采购活动同伴合作，运用多种方式解决问题，为自己的感受骄傲和自豪。

科学情感的支持策略：
1. 营造温馨、宽松、民主、有爱的氛围，支持，认可幼儿的想法。
2. 引导幼儿感受多家人、老师及周围人对自己的关爱和帮助，赠送礼物时的关爱和愿望。
3. 争取获多家长配合，陪孩子一起练习；鼓励孩子大方迎接挑战，大方表达表现。

提高教师对幼儿科学价值观、科学精神培养的能力

科学素养
探究能力的提升
有效学习的发生
生成探究课程
科学素养

幼儿及教师在探究性课程中科学素养的提升路径

● 案例三：有趣的皮影戏

（本案例素材由山东省实验幼儿园杜鹃、李雅茹老师提供）

项目背景

皮影戏作为中国非物质文化遗产之一，被称为当今影视艺术的鼻祖，始于先秦，兴于汉朝，盛于宋代，曾在中华各地盛行，元代时期甚至传至西亚和欧洲。它是集绘画、音乐、舞蹈、雕刻、文学、表演于一体的民间传统艺术形式，具有独特的艺术价值。我们要将博大精深的中华传统艺术传承与发扬下去。在幼儿园，我们可以将皮影融入日常的游戏活动中，使之成为幼儿教育活动的重要资源，这不仅弘扬了中华民族的传统文化，还丰富了幼儿的经验与视野，培养了幼儿的爱国精神和民族自豪感。

项目研究目标

1. 产生探索皮影的兴趣，了解制作皮影的步骤。

2. 积极地参与讨论及制作活动，能与同伴分工合作，感受合作后获得成功的快乐和自豪。

3. 培养幼儿的美感，提高幼儿的观察能力、探究能力、合作能力、创新能力、语言表达能力。

项目准备

1. 经验准备：有拼搭积木的经验。

2. 物质准备：皮影戏视频，绘本《影子爷爷》，建构区现有材料，《皮影戏大调查》调查表，各类纸、剪刀、吸管、打孔器、两脚钉、金线、毛线，灯，白布等。

项目来源

在班级幼儿进行的新闻播报活动中，珍珠带来了一场关于皮影戏的播报，班里幼儿对皮影戏这种特殊的表演形式产生了很强的好奇心，提出了许多问题，根据幼儿对活动的兴趣以及对有关内容的探索愿望生成了"有趣的皮影戏"探究活动。

■ 可能去往何处

"有趣的皮影戏"幼儿发展可行性分析

年龄阶段：5—6 岁

设计者：杜鹃　李雅茹

幼儿已有经验	幼儿的问题	幼儿的兴趣点
1. 生活中对皮影戏有初印象 2. 能运用各种感官、动手动脑，解决问题 3. 能利用测量、推测等科学研究方法交流探究过程和结果 4. 具备与同伴交流的经验	1. 什么样的皮可以做成皮影人物呢 2. 皮影需要怎么操作表演呢 3. 皮影是不是先在中国发明的呢 4. 怎么搭建皮影戏台呢 5. 操作皮影时要注意什么 6. 皮影是在什么时候开始受欢迎的	1. 皮影的历史渊源 2. 皮影的制作材料 3. 皮影的制作方法 4. 戏台的搭建方法 5. 制作皮影的注意事项

"有趣的皮影戏"活动开展可行性分析

年龄段：5—6 岁

设计者：杜鹃　李雅茹

可能发展的核心经验	可开展的活动
学习品质：幼儿愿意参加到活动中，主动、专注的进行有关皮影的探究，在解决问题的过程中表现出一定的想象力和创造力	
健康：情绪安定愉快，大多数时间能够保持心情愉快；动作灵活协调，能够根据自己的想法进行皮影制作等精细活动	
语言：愿意分享自己的发现，在对有关皮影及戏台搭建的探索中表达自己的想法	◆ 了解皮影 ◆ 选取剧目 ◆ 搭建戏台
社会：能够和老师、同伴协商讨论问题；在搭建戏台及制作皮影的探究活动中，能根据自己的兴趣选择相应的活动，喜欢承担一些小任务	◆ 制作皮影 ◆ 灯管调试 ◆ 装饰美化 ◆ 演绎皮影
科学：能用多种方式分组尝试搭建戏台和制作皮影的方法，通过调查、探究等方式了解皮影的基本特征，梳理探究方案	
艺术：能够发挥自己的想象和创造，用涂鸦和手工的方式，绘画和制作出自己喜欢的皮影人物	

领域	项目	关键经验
健康	身心状况	情绪安定愉快，大多数时间能够保持心情愉快
	动作发展	手的动作灵活协调，能够根据自己的想法进行皮影制作
语言	倾听与表达	愿意分享自己的发现，在对有关皮影的探索中能表达自己的想法
	阅读与书写准备	具有初步的阅读理解能力，能够理解同伴表达的戏台搭建方法
社会	人际交往	在有关皮影的探究活动中，能根据自己的兴趣选择相应的活动，喜欢承担一些小任务
	社会适应	在成人提醒下，能够遵守活动中的基本行为规范
科学	科学探究	能用多种感官探索戏台及皮影的制作方式，发现皮影的明显特征
	数学认知	感知和发现皮影的特点并动手制作，掌握戏台搭建所需要的材料，对不同形状的搭建材料感兴趣，并能用自己的语言描述
艺术	感受与欣赏	喜欢观看和欣赏各种各样的传统面点和创意面点
	表现与创造	能够发挥自己的想象和创造，用涂鸦和手工的方式，绘画和制作出自己喜欢的皮影人物

■ 资源分析

一环内资源	1. 班级区域：科学区、美工区 2. 利用班级中现有的 PVC 管、报纸、水彩笔等材料制动手制作
二环中资源	1. 幼儿园工作人员 2. 幼儿园幼儿演播厅 3. 家长资源
三环外资源	皮影戏传承人

■ 项目预设线索图

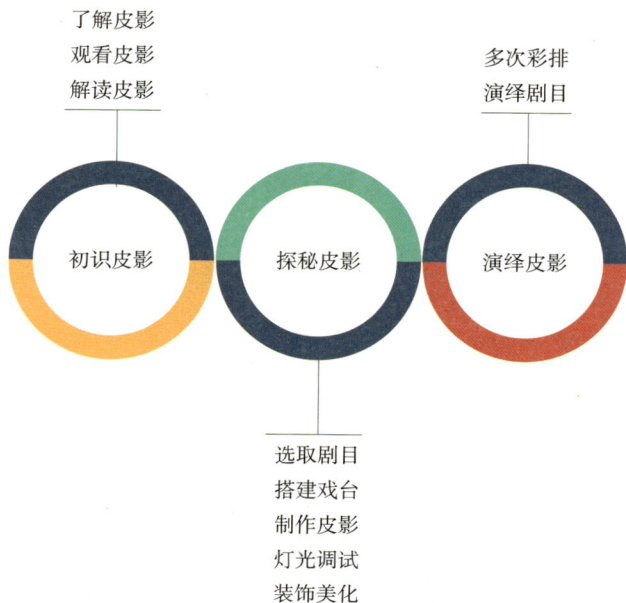

了解皮影
观看皮影
解读皮影

多次彩排
演绎剧目

初识皮影　　　探秘皮影　　　演绎皮影

选取剧目
搭建戏台
制作皮影
灯光调试
装饰美化

■ 项目线索图

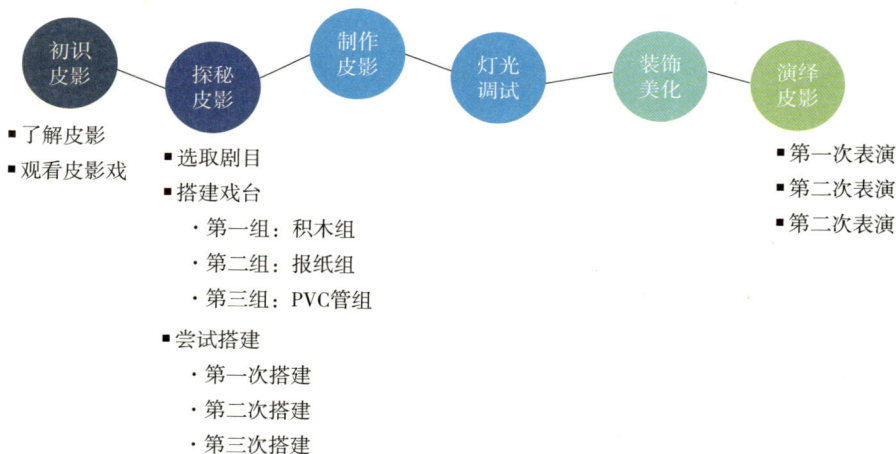

初识皮影　　探秘皮影　　制作皮影　　灯光调试　　装饰美化　　演绎皮影

- 了解皮影
- 观看皮影戏

- 选取剧目
- 搭建戏台
  - 第一组：积木组
  - 第二组：报纸组
  - 第三组：PVC管组
- 尝试搭建
  - 第一次搭建
  - 第二次搭建
  - 第三次搭建

- 第一次表演
- 第二次表演
- 第二次表演

■ **项目过程可能会询问的问题**

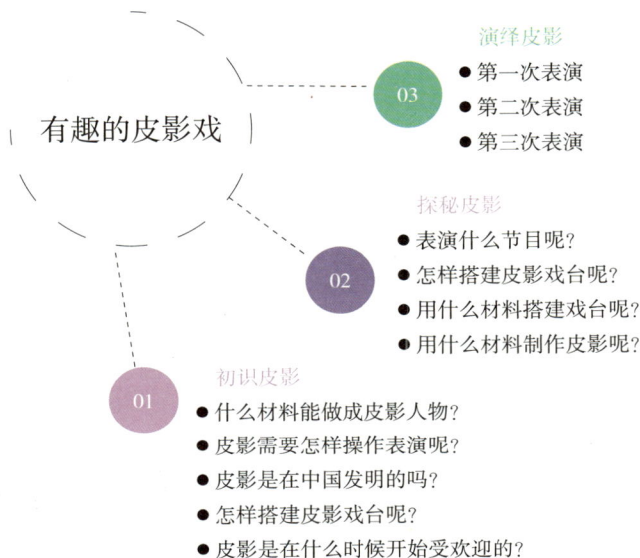

有趣的皮影戏

03 演绎皮影
- 第一次表演
- 第二次表演
- 第三次表演

02 探秘皮影
- 表演什么节目呢？
- 怎样搭建皮影戏台呢？
- 用什么材料搭建戏台呢？
- 用什么材料制作皮影呢？

01 初识皮影
- 什么材料能做成皮影人物？
- 皮影需要怎样操作表演呢？
- 皮影是在中国发明的吗？
- 怎样搭建皮影戏台呢？
- 皮影是在什么时候开始受欢迎的？

■ **项目方案解决的过程中可能涉及的方式方法、活动策略**

可能涉及方案的解决方式方法	可能涉及的活动策略
查阅资料	多感官感知
小组讨论	戏台搭建材料大搜集
商讨计划	观察比较
园社合作	邀请皮影戏传承人
同伴学习	绘画表征
思维导图	分组制作

■ **项目预设活动**

探究一：了解皮影

探究二：观看皮影

探究三：选取剧目

探究四：搭建戏台

探究五：制作皮影

探究六：灯光调试

探究七：装饰美化

探究八：演绎皮影

项目探究过程

探究一：了解皮影

在项目活动之初，通过绘制调查表了解幼儿们的已有经验与兴趣需求，并通过图画书《影子爷爷》让幼儿对已有的知识经验更加清晰化、结构化，进一步激发幼儿对皮影的探究兴趣。

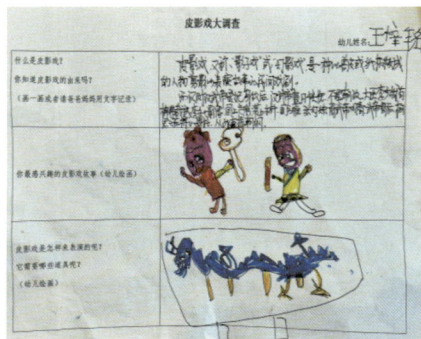

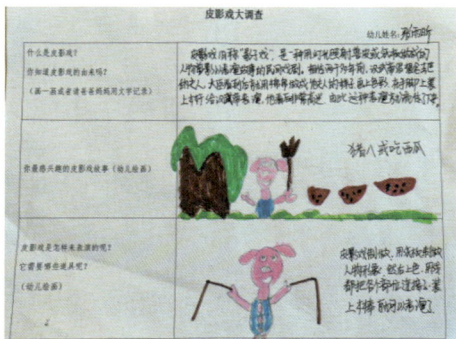

为了让孩子们更全面、真实地了解皮影戏，我们有幸邀请到了皮影戏的传承人李娟老师来给他们表演皮影戏。在观看皮影戏之前，孩子们提出了很多的问题，针对这些问题，孩子们想对李老师进行一个采访，但是收集到的这些问题相同或类似的太多，于是老师引导孩子们将提出的问题分小组记录下来，小组内将问题进行整理归纳，每组选取幼儿代表在班上进行问题分享，最终确定了如下问题：

欣欣："什么皮都能做皮影的人物吗？"

弈霖："皮影需要怎么操作表演呢？"

桐桐："皮影是不是先在中国发明的呢？"

乐乐："怎么搭建皮影戏台呢？"

柴柴："操作皮影时要注意什么？"

梓铭："皮影是在什么时候开始受欢迎的？"

探究二：观看皮影

在教室里，皮影戏在孩子们的期盼中正式开演。李老师不仅演绎了经典剧目《西游记之大战蝎子精》，还表演了传统特色与现代元素相结合的剧目《南郭先生》《彩虹色的花》，孩子们被跌宕起伏的故事情节和栩栩如生的角色所吸引，纷纷用掌声、喝彩声为本次精彩的演出点赞。

观看皮影戏表演之后，孩子们便根据自己的计划对李老师进行采访，李老师详细讲解了皮影戏的相关知识，并邀请孩子们体验了皮影人的制作特色、表演技巧。孩子们不仅了解了影窗、射灯、皮影等道具，也领略到了这一传统民间艺术的独特魅力。

演出虽然结束了，但孩子们的热情却未消退，家铭突然大声喊道："老师，我们自己也演一场皮影戏吧！"这一下子引发了其他小朋友的共鸣，于是，小朋友的皮影展演拉开了序幕……

探究三：选取剧目

首先我们要确定演什么剧目呢？

米豆："演《彩虹色的花》吧，李老师演得太好了，我都没看够。"

棒棒："我想演《西游记》。"

诚诚："我喜欢孙悟空，他神通广大，会'七十二变'。"

当当："我喜欢猪八戒，因为他的样子好可爱。"

…………

大家都有自己喜欢的剧目，到底该听谁的呢？还是大家投票决定吧！于是，通过投票，最终评选出了最受小朋友欢迎的剧目《三打白骨精》。

探究四：搭建戏台

通过前期观看的皮影戏表演，孩子们了解了搭建皮影戏台所必需的材料和皮影戏台的结构。那我们可以用什么材料来搭建戏台呢？戏台要怎么设计呢？

珍珠："我们可以把两张桌子竖起，把它们对在一起，这样中间就会有很大的空间。"

桐桐："但是我们表演时总不能到处带着两张桌子呀，这样太不方便了，并且中间的空间不开放，人多会很挤的。"

珍珠点了点头，确实存在这样的问题。

家铭："我们可以用积木来搭建。"

辰奕："我记得其他班的小朋友曾经把报纸卷起来搭过帐篷，我们也可以用报纸来搭皮影戏台。"

米豆："我觉得可以用建构区的 PVC 管搭一个戏台。"

孩子们你一言我一语，积极讨论着搭建的材料。老师没有急于否定和评价孩子们的想法，而是根据孩子们的意愿，分成三组，并让三种方案的支持者分别开始尝试制作皮影戏台。

在制作之前，孩子们分组绘制皮影戏台设计图，并把每组的设计图进行展示解说。三个小组各自推选出最佳的方案设计，随后就开始行动起来。

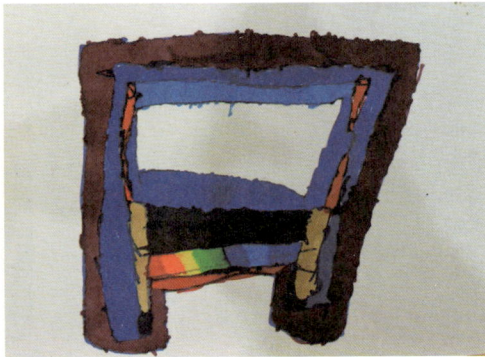

第一组：积木组

积木组的孩子们迫不及待地投入到搭建活动中去，只见棒棒拿起圆柱形积木不断地摞高，很快就搭出一个支架模型，但是梓翔稍微一碰积木就倒塌了。家铭说道："你摞得太高就会不稳固，咱们得先搭一个底座。"说完，家铭、棒棒、扶摇、娅诺、桐桐开始搭建底座，他们拿着积木一层层铺下去。突然，娅诺说道："这样铺下去用的积木太多了，铺完中间部分上边的支架就没有积木了。"这时，桐桐指着长板说："我们可以把中间架空起来，上边铺上长板子就行啦。"果然这样搭建起来省了不少积木。搭建两旁的支架时，棒棒还是选择用的圆柱形积木一个一个摞高，可是中间需要用较长的积木连起来，而长板刚才就用完了，怎么办呢？只见桐桐又拿来了几个圆柱形积木放在中间摞起来，两根板子正好搭在圆柱形积木上，这样就完成了。可是，家铭指出："中间有栏杆，没有办法空出来，还得重新调整。"这时，扶摇注意到了益智区的数棒，说："我们可以拿根数棒来代替。"但是把数棒放上去的时候柱子又倒塌了。家铭说道："我们不要用圆柱形积木了，我们换成长方形积木吧，那样更稳固。"于是家铭将两边换成长方形积木，然后又很认真地数了数："1、2、3、4、5……13块积木，两边积木一样多！"随后把数棒放了上去。可棒棒还是想用圆柱形积木。于是，他在另一面搭了起来，但这次他换了方法，他底下先用三个圆柱积木拼成三角形的样子，然后上边又摞了两个圆柱积木，随后也放上了一根数棒，两边都摆了幕布支架。选哪一个呢？于是大家决定测试一下稳固度再来选择。最终确定圆柱的更稳固些。

第二组：报纸组

之前散步的时候，孩子们在走廊里见过其他班用报纸做的帐篷，又进一步了解到把报纸卷成圆柱体，然后用透明胶带把它们粘在一起就可以做成支撑杆。辰奕、乐乐、诗熠、笑笑、梓铭、宣萱各自拿了一张报纸开始卷了起来，卷完之后发现了问题：纸筒太软了，一点也不稳固。怎么制作更加稳固的支架呢？

乐乐："我觉得我们用的报纸数量太少了，至少得需要10张才会更加稳固。"

辰奕："我看搭建帐篷用的报纸卷得很细，所以我们也不能卷得太粗了。"

于是大家又重新卷起报纸，比了比纸筒的长度，然后合作用透明胶带粘住，但是却发现不能很稳固地站桌面上。怎样才能让报纸稳固地站在桌面上呢？

笑笑："我们得给它安一个底座才行。"

诗熠："我们拿一块方形积木安在底下试试吧。"

经过几人的合作，最终报纸支架站立在桌面上。

第三组：PVC管组

第一次搭建

（一）解决舞台长度的问题

因为建构区的管子有长有短，孩子们都是随意拿的，所以要想搭建戏台必须得确定戏台的大小。那怎么样确定戏台大小呢？

果果："我们可以用尺子测量。"

左宜："可以用我们的脚来测量。"

小白："我们可以直接用益智区的数棒来测量呀。"

…………

经过讨论，大家觉得最便捷的方法就是拿数棒测量，一个格子是10厘米，直接数格子是最方便的。先让三个小朋友站在前边，然后拿着数棒去测量，大家选择用最长的那根数棒测量长度，即10个格子，也就是1米。最终确定选用长度为1米的管子。

确定了长度，几个孩子很快就行动起来，只见念念和俊霖很快就搭好了一个小球门一样的架子，并高兴地喊其他小朋友过来看看。米豆说："你这个下边的管子伸出得太长了，不美观。"珍珠说道："我记得皮影戏台有个台子可以放皮影的，你这个没法放呀。"念念听后也觉得有点道理，欣然接受大家的建议，说道："那好吧，我们再重新搭一个复杂一点的。"

第二次搭建

（二）解决戏台下面表演台高度、宽度的问题

只见他们先用立体三通的连接头把管子连接成一个长为1米的正方体。后来发现上面需要再连接管子做幕布支架，三通的是不可以的。小

路想了想，快速找到立体四通的连接头替换了下来，发现再往上连接就够不到了。这时梓翔搬来了小椅子，并踩到椅子上开始插管子。小路想了一会儿，突然说道："难道我们要踩着椅子表演皮影吗？"珍珠："是呀，这也太高了吧，而且那么宽，我们怎么能够到幕布？我们得割下一块去才行。"珍珠："每个人又不是一样高的。"念念说："我们量量科学区的货架高度不就行了吗？"随后念念把货架拉出来，珍珠拿着数棒开始测量，数到第二层正好是 6 个格子，即 60 厘米高，珍珠和果果的个子稍高一些，都觉得再高一些才合适，于是决定再加一个格子，即 70 厘米高。那得需要多宽呢？于是他们又测量了货架的宽度，是 3 个格子，即 30 厘米宽。可珍珠觉得还是有点宽，想再减一个格子，也就是 20 厘米。果果和珍珠开始拿着数棒测量管子并做好标记，随后寻找工具来割短一些。可是班里没有合适的工具，见此情形，老师请来了幼儿园物业的工人师傅。工人叔叔带来了锯刀，教给小朋友割管子的方法，几个小朋友去尝试了下，可因为管子太硬，小朋友的力气太小，所以只能请叔叔帮忙割下来。

第三次搭建

这一次确定幕布下方的支架台是长 1 米，高 70 厘米，宽 20 厘米的长方体，幕布支架则选为 50 厘米的管子。因为有了前几次的经验，这一次很快就搭好了，大家都迫不及待地想和其他小朋友分享这份喜悦，但在大家欣赏作品但时候，他们又发现了新问题：第一，支架上既有三通接头又有四通接头，看上去不美观。第二，70 厘米的表演台高度对于个子稍矮的小朋友来说稍微有些高。

针对发现的问题，他们又开始进行改进和完善。珍珠灵机一动，说："我们把架子倒过来不就好了吗？"真是个好注意！大家把架子倒过来，重新安装了几根管子，最终确定下边表演舞台是一个长1米，高50厘米，宽20厘米的长方体，上边幕布支架为70厘米。同时又替换了几个连接头，这下问题全部解决啦！真是既结实又美观！

搭建完成后，三个小组的孩子们分别进行了分享展示环节，在分享环节中，各个小组根据搭建过程中出现的问题以及最后呈现的作品来判断材料是否合适，最后孩子们一致认为PVC管最适合制作皮影戏台，因为PVC管质地比较硬，不容易损坏；好拆卸、方便安装；管子比较轻，也方便取放。

框架搭好了，表演还需要有一块幕布，在通过比较挑选后，孩子们选择了透光较好的白色布料。因为架子较高，所以孩子们想了个办法，他们选择把架子放倒，然后把白色幕布挂上去，四周用夹子进行固定。

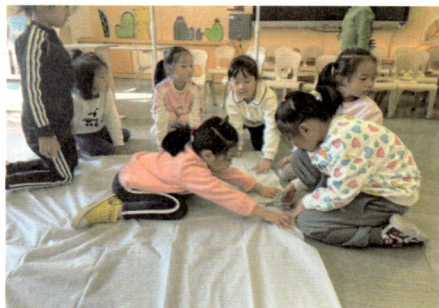

探究五：制作皮影

第一步：选皮。孩子们寻找适合制作皮影的材料，他们找到了卡纸、仿皮、刮画纸等材料进行尝试。在对三种材料尝试后，孩子们一致决定采用仿皮来制作皮影。

材料	优点	缺点
卡纸	剪裁方便、容易打洞	比较软，不易支撑表演
刮画纸	剪裁方便、容易打洞	透光性不强；比较软
仿皮	透光性强；比较硬	不易打洞

第二步：画稿。画稿前，老师给孩子们提供了皮影，先让幼儿看一看、摸一摸、说一说、动一动，让孩子们在动手操作的过程中感受皮影的特征。

随后孩子们进行分组绘画，有的画孙悟空，有的画猪八戒，有的画沙和尚、唐僧，还有些小朋友画妖怪，但是在画稿过程中也遇到了一些问题。

问题	解决办法
有的画的人物太小，有的人物胳膊、腿太短，比例不协调	画的时候先在白纸上画好，尽量画大，然后再把仿皮铺在上面临摹

（续表）

问题	解决办法
没有将关节处断开 	要将人物四肢一节一节单独画出来 
上色太浅，并且容易抹擦  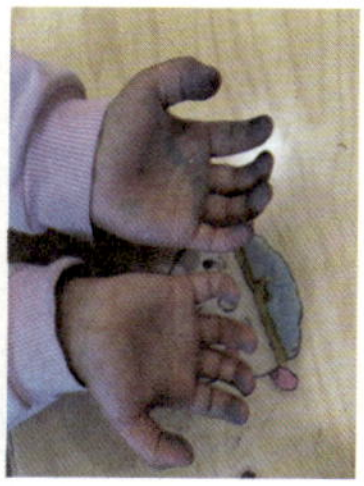	不要用水彩笔涂色，要选用马克笔涂色 
侧面人物的面部结构不能准确把握 	仔细观察侧面人物的特点，也可以临摹侧面人物的皮影 

第三步：剪裁。孩子们根据自己画的人物进行轮廓剪裁，仿皮稍微有些硬，一开始孩子们剪裁时有些粗糙，不完整，影响美观。随后我们请剪得好的小朋友分享经验。

桐桐："一定要沿着线剪裁才行。"

如意："一定要慢一点剪，要仔细、耐心点，这样才能剪好。"

第四步：连接。连接是皮影制作过程中的重要环节，选择哪种材料进行连接固定？怎么样连接才能让皮影动起来？孩子们尝试把图片的头、身体、四肢剪下来，又用双面胶粘起来。可是皮影的人物不能动。诚诚尝试使用订书机去定，但是也不能完全活动，怎么回事？探究了一会，珍珠说："我们可以先用打孔器打孔，然后再用毛根串起来。"笑笑说："哎呀，毛根太粗了，孔太小了串不进去，我们得找个细一点的才行。""用金线就可以。"孩子们找到了连接的方法：先用打孔器打孔，再用金线串起来固定。其他小组纷纷用金线尝试。"可以动啦！可以动啦！"家铭激动地喊道。"用两脚钉更方便呢，毛线也行！"袁欣也有好办法。有了连接的好办法，皮影就可以动起来啦！

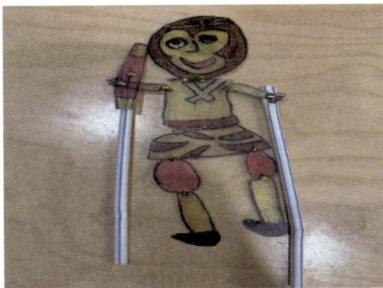

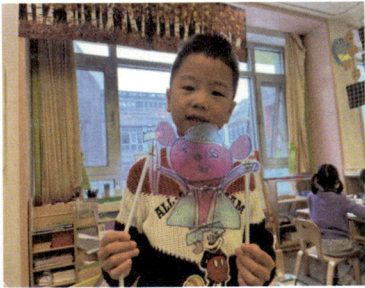

探究六：灯光调试

整个皮影舞台已经搭建完工，孩子们根据前期经验了解到，皮影舞台还需要灯光，才能将皮影的表演呈现给观众。欣颢说道："我们可以把家里的手电筒拿来在幕布后边照光呀。"其他小朋友都觉得是个好主意，于是孩子们开始了光影的探究。第二天，部分孩子带来了手电筒，我们先请了几个小朋友上台表演。在实验中发现：黄色的灯光呈现出来的效果比较模糊，而白色灯光呈现出来效果的比较清晰。另外，灯光的高低、远近不同，皮影的效果也不同。经过反复的实验，孩子们发现灯光在皮影的上方效果是最好的。可是手电筒太小了，要是有个大一点的灯能固定在上方就好了。孩子们寻求老师的帮助。老师找来大的灯光设备，供孩子们探究，并请幼儿园物业的工人师傅按照孩子们的要求帮助他们摆好灯的位置。

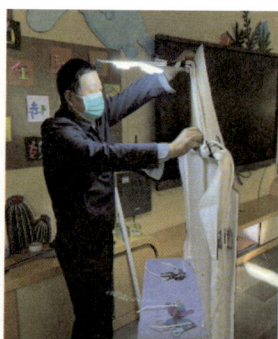

探究七：装饰美化

戏台上只有一张幕布，光秃秃的，孩子们觉得不美观，可我们怎样才能让它变得好看呢？经过讨论，孩子们决定做一些道具来装饰戏台，营造出表演的氛围。

探究八：演绎皮影

第一次表演

表演刚开始，小柴就拿出孙悟空的皮影在幕布后操作起来，扶摇拿出了猪八戒的皮影不停地乱晃，游戏现场一片混乱。看到这种情况，老师没有着急走过去，而是把他们的状态拍摄下来，随后与孩子们一同观看。"怎么这么乱呀？"左宜看着视频说，"今天的演员什么都没表演，就一直拿着皮影在后边乱晃。""那该怎么办呢？""小观众不可以随便下位去拿皮影。""我觉得演员要熟悉剧情，不能拿着皮影在后边瞎晃悠。""表演者要具备哪些条件呢？由谁来表演呢？"经过讨论，大家决定进行讲故事比赛，投票选出演员，于是大五班皮影演员的选拔赛开始了！

每个孩子就《三打白骨精》剧目进行了创作，愿意上台参与比赛的小朋友有八名，他们一个个结合动作大胆表现，经过一番角逐，最后按票数高低选取了前四名。

为了让小朋友们有充足的空间练习，我们决定开设区域"皮影小剧场"，这样小朋友们就能够随时进行练习。

第二次表演

经过练习，孩子们在班里迎来第二次正式表演。这次表演很顺利并且很精彩，得到了小朋友们的热烈掌声。

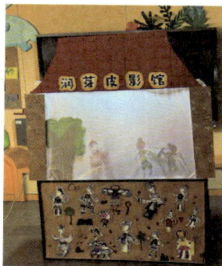

经过几次的皮影表演，孩子们不再局限于对现有的故事进行表演，他们开始分小组进行创作、创编故事，并选择角色和场景表演，体验创编故事带来的乐趣。

项目中教师的思考

1. 把握幼儿兴趣需要，尊重幼儿主体地位

本次项目活动是从班级的一次新闻播报中产生的，幼儿们对此项目有着浓厚的兴趣。教师捕捉到幼儿的兴趣点并给予支持，鼓励他们大胆表达自己。整个活动过程始终围绕幼儿发现的问题层层展开，步步深入。

教师是幼儿学习活动的支持者、合作者、引导者。教师作为教育者，对幼儿的发展发挥着不可估量的作用。只有尊重幼儿，发掘幼儿的潜能，这样师幼在互动中才能和谐。幼儿在自主探究皮影的过程中，会不断遇到新的问题，而教师要定为好自己的角色，"该出手时就出手，该放手时就放手"，顺应和支持幼儿的需求。比如，当幼儿想搭建戏台时，教师没有直接介入给出答案，而是让幼儿自己动手搭建。当幼儿想要制作皮影时，教师及时提供了制作皮影人的材料和工具。当幼儿遇到困难寻求帮助时，教师也及时给予帮助，充分调动了幼儿探究学习的积极性。

2. 创设真实情境，引发深入探究

在活动中教师为幼儿提供真实可操作的环境，让幼儿去搭建戏台、制作皮影，并且让幼儿自己选择材料亲自动手操作；让幼儿在实践的过

程中发现问题并解决问题。除此之外，教师还通过与幼儿互动引导幼儿发现自己观点和做法中的矛盾之处，从而修正自己的想法。幼儿在不断探索中推动课程的发展，在提出问题和解决问题中也获得了更多有益的经验。

3. 整合家长资源，促进家园共育

家长是宝贵的教育资源。生活中，家长们从事不同的工作，有各自擅长的领域。比如，在本次项目活动中，为了让幼儿现场观看皮影戏，近距离感受到皮影戏的魅力，了解更多的皮影知识，班级家长邀请到皮影戏传承人走进幼儿园，给班级幼儿带来皮影戏表演，讲解皮影戏相关知识。让家长参与到项目式活动中来，既能发挥家长自身的专业优势，又能让家长对幼儿园的课程以及幼儿有更深的了解，幼儿也会获得更多学习与发展的机会。因此幼儿园要从实际出发，充分挖掘可利用的家长资源，使家园合作向更深层次发展。

项目感悟

在"有趣的皮影戏"项目活动中，幼儿能积极主动地参与，并保持着较高的兴趣，幼儿通过观看表演、交流讨论、动手制作、合作表演等多种活动形式，在与同伴、教师、非遗传承人的互动中，不断建构丰富的知识和经验，获得丰富的审美体验。在参与合作的过程中，幼儿不断地发现问题、解决问题，幼儿的动手能力、探究能力、语言表达能力、创新能力、合作能力、思维能力都得到了有效提高，自主独立、勇于挑战困难、不怕失败的品质也得到了体现，同时幼儿也感受到了皮影戏作为中国传统文化的独特魅力，更加激发了幼儿对于中国优秀传统文化——皮影戏的热爱。

案例点评

1. 传承优秀传统文化，培养幼儿的爱国意识和民族自豪感

皮影戏是中国非物质文化遗产，在中华各地盛行，具有独特的艺术价值。该案例中，把传统文化引入幼儿园，充分利用园外资源，邀请专业人士来园给幼儿表演皮影戏，让幼儿初步了解皮影戏，丰富和拓展了

幼儿的经验和视野，激发了幼儿对中华民族传统文化的兴趣与热情。

2. 该活动真正体现项目式学习的特点，有助于幼儿多方面能力的发展

观看完皮影戏之后，幼儿对皮影戏有了一定的了解，对皮影戏的舞台以及角色也有了一定的认识。幼儿开始搭戏台，做角色，一部分幼儿用积木做舞台，一部分幼儿用报纸做舞台，也有一部分幼儿用PVC管做舞台，可见，幼儿的想法是多种多样的。这都缘于幼儿平时经验的积累。在搭建戏台过程中，幼儿的动手操作能力逐渐提高，他（她）们能够积极地投入。在设计角色的过程中，幼儿会遇到色彩等各种问题。此外，在表演过程中幼儿也会遇到灯光调试等问题，这些在一定程度上可以提高幼儿的审美能力。我们可以看出，这个项目是整合了多学科知识的跨学科式的学习过程。活动过程环环相扣、步步深入，有助于提高幼儿解决问题的能力以及思维能力的发展。

3. 基于幼儿的"真问题"，产生"真情境"，有助于培育幼儿的学习力

无论是搭戏台还是表演剧本，都是基于幼儿的生活，来自幼儿的"真问题"。建构主义学习理论指出，学习具有情境性，真正的学习是在情境中产生的。在情境中学习，是幼儿喜欢的学习方式，是基于幼儿积极主动的内驱力。他们搭戏台、选角色，在真实的情境中进行表演。这有助于深化幼儿对角色的认识，从而在认识角色过程中丰富经验和知识体系。

4. 该活动培养了幼儿多方面的品质，有助于做好幼小衔接

第一，在学习能力准备方面。该活动中，认识皮影戏、探秘皮影戏、表演皮影戏，每一个环节都有着幼儿学习的身影，他（她）们乐学、玩学、思学，倾听的习惯得到培养，观察力、注意力、记忆力、想象力、理解能力、模仿能力等也得到了发展，有助于培养幼儿良好的学习品质。

第二，在生活习惯准备方面。该活动中，幼儿对皮影有了探究的兴趣之后，他们制定探究计划，从选角色、搭戏台、制作道具、表演剧本，每一个环节都体现着幼儿的计划性。此外，幼儿也知道了自己的事情自己做，多动手动脑，学会自己思考。因此，该活动有助于培养幼儿做计划的习惯。

第三，在能力准备方面。在该活动的各环节中，交流讨论、动手制作、合作表演等各种活动形式，都充分体现着幼儿的合作精神，有助于培养幼儿的合作意识。此外，在搭建过程中，幼儿不断发现问题、解决问题，在搭建过程中建构各种经验，幼儿的动手能力、探究能力、创新意识、思维能力、语言表达能力等各种品质都得到了充分的提升。

第四，在心理准备方面。幼儿在探究过程中，难免会遇到各种困难，当遇到困难时，他们积极动脑思考，想办法解决问题，而不是逃避问题，有助于培养幼儿积极向上、乐观等良好品质。

师幼共成长

教师 ←————→ 幼儿

寻找兴趣

教师
分析已有经验，评估价值，课程审议，投入材料
放手活动——观察
追随兴趣

幼儿
自主探索
兴趣——需要
生成问题

解决问题

问题1：我们要演什么剧呢 {演《彩虹色的花》吧，老师表演的我还没有看够｜我想演《西游记》}

问题2：我们用什么材料来搭建戏台呢 {我们可以把两张桌子竖起来｜我们可以用报纸、PVC等}

问题3：怎样制作更加稳固的支架呢（报纸组）{我们的报纸数量太少了，应该用我们班区的PVC等}

问题4：怎样确定戏台有多大呢（PVC管组）{用尺子量｜用水彩笔量}

问题5：如何更好地裁剪 {一定要沿着线裁剪才行｜一定要慢一点点剪，要仔细，耐心}

商讨 → 计划 → 合作 → 验证

分享交流 → 迁移创造 → 展示汇报 → 经验概念 → 自我反思 → 深度学习

师幼互动，助力持续深度探究

陪伴鼓励，组织商讨，鹰架支持，投放资源，个人活动

方法1：细致观察，及时生成
方法2：利用资源，助力探究
方法3：及时介入，适时引导
方法4：尊重幼童，合作探究

追随运用

观察 → 解读 → 研判 → 反思

发现契机 → 集体教学

梳理探究方法，教学助力提升

支持探究，研究儿童问题解决及发展

支持探究
追随探究
支持问题

生成问题
追随问题

行动探究

深度反思

系统经验

助力经验分享和梳理
评估课程和儿童发展
反思课程
经验课程
专业成长

助力经验迁移，发展幼童素养，实现深度学习

究发展，自我

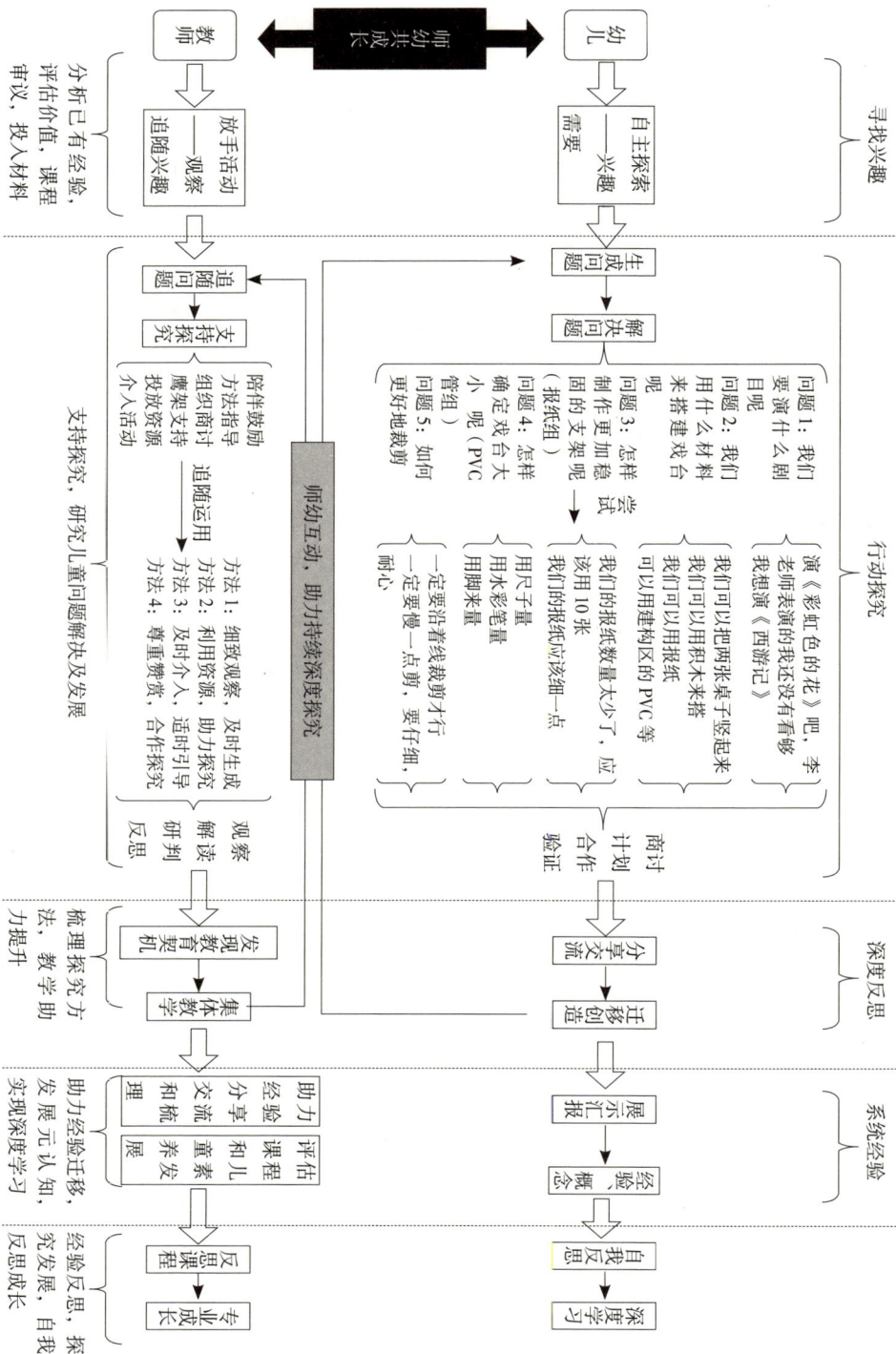

幼儿及教师在探究性课程中的师幼互动双培育路径

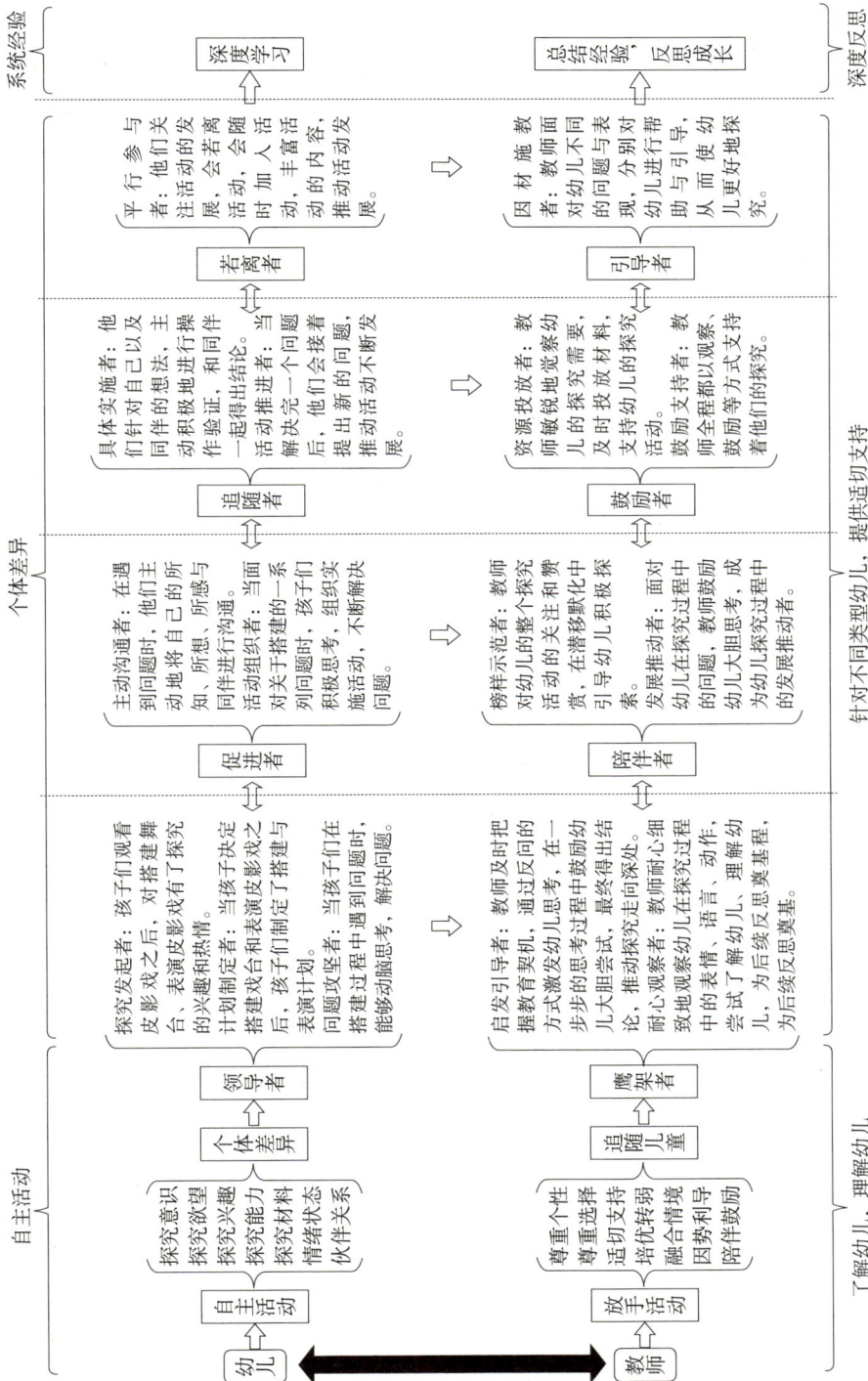

系统经验　深度反思

深度学习

总结经验，反思成长

自主活动　个体差异

幼儿

自主活动 ⇄ 个体差异

- 探究意识
- 探究欲望
- 探究兴趣
- 探究能力
- 探究材料
- 情绪状态
- 伙伴关系

领导者

探究发起者：孩子们观看皮影戏之后，对搭建影戏有了探究的兴趣和热情。
计划制定者：当孩子决定搭建戏台和表演皮影戏之后，孩子们制定了搭建与表演计划。
问题攻坚者：当孩子们在搭建过程中遇到问题时，能够动脑思考，解决问题。

促进者

主动沟通者：在遇到问题时，他们主动地将自己的所知、所想、所感与同伴进行沟通。
活动组织者：当面对关于搭建的一系列问题时，孩子们积极思考，组织实施活动，不断解决问题。

追随者

具体实施者：他们针对自己以及同伴的想法，主动积极地进行操作验证，和同伴一起得出结论。当活动推进某一个问题解决后，他们会接着提出新的问题，推动活动不断发展。

若离者

平行参与者：他们对活动的发展，会若离若随。活动时，加入活动，丰富活动的内容，推动活动的发展。

了解幼儿、理解幼儿

教师

放手活动 ⇄ 追随儿童

- 尊重个性
- 尊重选择
- 适切支持
- 培优转弱
- 融合情境
- 因势利导
- 陪伴鼓励

鹰架者

启发引导者：教师及时把握教育契机，通过反问的方式激发幼儿思考，在一步步的思考过程中鼓励幼儿大胆尝试，最终得出结论。
耐心观察者：教师耐心细致地观察幼儿在探究过程中的表情、语言、动作，尝试了解幼儿，理解幼儿，为后续反思奠基。

陪伴者

榜样示范者：教师对幼儿的整个探究活动的关注和赞赏，在潜移默化中引导幼儿积极探索。
发展推动者：面对幼儿在探究过程中的问题，教师鼓励幼儿大胆探索，成为幼儿探究过程中的发展推动者。

鼓励者

资源投放者：教师敏锐地觉察幼儿的探究需要，及时投放材料，支持幼儿的探究。
鼓励支持者：教师全程都以观察、鼓励等方式支持着他们的探究。

引导者

因材施教者：教师面对幼儿不同的问题与表现，分别进行引导与帮助，从而使幼儿更好地探究。

针对不同类型幼儿，提供适切支持

幼儿及教师在探究性课程中的角色定位

了解幼儿、理解幼儿

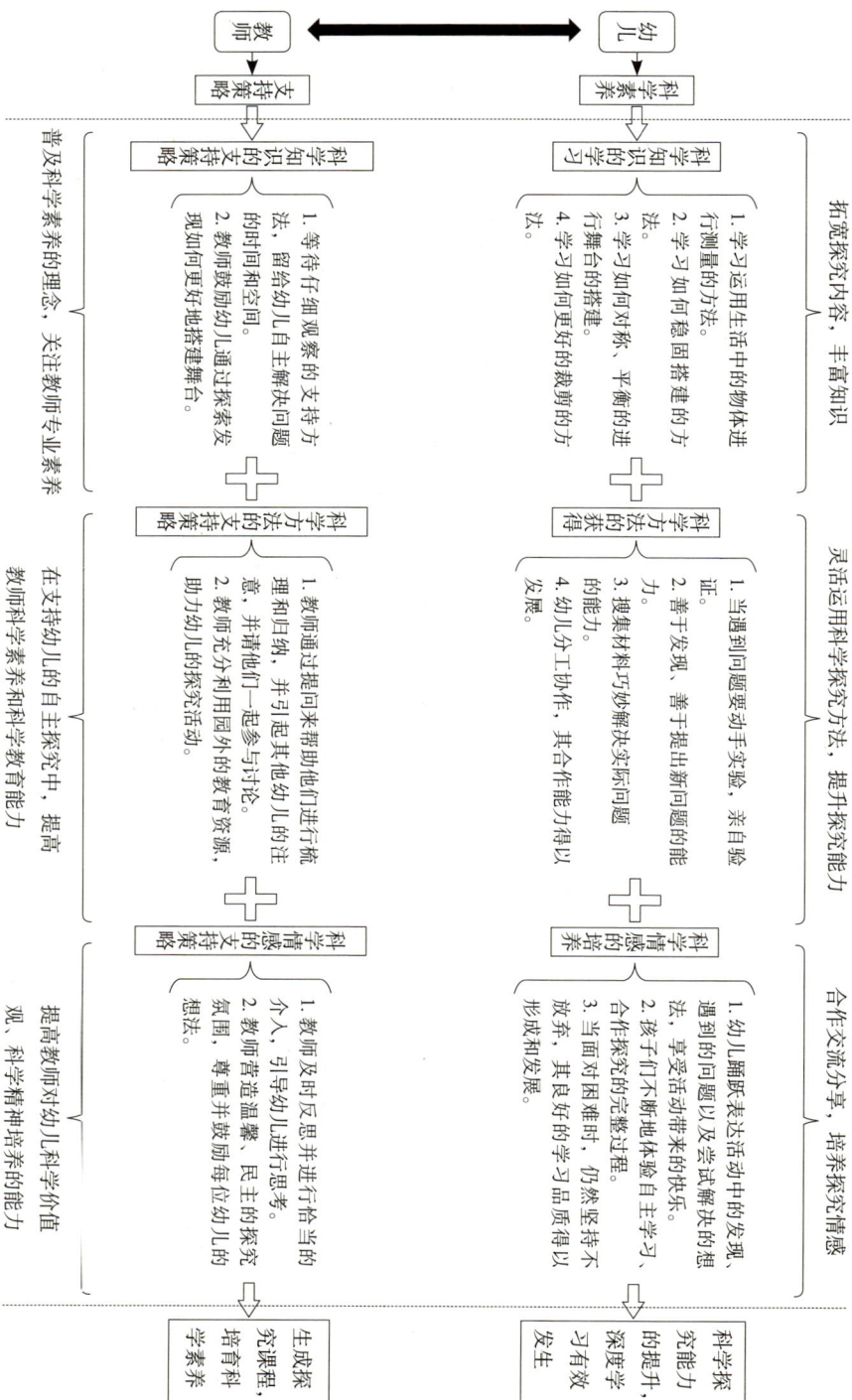

教师 ←→ 幼儿
支持策略 ／ 科学素养

拓宽探究内容，丰富知识　　灵活运用科学探究方法，提升探究能力　　合作交流分享，培养探究情感

科学学习

科学知识的获得：
1. 学习运用生活中的物体进行测量的方法。
2. 学习如何稳固搭建的方法。
3. 学习如何对称、平衡的进行舞台的搭建。
4. 学习如何更好的裁剪的方法。

科学方法的获得：
1. 当遇到问题要动手实验、亲自验证。
2. 善于发现，善于提出新问题的能力。
3. 搜集材料巧妙地解决实际问题的能力。
4. 幼儿分工协作，其合作能力得以发展。

科学情感的培养：
1. 幼儿踊跃表达活动中的发现，遇到的问题以及尝试解决的想法，享受活动带来的快乐。
2. 孩子们不断地体验自主学习、合作探究的完整过程。
3. 当面对困难时，仍然坚持不放弃，其良好的学习品质得以形成和发展。

科学探究能力的提升，深度学习有效发生。
生成探究课程，培育科学素养

科学知识的支持策略：
1. 等待仔细观察的支持方法，留给幼儿自主解决问题的时间和空间。
2. 教师鼓励幼儿通过探索发现如何更好地搭建舞台。

科学方法的支持策略：
1. 教师通过提问来帮助他们进行梳理和归纳，并引起其他幼儿的注意，并请他们一起参与讨论。
2. 教师充分利用园外的教育资源，助力幼儿的探究活动。

科学情感的支持策略：
1. 教师及时反思并进行恰当的介入，引导幼儿进行思考。
2. 教师营造温馨、民主支持的氛围，尊重并鼓励每位幼儿的想法。

普及科学素养的理念，关注教师专业素养
提高教师对幼儿科学价值观，科学精神培养的能力

提高教师科学素养和科学教育能力

幼儿及教师在探究性课程中科学素养的提升路径

三、生活探究类课程

（一）生活探究类课程的概述

杜威认为，我们使用"生活"这个词来表示个体的和种族的全部经验。"生活"包括习惯、制度、信仰、胜利和失败、休闲和工作。[①]此外，杜威指出，每一个个体，作为群体生活经验载体的每一个单位，总有一天会消亡；但群体的生活将继续下去。就人类来说，信仰、理想、希望、快乐、痛苦和实践的重新创造，伴随着物质生存的更新。通过社会群体的更新，任何经验的延续都是实在的事实。教育在它最广的意义上，就是这种生活的社会延续。[②]其实，无论是个体生命的充实、延续和发展，都是与生活和教育联系在一起的。正如虞永平教授所言"生活是基础，儿童是主体，课程是联系儿童与生活的桥梁。幼儿园课程只有立足于幼儿生活，从幼儿生活中来，在幼儿生活中展开，才能真正实现幼儿生命的自由、充分、自然、健康发展"[③]。

作为中国教育改革的先驱，陶行知以一颗孜孜不倦的博大心灵，远见卓识地提出了"生活即教育，社会即学校，教学做合一"的生活教育观，反对教育脱离社会生活实践，主张教育要适应人民大众生活前进、发展的需要。[④]置身于"学会认知、学会做事、学会合作、学会生存"的新世纪教育背景中，陶行知的生活教育观蕴涵了当代世界教育现代化的发展趋势和民族文化的教育底蕴。幼儿教育中，从儿童偶发性活动或新问题中挖掘生活中的资源以支持幼儿的探究活动，让幼儿的身心发展、

[①]［美］杜威著，王承绪译：《民主主义与教育》，人民教育出版社2001年版，第7页。
[②]［美］杜威著，王承绪译：《民主主义与教育》，人民教育出版社2001年版，第7页。
[③]虞永平：《生活化的幼儿园课程》，高等教育出版社2010年版，第35页。
[④]张华：《陶行知生活教育观：内涵、价值和境界》，载《中华文化论坛》2017年第02期。

经验增长均源于生活，并用于解决生活中遇到的实际问题，这样的生活才是有意义的，有一定逻辑关系的，是易于儿童接受并能够在新世纪背景下得以应用的。"生活教育其本质是一种体验与引导式教育，帮助幼儿了解生活、认识生活，为幼儿解读生活中的各种生动事件加深他们对生活本质的感受。"①

生活探究类课程是期望幼儿能够在真实的生活探究情境中接触、了解并解读生活现象，在儿童身心得以茁壮成长的同时慢慢渗透幼儿适应社会发展的能力。

在生活探究类课程中，幼儿有着自我服务、自我管理和探究生活的强烈愿望，我们助力幼儿真正去亲近自己的生活，真正感受自己生命成长的有力脉动，使幼儿真正处在一个自己需要、兴趣、潜在可能得到充分发挥的世界里，使幼儿的生活更具活力。生活类课程是探究性课程的重要组成部分，节日、节气和一日生活中，都可作为儿童探索的重要资源。幼儿园安排符合儿童节律的时间，促使儿童成为生活的主人，并培养幼儿的自律和良好习惯，为其一生幸福生活奠基。

（二）生活探究类课程案例

● 案例一：宁阳"四八"

（本案例素材由宁阳县葛石镇石集幼儿园张瑞泉园长提供）

---

① 卫晓萍：《走近真实且面向未来的幼儿园生活教育探索》，载《上海教育科研》2022 年第 09 期。

项目背景

俗话说："百里不同风，千里不同俗。"宁阳"四八"是鲁菜的代表作之一，是淳朴的宁阳人民招待贵客的最高礼遇，来吧，一起来品味一番这有着独特家乡味道的宁阳"四八"宴吧。

项目研究目标

1. 对家乡地域文化产生浓郁的兴趣，了解家乡传统文化，产生爱家乡、爱祖国的情感，不断提出问题来加深对家乡文化的了解。

2. 能够在活动中保持轻松愉快的情绪，愿意将自己在活动中的感受讲授给他人听，懂得与他人分享自己的在活动中所体验的情绪情感。

3. 能够在他人帮助下制定简单的目标和计划，并利用已有的材料制作出活动需要的道具。

4. 能够根据自己的思考并结合现实情况解决活动中遇到的难题，在集体活动中能发挥自己的作用，积极参与到活动当中。

5. 了解宁阳"四八"的文化传统，并作为小主人翁角色向他人介绍传统习俗，语言表达流畅自然。

项目准备

经验准备：幼儿对自己宁阳"四八"文化具有初步的了解；有一定的探究意识和动手能力

物质准备：沙池游戏区、树枝、泥土、剪刀等。

项目来源

■ 可能去往何处

"宁阳'四八'"活动开展可行性分析	
年龄段：5—6岁	
设计者：张瑞泉	
可能发展的核心经验	**可开展的活动**
健康：能沿轮廓线剪出由曲线构成的简单图形；手部动作灵活协调，粗大动作和精细动作均能够得到发展	◆ 前情·晓 ◆ 盛宴·创 ◆ 美味·启 ◆ 喜悦·享

（续表）

可能发展的核心经验	可开展的活动
语言：喜欢与他人一起谈论宁阳"四八"的具体风俗习惯；能结合情景理解一些复杂的句子	
社会：愿意与他人分享自己收集到的资料；活动时能与同伴分工合作，遇到困难时一起克服	
科学：在成人的帮助下能制定简单的调查计划并执行；能用一定的方法验证自己的猜想；经常能动手动脑寻找问题的答案	
艺术：艺术活动中能与他人相互配合，也能独立表现；能够用手工制作进行艺术表现	

"宁阳'四八'"幼儿发展可行性分析

年龄阶段：5—6 岁

设计者：张瑞泉

幼儿已有经验	幼儿的问题	幼儿的兴趣点
1. 对宁阳"四八"的基本理解 2. 具备基本的动作技能，能利用工具进行手工制作 3. 对家乡的"四八"宴具有极高的探究欲望	1. 沙地沙子太软，捏不起来怎么办 2. "四八"宴的菜品有哪些 3. 八仙桌怎么布置 4. 选择什么样的椅子呢 5. 春联怎么写，怎么贴呢 6. "四八"宴上要怎么坐呢 7. 邀请函上写什么	1. "四八"的由来 2. "四八"的组成部分 3. "四八"的菜品制作 4. 八仙桌座席的安排

领域	项目	关键经验
健康	身心状况	在项目活动中能够保持心情愉快
健康	动作发展	能树叶、泥沙、树干等简单的材料工具制作道具；能够在动手实践中落实自己对"四八"宴菜品的想法

（续表）

领域	项目	关键经验
语言	阅读与书写准备	喜欢与他人一起谈论有关"四八"宴席上的细节
	倾听与表达	在集体中能注意听老师或其他人讲话；听不懂或有疑问时能主动提问
社会	人际交往	活动时能与同伴分工合作，遇到困难一起克服；知道别人的想法有时和自己不一样，能倾听和接受别人的意见，不能接受时会说明理由
	行为规范	具有规则意识，在开席上菜环节中能够认真负责地完成自己所接受的任务
科学	科学探究	对自己感兴趣的问题总是刨根问底，能经常动手动脑寻找问题的答案；探索中有所发现时感到兴奋和满足
	数学认知	能运用简单的数学运算解决活动中遇到的难题
艺术	感受与欣赏	能够感受家乡的风俗习惯和乡土人情，产生爱家乡的情感
	表现与创造	能够充分发挥自己的想象，进行"四八"宴菜品设计以及春联绘画图案的设计，展现自己的艺术欣赏力和表现力

■ 项目资源分析

一环内资源	美工区、幼儿自主活动区、多媒体设备
二环中资源	户外自主活动区、幼儿园后勤维修部
三环外资源	宁阳"四八"文化、社区资源、家长资源库

■ 项目预设线索图

1 前情·晓
- 哈哈，这好像"四八"啊
- 关于"四八"，我知道

3 美味·启
- 八仙桌的布置
- 选择什么样的椅子呢
- 总把新桃换旧符
- 角色选择
- 到底怎么做呢

2 盛宴·创
- 更换材料
- "烹饪"时间

4 喜悦·享
- 开席流程
- 我是小小开席员
- 邀请函的制作
- 宴请、收整、完工

■ 项目过程可能会询问的问题

"四八"席究竟长什么样子？

邀请函上写什么？

沙地沙子太软，捏不起来怎么办？

"四八"席都有哪些菜品？

"四八"席怎么选座位呢？

"四八"席中我能做什么？

■ 项目方案解决的过程中可能涉及的方式方法、活动策略

可能涉及的方式方法	可能涉及的活动策略
借助各种手工制作工具	动手尝试
观察调研	团队协作
交流探讨寻求外援	制作信息报
对比测量结果	实际操作
猜想验证	经验迁移
自主选择工作任务	各司其职

■ **项目预设活动**

探究一：前情·晓

探究二：盛宴·创

探究三：美味·启

探究四：喜悦·享

项目探究过程

探究一：前情·晓

片段一：哈哈，这好像"四八"啊

来到沙池，瑞琪和鑫毅就找到了目标，摆出各种瓶瓶罐罐、杯杯盏盏，不一会儿就听到瑞琪说："哈哈，这好像'四八'啊。"我仔细一看，果不其然。

我："什么是四八？我没有见过。"

瑞琪："老师，'四八'是一个大席，你没吃过吗？"

雨涵："里面有很多菜，什么'一鸡二鱼三丸子……'"

鑫毅："我爷爷说有很多很多盘子摞到一起呢。"

瑞琪："要不然我们就做一个'四八'吧！"

我："可是'四八'究竟是什么样子的？"

片段二：关于"四八"，我知道

瑞琪："'四八'是咱宁阳特殊的大席。"

国兵："'四八'有'粉四八'和'参四八'。"

鑫毅："对很尊贵的客人才用'四八'宴招待。"

瑞琪："我还知道'四八'席上菜有八道程序，可复杂了。"

家豪："整鸡里面的鸡头只有最重要的那个客人才能吃。"

欣怡："吃'四八'要在八仙桌上吃。"

为了帮孩子们理清思路，老师在和孩子们充分交流后，完成了《烦的温度，假的味道》的活动网络图。

探究二：盛宴·创

在了解了"四八"宴席的相关知识后，幼儿们摩拳擦掌跃跃欲试，再次来到沙池准备大干一场，不一会儿，问题出现了。

一晨："我捏不起来，全散了。"

瑞琪："沙子太干了吧，多加点水。"

一晨尝试之后，说："软趴趴的，不行。"

瑞琪："少加水就会干，也会散。"

家豪："上面还有一个一个的小颗粒，那是沙子，搓不光滑的。"

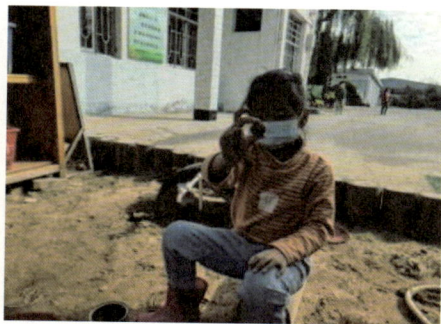

片段一：更换材料

经过讨论，幼儿们把目光锁定在百果园的泥土上。

欣怡："陶艺坊里的泥人都是泥做的，没有裂开。"

倩慧："咱幼儿园的土最多了。"

家豪："得找不带沙子的。"

瑞琪："我觉得还不如直接用橡皮泥呢。"

欣怡："那咱就先试试土吧。"

　　幼儿们选择了一块看起来"干净"的地挖起来，经过挑拣、过筛、兑水、捏制、风干之后，"菜品"并没有裂开，这样算是成功了吧！接下来就是佳肴的制作时间。

　　片段二："烹饪"时间

　　整鱼：

　　高端的食材往往只需要采用最朴素的烹饪方式，在经过捏出鱼身，画出鱼鳞，粘贴鱼眼，摆正鱼尾后，忙碌了半个小时的王师傅终于制作好了整鱼。

　　开心果：

　　餐前小点开心果，看似简单，但却费了不少的工夫。

　　倩慧："开心果可不是圆球球。"

　　瑞琪："那是椭圆形。"

　　倩慧："对对，不能团成圆形的，说完就捏着自己团好的球给大家看。"

　　瑞琪："不对，还要这样。"

　　只见瑞琪拿着剪刀在球球上剪了一个小小的口，然后将一小片树叶插入。

瑞琪："看，这样才是开心果，它们都开着口，开口的地方是绿色的。"

搓团

剪口

放树叶

凉菜：

凉菜的制作采用了特别的方式——幼儿们选择用草坪上的小草当黄瓜片，木棍当作猪耳朵，竹叶剪细条当作黄瓜丝，猪肝就用泥巴捏。

瓦块鱼：

瓦块鱼的制作讲究精细，需要将和好的泥提前捏制成一个个的长方形晒干，然后第二天用美工刀小心地刻出鱼鳞的样子，最后将竹叶卷起来用剪刀剪下当作葱花撒在上面点缀增香。

芙蓉肉：

芙蓉肉制作的难点在于鸡蛋薄皮，发黄的叶子成为幼儿的首选，希望叶子经过裁剪，和肉块能融合到一起，但是幼儿很快发现这样做根本不行，这时欣怡提出用太空泥代替，橡皮泥压成薄皮，将泥巴包裹到里面后进行切割，这样一个个圆形的肉块上覆盖着黄澄澄的鸡蛋薄皮，看着就很有食欲。

叶子当薄皮　　　　　　　太空泥薄皮　　　　　　　包上肉块

蒸蛋羹：

鑫毅首先想到了细细长长的小草，把它们剪成差不多的长短，接着由一晨有规律的摆放整齐，这样就像把鸡蛋羹切割成一块一块的，十分形象。

烧麦：

烧麦的制作需要先调制好馅料，再取来叶片相对比较大的法桐叶子，将馅料包裹在里面之后，用绿色的线捆住，这样烧麦就做好啦。

八宝饭：

八宝饭的材料选择的是乡下老家里的红豆和大米，制作完成后就放在了一边。

到了第二天。

欣怡："咦？上面的红豆怎么少了这么多啊？"

国兵："有人偷吃吗？"

瑞琪："不可能，这是生的，谁会吃生的？"

欣怡："人是不吃，小动物吃啊，会不会是老鼠啊？"

瑞琪："要是老鼠，我们的盆就倒了。"

欣怡："那会不会是小鸟？"

国兵："那就是小鸟了，盆没倒，而且冬天它们找不到吃的了。"

找到原因之后，幼儿们又重新蒸制了一碗八宝饭。

果盘：

果盘分别是江米条、芝麻棍、香蕉干等，每一样的制作都采用和、压、搓、滚、裹等多个步骤，以求达到形似。

就这样十几样菜品的制作前前后后大概用了一周的时间，当幼儿们完整地把它们摆到地上的时候，这些菜瞬间吸引了其他小朋友，瑞琪忙着给其他人介绍："这是我们制作的'四八'，你看，这是扣肉，这是……"

梓昊："你们做'四八'是请我们吃吗？"

欣怡："对啊，我们请你们吃，但得等我们布置好。"

我："也邀请我吗？"

瑞琪："当然了老师，一定邀请你。"

我：那么我就等着美味开启了！

探究三：美味·启

片段一：八仙桌的布置

欣怡："用我们的桌子就行吧？"

国兵："那不行，八仙桌是正方形的。"

瑞琪："这还不简单吗？我们抬两张桌子，拼到一起就是正方形了。"

很快，幼儿们抬来两张桌子，并将它们拼起来，你们还细心地打来水，将桌子清洗干净。在清洗的过程中，倩慧又发现了问题：这桌子总是摇摇晃晃的。

欣怡："你们看，是因为地不平。"

金瑶："我们把下面垫平就行了。"

于是幼儿们拿来几块积木，小心地垫到下面。

片段二：选择什么样的椅子呢？

欣怡："用我们班里的小椅子，和这桌子是一套的。"

鑫毅："用沙池里的木头墩，省得我们搬来搬去的。"

国兵："那个太沉了，可以用木工坊里的木板凳。"

家豪："那不如用'乡下老家'的长板凳呢，一次能坐好多人。"

于是，幼儿们来到"乡下老家"看到了长板凳。幼儿们一致同意了家豪的建议。在搬来长板凳时，瑞琪又有了新发现："快来啊，这不就是八仙桌吗？"

"乡下老家"的厨房里放着一张八仙桌正好可以用，接下来，抬桌子、擦桌子、架椅子、摆椅子一气呵成。

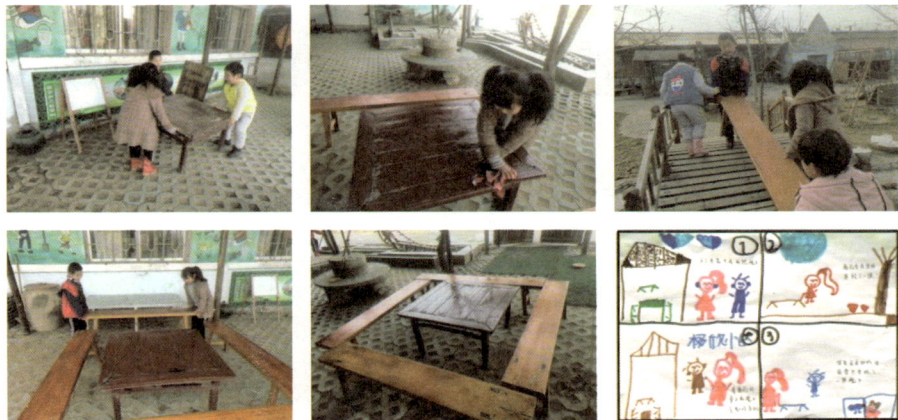

片段三：总把新桃换旧符

我："桌椅准备好了，还需要什么呢？"

欣怡："大门口贴的东西需要清洗，不然一进门多难看啊！"

崇宗："之前这里就是贴的春联。"

国兵："门口还要写个'福'字。"

我："那写个什么春联呢？"

家豪："写字太难了，我们可以画出来。"

在众多的春联中，幼儿们选中了两句最喜欢的。猜猜看，这是表达的什么祝福呢？

片段四：角色选择

宴席布置好之后，角色怎么确定呢？我决定让幼儿们各自选择并阐述理由。

瑞琪："那些菜很多都是我做的，而且我跟我妈妈学过怎么当大厨。"

梦辰："我想吃席，座席有意思，能吃能喝。"

家豪："我喜欢做饭，想当厨子，就是厨艺不行。"

我："那你可以当帮厨，帮助大厨做饭，切切菜啥的。"

家琪："我不喜欢吵，我还是吃饭吧。"

国兵："我能帮忙端茶倒水，我很勤快的。"

就这样，幼儿们各自阐述完理由之后，角色也确定好了：大厨是瑞琪，帮厨是家豪，服务员是雨菡和崇宗；宾客为其他小朋友。

片段五：到底怎么坐呢？

"四八"宴席中需要按辈分和年龄确定座次，我们也要这样坐吗？

欣怡："我们的年龄都差不多。"

瑞琪："我们可以按高矮个儿。"

家豪："按男的女的坐，男孩坐一半女孩坐一半。"

瑞琪："我不能算进去，我是大厨。"

我："还是找一个简单方便的方法。"

最终，通过举手表决，幼儿们确定按男女生安排座次，男生发扬女士优先的精神让女生坐在上首，女生里面的梦辰和家琪因为个子最高被选为主宾。

按胖瘦

按高矮

按男女

探究四：喜悦·享

片段一：开席流程

备菜、迎宾、上菜、开席……一场有模有样、自筹自办、不亦乐乎的"四八"宴席在有序地进行着。宴席中，厨师们忙着做菜，小主人细心地招待，服务员热情地服务，宾客们开心地吃喝，一片欢声笑语。

做饭

入席

分发碗筷

上菜

开席

询问菜品

片段二：我是小小开席员

正飞："我坐在席口上，要用两只手上菜，还要负责端茶倒水，我太忙了。"

崇宗："我要上菜，还要介绍菜的名字。"

家琪："我看到要先上开心果、香蕉干这些甜点。"

亦馨："对，然后再上凉菜。"

家豪："帮厨要做的事情很多，要注意菜不能上错，是有顺序的。"

梓昊："最后一道菜是清口白菜，意思是席要结束了。"

瑞琪："最后吃完的时候要把筷子横着放在碟子上面。"

国兵："我们不能自己吃，还可以邀请别人来吃。"

片段三：邀请函的制作

梦辰："邀请客人的时候，要带上红红的卡片。"

我："那叫邀请函。"

国兵："上面要写上什么时候参加，还有在什么地方参加。"

梓橦："我们不会写字，可以让爸爸妈妈写。"

瑞琪："上面还要加上漂亮的图画。"

那么，我们就利用晚上的时间，一起和家长制作一张漂亮的邀请函吧！

片段四：宴请、收整、完工

现在，幼儿们都是小主人了，这场盛大的宴席他们要邀请其他人一起分享：

"老师好，我们想邀请你来参加我们的'四八'席，欢迎你来做客！"

"你好，我们要办'四八'席，你愿意来参加吗？"

其他小朋友和老师很快被幼儿们吸引，纷纷拿着邀请函来到"乡下老家"。崇宗在门口等着接待宾客。落座的宾客需要上交收到的邀请函，这样才有资格参加宴席。八仙桌上很快坐满了，梓昊忙着分发餐具等，接着上果碟、凉菜、大件等有序进行，被邀请的宾客看到这些美食不禁"大快朵颐"。

分发邀请函

介绍菜单

摆放餐具

入席

收取邀请函

开席

等到宴席结束，幼儿们又抓紧收拾碗筷，摆放桌椅，期待下一次的相聚！

结束后，教师组织幼儿们回忆整个活动的流程，并邀请幼儿们分享自己在整个活动中印象最深刻的环节或者情景，又请全班小朋友将自己的印象最深的环境画在自己的绘画本上，并进行分享。

项目中教师的思考

当孩子们把一桌子菜呈现在我面前的时候，我真的震惊了，作为一个外地人，我还没有吃到过正宗的"四八"宴席，而大一班的孩子却实现了我这个小小的心愿。回想一下，"四八"宴席虽然得以传承下来，但很多人都对其做了简化，也有不少人觉得传统"四八"的礼节太过于烦琐，是一种束缚。但我觉得"四八"就是吃的它的礼节，它所采用的传统的待客方式和贯穿的礼节才表现出人们的道德文化修养，让人们感受到我们所传承的尊老爱幼、长幼有序的传统美德。

从手到口，从口到心，中国人延续着对世界和人生特有的感知方式，只要点燃炉火，端起碗筷，每个平凡的人，都在某个瞬间，参与创造了舌尖上的非凡史诗。幼儿们就是在尝试制作美味的过程中成长，就是在这餐桌的方寸之间体察到时间的流逝、四季的轮转，就是在这平淡无奇的锅碗瓢盆里学会为人与处事，在特有的味道中懂得吃到胃里的乡愁，一切都会变得温暖、富足且有滋有味。

在制作"四八"宴席的过程中，幼儿们更好地了解了家乡的特色美食，也是对家乡文化的一种传承。幼儿们能通过观察、比较和分析，发现现实中的食材和我们现有食材的异同，从而找到相似的材料进行代替，更是积极地用多种工具与材料表达自己的想法。菜品的制作看似简单，但是操作起来复杂且耗时又长，需要用到揉、搓、擀、捏、摆等多项操作，甚至要做到形色俱全，颜色搭配丰富。幼儿们就这样耐心地一项一项制作，才得以有了现在这一大桌的菜。在参加宴席的过程中，幼儿们能积累更多的社会经验，社交能力变得更强。这场"四八"宴席扩宽了视野，丰富了幼儿们的生活经验语言内容和词汇量，其中，制作的春联和邀请函也让幼儿们深刻地体会到文字的用途。这场宴席需要幼儿们齐心协力才能完成，幼儿们体会到了分工合作的重要性。让我感动的是幼儿们将八宝饭上的食物留给小鸟们吃，害怕它们冬天找不到食物，他们是一群有爱心的孩子，懂得尊重和珍惜生命。这些"食物"里藏着他们的成长，藏着他们对家乡的记忆。宁阳"四八"，是独有的家乡的味道。

案例点评

1. 文化联动，精神传承

中华饮食文化博大精深，我国素有"北方吃面，南方吃米""南甜北咸，东辣西酸"等传统饮食习惯。在此案例中，幼儿的探究活动起源于宁阳"四八"宴。宁阳"四八"作为泰安市非物质文化遗产之一，距今已有2000余年的历史，具有"四红四喜、八方来财、四平八稳"的美好寓意。在此案例中，幼儿将传统文化与当下创作相结合、文化与艺术设计相结合，他们从交流"四八"宴到动手创作瓦块鱼、开心果、芙蓉肉等佳肴，再到八仙桌椅及春联的布置，以及宴请宾客……孩子们以最朴素的烹饪方式将"热爱祖国、热爱家乡"在"四八"宴上与自身紧密相连。这个案例在丰富了课程故事的同时，也提升了幼儿们的文化自信，具有很高的精神价值和社会价值。

2. 自主探究，主动学习

积极态度和良好行为倾向是儿童终身学习与发展所必需的宝贵品质，敢于提问、探索、尝试、创造就是儿童在探究活动中不断锻炼和提升的能力。学习品质的形成不是指儿童所要获得的知识、技能本身，而是强调儿童自己怎样获得各种知识、技能。在"盛宴·创"的环节中，儿童自发动手制作"菜品"，儿童在主动发现"沙子捏不起来"的问题后开始学会寻找解决问题的方法，即更换材料（用泥土替代沙子）；在制作十几道菜品过程中，儿童创造性地使用材料，掌握剪、搓、捏、压、割等一系列动作的技巧，儿童表现出的认真专注、积极主动、不怕困难、敢于探究和尝试，将传统文化和科学相融合，养成敢表达、敢尝试、敢想象、善办作的良好品质。我们看到了幼儿极高的想象力与创造力……幼儿在无形之中学习品质的发展，为"活教育"增添了一抹色彩，同时胃里的乡愁有了别样的温暖与富足。

3. 师幼互爱，浓浓情谊

陈鹤琴先生曾写下"我爱儿童，儿童也爱我"一言。热爱每一个幼儿是幼儿教师在教学中最为主要的一项行为，没有对于幼儿的爱就谈不到对于幼儿的教育。这次的"四八"宴因幼儿们的老师在那一学期要回家生宝宝，孩子们产生了等老师生完宝宝回来吃大餐的想法，从而生发出"四八"宴的一幕。饭因爱而温暖，课程故事因浓浓的师生情而进一步升华。本案例中的幼儿让我们深切感受到教师不仅是幼儿在学习中的"支持者、合作者、引导者"，更是幼儿学习中的"朋友与亲人"。

寻找兴趣　　行动探究　　深度反思　　系统经验

深度学习 ← 自我反思 ← 经验、概念 ← 展示汇报 ← 迁移创造 ← 分享交流

专业成长 ← 反思课程 ← 评估课程 / 助力经验分享交流和梳理 ← 儿童素养发展 ← 集体教学 ← 发现教育契机

问题1：沙地沙子太大、粘不起来怎么办
问题2："四八"宴的菜品有哪些
问题3："四八"宴上要怎么坐呢
问题4：邀请函上写什么

尝试 → 解决问题

将制作"四八"宴的沙子换成泥土
整鱼、开心果、瓦块肉、凉菜、芙蓉肉、蒸蛋羹、烧卖、八宝饭、果盘
正式的"四八"宴席是按年龄分和按照胖瘦、高园里我们按照矮或性别
上面写参加时间和地点

商讨计划 / 合作验证

师幼互动，助力持续深度探究

方法1：细致观察，及时生成
方法2：利用资源，助力探究
方法3：及时介入，适时引导
方法4：尊重赞赏，合作探究

追随运用

观察解读 / 研判反思

陪伴鼓励 / 方法指导 / 组织商讨 / 鹰架支持 / 投放资源 / 介入活动

生成问题 → 解决问题
生成问题 → 追随问题 → 支持探究

自主探索——兴趣需要
放手活动——观察追随兴趣

幼儿 ←→ 师幼共成长 ←→ 教师

经验反思，探究发展，自我反思成长
助力经验迁移，发展元认知，实现深度学习
梳理探究方法，教学助力提升
支持探究、研究儿童问题解决及发展
分析已有经验、课程价值评估审议、投入材料

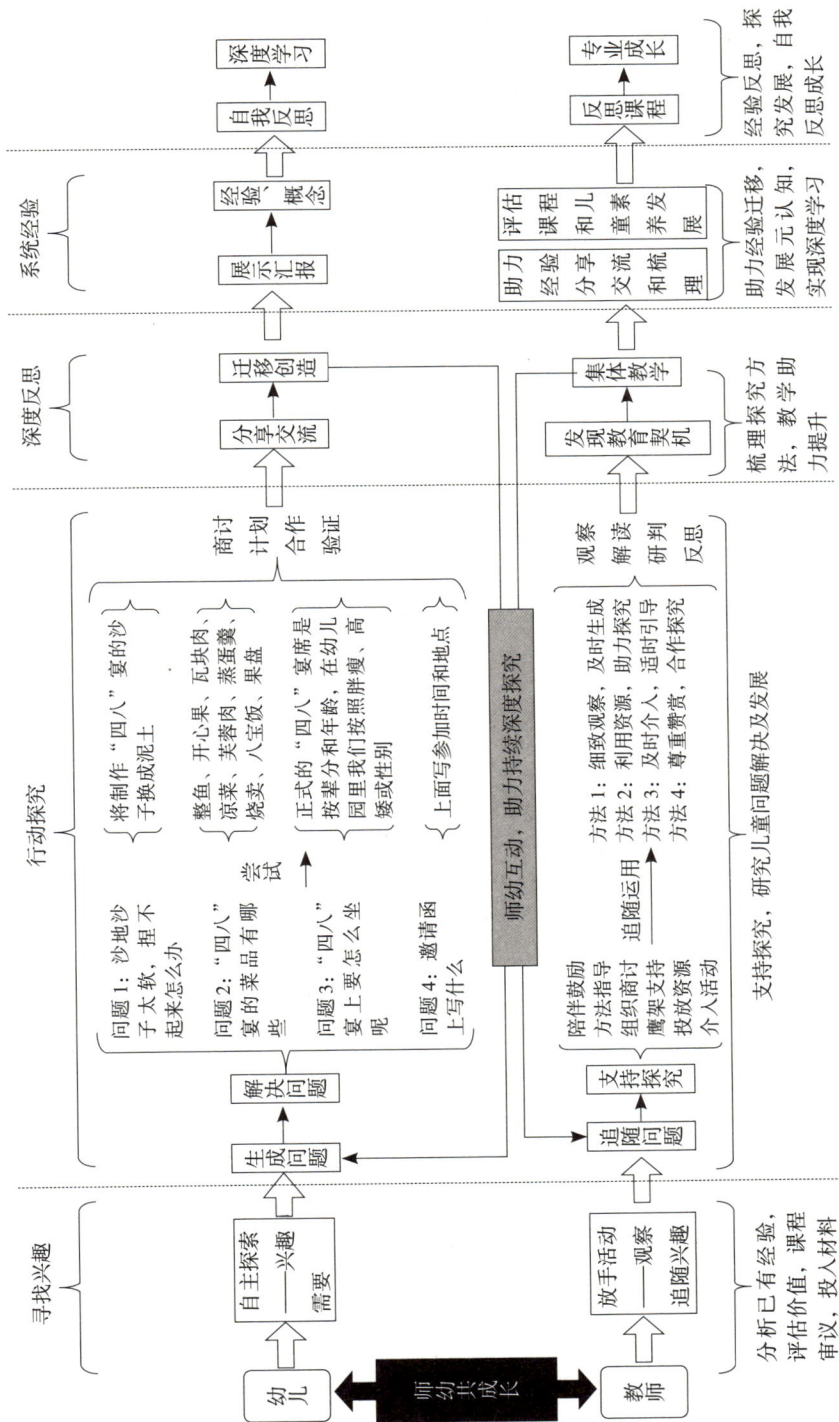

幼儿及教师在探究性课程中的师幼互动双培育路径

▶ 279

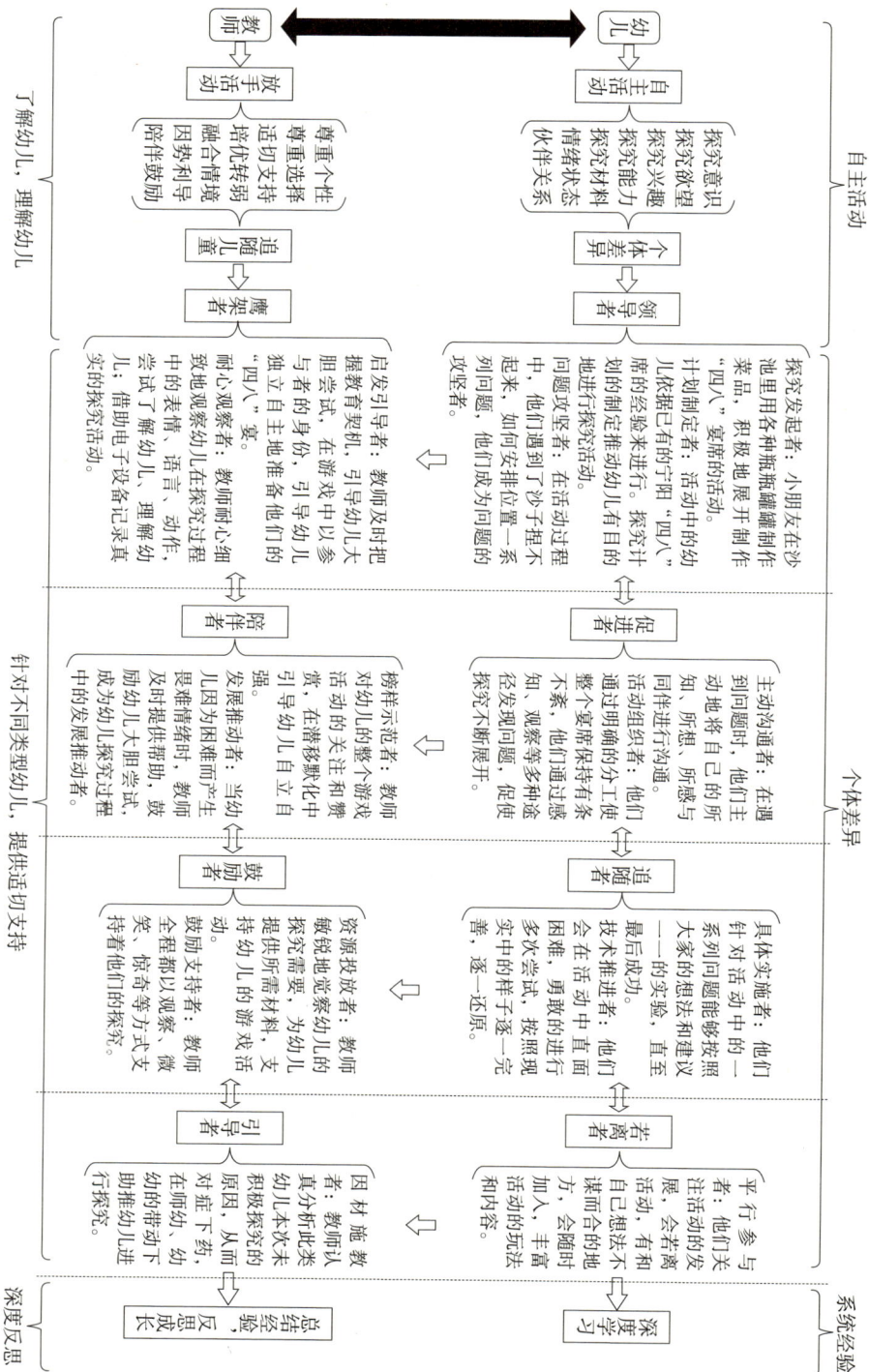

自主活动　　　　　　　　个体差异　　　　　　　　系统经验

幼儿 ⟷ 教师

幼儿——自主活动
- 探究意识
- 探究兴趣
- 探究欲望
- 探究能力
- 探究材料
- 情绪状态
- 伙伴关系

教师——放手活动
- 陪伴教师
- 因势利导
- 融合情境
- 适时支持
- 尊重选择
- 培优转弱
- 尊重个性

个体差异 → 领导者

追随儿童 → 鹰架者

领导者

探究发起者：小朋友在沙池里用各种瓶瓶罐罐制作菜品，积极地展开他们的"四人"宴席的活动。

计划制定者：活动中的幼儿依据已有的行程计划来进行探究活动。

同问题改变者：他们遇到了沙子程序不清、如何安排位置等一系列问题，他们成为问题的改变者。

促进者

主动沟通者：他们在遇到问题时，他们将自己的所知、所思、所感与同伴进行沟通。

活动组织者：他们通过复盘整个活动的分工，观察等方法，通过语径发现问题，促使探究不断展开。

追随者

资源投放者：教师敏锐地观察幼儿的探究需要，为幼儿提供所需要的游戏材料，支持幼儿的游戏活动。

因材施教者：教师认真分析此类幼儿本次积极探究的原因，从而对症下药，在此情况下对幼儿的游戏进行探究。

具体实施者：针对活动中的一系列问题能够按照大家的想法和建议进行实验，自己想出多种办法，按照出现的问题逐一完善，逐一还原。

技术推进者：他们会在活动中遇到困难，勇敢地进行尝试，最后会成功。

平行多参与者：他们注意活动的发展，会寻找机会加入。

若离者：在活动中因自己的想法和谋划而加入，会随时离开，丰富活动的玩法和内容。

鹰架者

启发引导者：教师及时地把握教育契机，引导幼儿大胆尝试，在游戏中与他们的身份参与，引导他们独立自主地进行"四人"宴。

榜样示范者：教师对幼儿的关注和游戏活动的整体保持着高度兴趣，在潜移默化中引导幼儿更加自立自强。

陪伴者

陪伴者：教师耐心细致地观察幼儿在探究过程中的表情、语言、动作，理解幼儿，借助电子设备记录真实的探究活动。

当幼儿遇到困难而产生畏难情绪时，教师及时提供帮助，鼓励幼儿尝试了解其中的发展需求，成为幼儿探究过程中的发展支持者。

鼓励者

鼓励支持者：针对不同类型幼儿，提供适切支持

引导者

了解幼儿，理解幼儿　　　针对不同类型幼儿，提供适切支持　　　深度反思

系统经验 → 深度学习

深度反思 → 总结经验，反思成长

幼儿及教师在探究性课程中的角色定位

幼儿及教师在探究性课程中科学素养的提升路径

科学探究能力的提升，深度学习有效发生

生成探究课程，培育科学素养

合作交流分享，培养探究情感

灵活运用科学探究方法，提升探究能力

拓宽探究内容，丰富知识

科学情感的培养
1. 幼儿踊跃表达游戏中的发现，遇到的问题以及尝试解决的想法，享受游戏带来的快乐。
2. 孩子们不断地体验自主学习、合作探究的完整过程。
3. 当面对一次又一次失败时，仍然坚持不放弃，其良好的学习品质得以形成和发展。
4. 幼儿对科学探究产生了浓厚的兴趣。

科学情感的支持策略
1. 当幼儿在面对失败产生放弃的念头时，教师及时反思并进行恰当的介入，引导幼儿进行思考。
2. 教师营造温馨、民主的探究氛围，尊重并鼓励每一位幼儿的想法。

提高教师对幼儿科学价值观、科学精神和培养的能力

科学方法的获得
1. 结合日常生活中所参加过的"四八"宴席进行迁移并应用的能力。
2. 利用现用材料巧妙解决实际问题的能力。
3. 幼儿分工协作，其合作能力得以发展根据已有经验及实际问题，适时调整物体的能力。
4. 根据探究发现进行反向过程并解决实际问题的能力。

科学方法的支持策略
1. 教师通过追问来帮助他们进行梳理和归纳，并引起其他幼儿的注意，并请他们一起参与讨论。
2. 教师充分结合当地的民俗习惯，将幼儿的探究活动引向社会层面。

在支持幼儿的自主探究中，提高教师科学素养和科学教育能力

科学知识的学习
1. 对于沙子和泥土的特质有了新的认识，沙子不易成型而泥土容易成型。
2. 可以掌握宁阴"四八"的每一道菜的制作工序。
3. "四八"宴席宁阴是要按菜分来安排座位的，在幼儿中我们可以按照男女分开安排位置。
4. 上菜是有顺序的，先上甜点再上凉菜，不可以上错顺序。
5. 在做婚请宴函的时候，邀请函上应该写上参加的时间和地点。

科学知识的支持策略
1. 等待仔细观察的支持方法，留给幼儿自主解决问题的时间和空间。
2. 教师鼓励幼儿将活动由制作菜品发展到举办宴席，不断扩展不断丰富。
3. 以启发诱导的形式支持幼儿游戏，引发幼儿探索。

普及科学素养的理念，关注教师专业素养

幼儿 —— 科学素养
教师 —— 支持策略

案例二：面面相"趣"

（本案例素材由山东省交通运输厅幼儿园李晓佳老师提供）

项目背景

幼儿园一日生活皆课程，一次对话，一个问题，甚至一颗扣子、一块蛋糕都可能成为幼儿们津津乐道的话题。当我们轻轻俯下身，课程的发现之旅徐徐打开。

我园基于幼儿生活经验，注重培养幼儿生活能力，建构具有园本特色的项目化生活探究课程。生活类探究性课程是一个发现儿童、发现课程的过程。以幼儿当下兴趣、感受与体验为视角，教师们让幼儿在真实的生活中，通过直接感知、实际操作和亲身体验获取经验，通过小组合作和自主探究去寻找答案，最大限度地支持和满足幼儿的需求，助推幼儿的学习与发展。

项目研究目标

1.通过多种感官观察、认识面粉，知道面粉的特征，用语言、涂鸦等自己喜欢的方式进行记录和表征。

2.了解面粉的来源及用途，通过揉一揉、捏一捏、搓一搓、团一团等多种方法，制作出不同种类、不同造型的面点。

3.在动手操作过程中，孩子们与同伴交流、探索、创新，感受中国传统的面食文化及制作创意面点的乐趣。

4.通过问题情境，幼儿进行深度学习，形成思考、体验、迁移、反思、运用经验的整个过程。

项目准备

经验准备：对生活中常见的面点有初步认识和了解。

物质准备：

1.各种有关面的图文资料。

2.绘本《神奇的面粉》《魔法面粉》等。

3.生活化材料：石磨、纸黏土、厨师服、面点制作工具等。

项目来源

每天孩子们在幼儿园都能吃到香喷喷的面点，这些面点花样繁多，美味可口，深受孩子们的喜爱。

一次午餐时乐乐举着手中的小花馒头说："老师，这个小花馒头真好吃，它是用什么做出来的？"

升瑾："我知道，它是用面粉做出来的"！

琪琪："什么是面粉"？

小树："面粉不是干干的吗？怎么做成这种软软的馒头呢？"

广语："面粉能做很多好吃的，我最喜欢吃面条。"

孩子们对琳琅满目的面点产生了兴趣，便叽叽喳喳讨论起来……带着一系列的疑问，我们踏上了探究"面粉"的旅途，去寻找心中的疑惑。

说起每天都会吃到的面点，为什么孩子们纷纷提到面粉呢？

老师的话：

1. 已有经验的影响："民以食为天"，中国美食的温暖，藏在一日三餐的光阴流转之间。平常、平凡，但藏在舌尖上的体会，却总是让人觉得意味悠远。小班幼儿对各种美食充满了兴趣，在"生活DIY"的美食制作活动中，孩子认识食物、了解食物、尝试制作食物，这种寓教于乐的方式让孩子们受益匪浅。

2. 往期项目再现：从讨论中我们发现，幼儿多次提及面点制作的原材料"面粉"，这是受上学期的生活类探究性课程"糖果乐园"的影响，在上次的项目化课程中，孩子们通过多种方式知道了棉花糖的原材料，并亲自动手操作，体验了制作棉花糖的乐趣。虽然这已经是上学期的项目化课程，但带给幼儿的影响还在持续着。可见，以孩子为主导的项目化课程，提升了幼儿主动探究的学习品质，孩子们对事物的探索更加深入，并把这种共识迁移到了日常生活中。

■ 可能去往何处

在一个项目中，幼儿感兴趣的想法、问题往往就是项目课程发起的一个重要来源。面食是幼儿在一日生活中常见的食物，幼儿对它的原材料——面粉有过接触，但了解不多。通过孩子们的讨论可以看出，他们对各种各样的面点和面点的制作原材料面粉充满了兴趣。面粉是怎么来的？它可以变成哪些好吃的？又可以变成哪些好玩的呢？根据孩子们的兴趣点和已有经验，教师进行分析和预设。

"面面相'趣'"幼儿发展可行性分析		
年龄阶段：3—4 岁		
设计者：李晓佳　丛敏　宿孝清		
幼儿已有经验	**幼儿的问题**	**幼儿的兴趣点**
1. 对生活中常见的面点有初步了解 2. 能运用各种感官、动手动脑，探究问题 3. 能用自己的喜欢的方式表达、交流探索的过程和结果	1. 面粉从哪里来 2. 面点是怎么制作出来的 3. 面粉是什么样子的 4. 是怎么制作出来的 5. 面点都有哪些 6. 干干的面粉怎么变成软软的馒头 7. 哪些食物是用面粉制作出来的	1. 面从哪里来 2. 面粉怎样制作成面点 3. 面点的花色品种 4. 体验制作面点的乐趣

"面面相'趣'"活动开展可行性分析

年龄段：3—4 岁

设计者：李晓佳　丛敏　宿孝清

可能发展的核心经验	可开展的活动
学习品质：幼儿愿意参加到活动中，主动、专注地进行有关面的探究，在解决问题的过程中表现出一定的想象力和创造力 **健康**：情绪安定愉快，大多数时间能够保持心情愉快；动作灵活协调，能够根据自己的想法进行面点制作 **语言**：愿意分享自己的发现，在对有关面的探索中能表达自己的想法 **社会**：能够和老师、同伴协商讨论问题；在面的探究活动中，能根据自己的兴趣选择相应的活动，喜欢承担一些小任务 **科学**：能用多种感官探索面粉，发现面粉的明显特征 **艺术**：能够发挥自己的想象和创造，用涂鸦和手工的方式，绘画和制作出自己喜欢的面点	◆ 面从哪里来 ◆ 面粉初体验 ◆ 快乐磨坊 ◆ 面粉故事会 ◆ 面粉知多少 ◆ 传统面点花样多 ◆ 巧手制作：小面点大创意

领域	项目	关键经验
健康	身心状况	情绪安定愉快，大多数时间能够保持心情愉快
	动作发展	手的动作灵活协调，能够根据自己的想法进行面点制作
语言	倾听与表达	愿意分享自己的发现，在对有关面的探索中能表达自己的想法
	阅读与书写准备	具有初步的阅读理解能力，在分享有关面粉的绘本中，能根据画面说出图中有什么，发生了什么
社会	人际交往	在有关面的探究活动中，能根据自己的兴趣选择相应的活动，喜欢承担一些小任务
	社会适应	在成人提醒下，能够遵守活动中的基本行为规范
科学	科学探究	能用多种感官探索面粉，发现面粉的明显特征
	数学认知	感知和发现面点明显的形状特征，对不同形状的面点感兴趣，并能用自己的语言描述

（续表）

领域	项目	关键经验
艺术	感受与欣赏	喜欢观看和欣赏各种各样的传统面点和创意面点
	表现与创造	能够发挥自己的想象和创造，用涂鸦和手工的方式，绘画和制作出自己喜欢的面点

■ 资源分析

一环内资源	1. 班级区域：科学区、图书区、美工区 2. 班内有面点制作经验的教师
二环中资源	1. 幼儿园食堂 2. 幼儿园专用活动室：温馨书吧、生活体验吧 3. 家长资源
三环外资源	超市、网络资源

■ 项目预设线索图

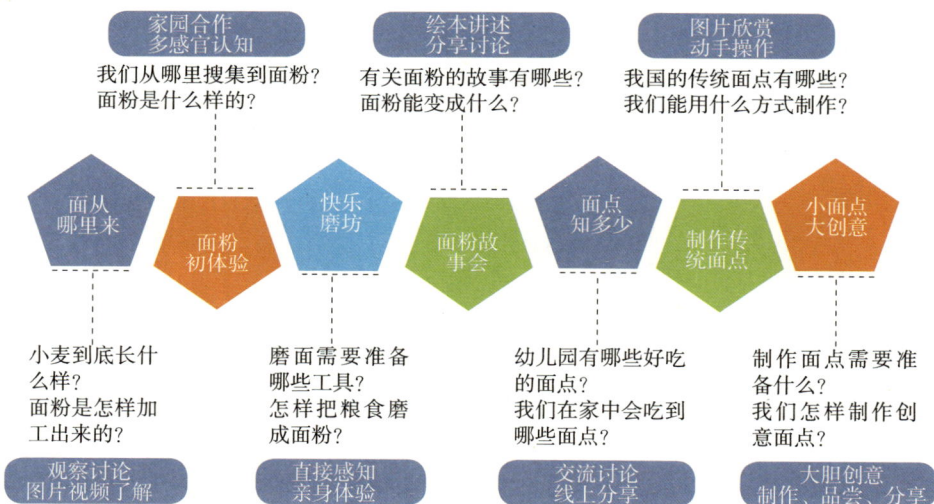

家园合作
多感官认知

我们从哪里搜集到面粉？
面粉是什么样的？

绘本讲述
分享讨论

有关面粉的故事有哪些？
面粉能变成什么？

图片欣赏
动手操作

我国的传统面点有哪些？
我们能用什么方式制作？

面从哪里来　　面粉初体验　　快乐磨坊　　面粉故事会　　面点知多少　　制作传统面点　　小面点大创意

小麦到底长什么样？
面粉是怎样加工出来的？

观察讨论
图片视频了解

磨面需要准备哪些工具？
怎样把粮食磨成面粉？

直接感知
亲身体验

幼儿园有哪些好吃的面点？
我们在家中会吃到哪些面点？

交流讨论
线上分享

制作面点需要准备什么？
我们怎样制作创意面点？

大胆创意
制作、品尝、分享

■ 项目线索图

教师预设 ▇
幼儿生成 ▇

面面相"趣"

面从哪里来（哪来的？）　面粉初体验（是什么？）　探秘面粉（为什么？）　玩转面粉（有什么？）

面从哪里来（哪来的？）
- 观察小麦
  - 观察讨论
- 小麦的生长
  - 播种出苗成熟
- 面的加工
  - 晒麦子筛麦子磨小麦

面粉初体验（是什么？）
- 面粉大搜集
  - 搜集各种面粉
  - 分享统计
- 初探面粉
  - 多种感官感知
  - 小组讨论

探秘面粉（为什么？）
- 快乐磨坊
  - 准备磨面
  - 石磨转动方向
- 面粉故事会
  - 绘本分享
  - 自制绘本
- 常吃的面点
  - 家园分享
  - 师幼讨论

玩转面粉（有什么？）
- 制作传统面点
  - 欣赏讨论
  - 制作展示
- 小面点大创意
  - 材料准备
  - 分享面点
- 快乐游园会
  - 创意制作
  - 珍惜粮食
  - 计划准备游戏
  - 采访分享
- 共绘思维导图
  - 分组绘制
  - 共同分享

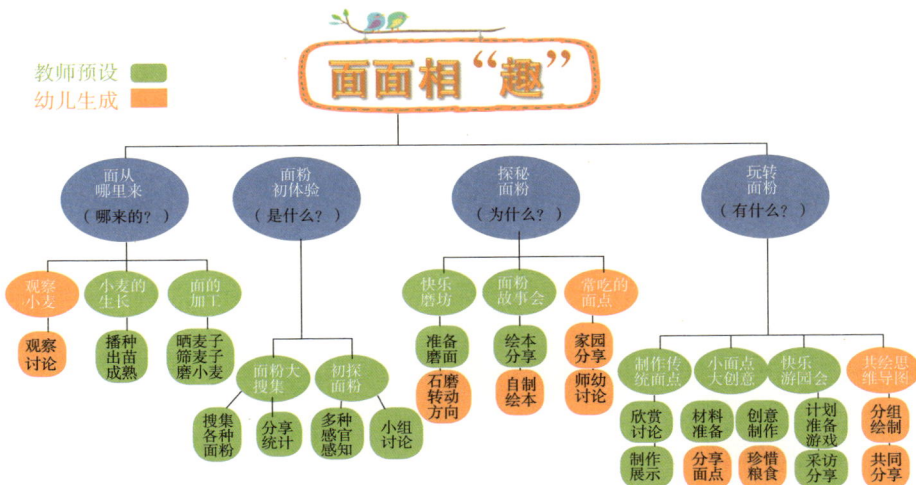

■ 项目过程可能会询问的问题

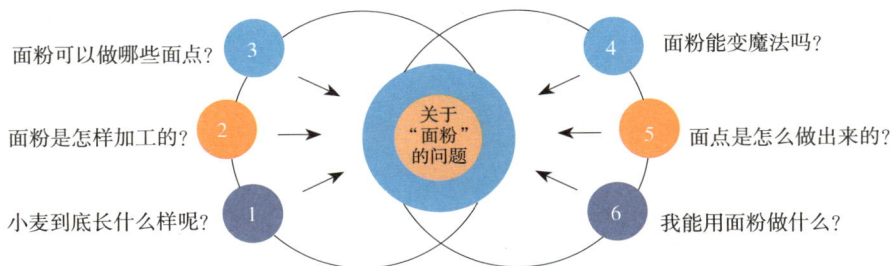

面粉可以做哪些面点？　③
面粉是怎样加工的？　②
小麦到底长什么样呢？　①

关于"面粉"的问题

④　面粉能变魔法吗？
⑤　面点是怎么做出来的？
⑥　我能用面粉做什么？

■ 项目方案的解决过程中可能涉及的方式方法、活动策略

可能涉及的方式方法	可能涉及的活动策略
查阅资料	多感官感知
小组讨论	面粉大搜集
商讨计划	观察比较
家园合作	石磨的使用
同伴学习	绘画表征
思维导图	分组制作

项目预设活动

探究一：面从哪里来

探究二：面粉初体验

探究三：快乐磨坊

探究四：面粉故事会

探究五：制作传统面点

探究六：小面点大创意

探究七：快乐游园会

项目探究过程

探究一：面从哪里来

"大大的馒头哪里来？白白的面粉做出来。白白的面粉哪里来？黄黄的小麦磨出来。黄黄的小麦哪里来？农民伯伯种出来。"这是一首孩子们都很喜欢的歌曲，歌词中我们知道面粉的原料是小麦，小麦是什么样子的呢？孩子们对这个问题充满了好奇。

问题一：小麦到底长什么样呢？

六月正是小麦成熟收获的时节，佳芸小朋友从家中带来了小麦和大家分享。很多孩子都是第一次见到真实的小麦，对小麦充满了兴趣。看到小麦后，孩子们的脸上掩不住的喜悦，都想近距离的观察一下，于是大家一起和小麦来了一次"亲密的接触"。

佳芸："这是我妈妈从老家带回来的，那里有一大片麦子地。"

每组小朋友通过看一看、摸一摸来了解小麦的外形特征。

承瑾："麦穗是黄黄的。"

绎心："小麦是一粒一粒的。"

乐乐："麦穗像一个扫把，下面有毛毛。"

绍帆："麦子上面这么多毛毛，怎么加工成面粉。"

问题二：小麦怎样加工成面粉的？

通过观看绘本《一粒小麦种子》和有关面粉加工的图片，孩子们了解了面粉是用小麦通过多道工序研磨加工而成。

嘉骏："小麦小时候是绿绿的，成熟了变成了黄色。"

可儿："小麦需要脱壳、晾晒、研磨才能加工成面粉。"

佳音："我回老家的时候，看到很多麦子，地里还有收麦子的人。"

和恩："要收这么多麦子，农民伯伯太辛苦了。"

讨论结束，孩子们用涂鸦的方式对自己的发现进行了表征。

老师的话：

活动中教师了解幼儿对面粉的兴趣，让幼儿接触并探究自己感兴趣的事物，当教育更贴近幼儿的生活之后，实施课程本身就是生活探究课程。本次面从哪里来探究活动中，我们班佳芸小朋友从老家带来了面粉的原材料小麦，利用家庭资源让孩子们可以近距离的观察和接触小麦。小班幼儿对周围世界充满浓厚的兴趣，对新鲜事物具有强烈的好奇心，会主动接近、操作摆弄，探索其中的奥秘。我们就从幼儿的兴趣出发，搭建学习支架，让孩子们通过亲身观察和感知了解小麦，以实际体验逐渐走近熟悉又陌生的"面粉"，探究它从"小麦"到"面粉"的轨迹。活动最后孩子们用绘画表征，进一步巩固和加深了对面从哪里来的认知。

探究二：面粉初体验

平时我们会在哪里找到面粉呢？幼儿们和爸爸妈妈一起搜集了各种各样的面粉，在搜集的过程中，幼儿们有了新奇的发现，原来面粉不仅有白面（小麦粉），还有各种不同的面粉：小米面、玉米面、黑豆面、荞麦面等。

活动一：面粉大搜集

幼儿	地点	我的发现
霖霖	超市	1. 超市的粮食区有好多小麦粉，都是大袋大袋的 2. "五谷磨房"可以用电磨机磨出各种面粉 3. 我选了黑米粉和荞麦粉，妈妈说这个可以做粥喝
升瑾	超市	1. 超市有各种各样的面 2. 每个格子里都是不同的面粉，他们的颜色不一样 3. 黄色的是玉米面、绿色的是黑豆面
潘潘	家中	1. 白色的面粉细细的像雪一样 2. 小米面和玉米面都是黄色的，它们熬粥很好喝 3. 我选了黑米粉和荞麦粉，妈妈说这个可以做馒头吃
佳音	家中	1. 我家里有两种玉米面，一种是粗玉米面，一种是细玉米面 2. 它们都是玉米做的，但是两种面的粗细不同
金穗	家中	我家里有小麦粉、小米面、玉米面，还有种黑黑的是高粱面
承霖	家中	小麦粉是白白的、玉米面是黄黄的，它们的颜色不一样

活动二：初探面粉

幼儿们把搜集到的各种面粉带到幼儿园，和小朋友一起分享，大家一起看一看，摸一摸，闻一闻，一起讨论着自己对面粉的新发现。

面粉是白白的，像雪一样。

面粉是软软的，摸起来很舒服。

小组讨论：面粉是什么样子的？

面粉好细啊，闻起来香香的。

面粉摸起来干干、滑滑的。

面粉真好玩，吹一下像烟一样。

老师的话：

家庭是幼儿园不可或缺的教育资源，在面粉初体验探究活动中，幼儿们进行了"面粉大搜集"活动，找一找我们的生活中的面粉。面粉和我们的生活息息相关，日常生活中不论是在家或是去超市，我们都会接触到面粉。在搜集的过程中，幼儿们对面粉有了新的发现：原来面粉不仅有小麦粉，还有各种不同的面粉。当幼儿们将面粉带到幼儿园后，他们对自己的发现津津乐道，有的发现超市有很多小麦粉，都是袋装的；有的发现不同的面颜色不同：小麦粉是白色的、小米面是黄色的、黑豆面是绿色的；还有的发现了面的颗粒大小不同：家里的两种玉米面，一种是粗玉米面，一种是细玉米面……这些发现都是幼儿们通过自己观察和探究习得的。

小班幼儿的学习是以直接经验为基础的，思维大多由行动引起，一般是先做后想，或者边做边想。认识的形成是根据外部特征来识别事物的。因此在"初探面粉"活动中，幼儿们一起看一看，摸一摸，闻一闻，充分调动各个感官，以便认识和了解面粉。

探究三：快乐磨坊

面是怎么磨出来的呢？孩子们对这个问题都很好奇，带着这个问题我们一起收集了相关资料。

问题一：磨面需要准备什么？

希言："我们需要能磨面用的粮食。"

灿灿："我们需要装粮食的小盒子。"

嘉和："磨面需要石磨，我们幼儿园的'生活吧'里有。"

| 各种粮食 | 小盒子 | 石磨 | 厨师服 |

根据幼儿们的计划，我们一起收集了各种粮食：小麦、荞麦、小米、红豆、绿豆、黑米等，将粮食分类放入盒中，并在盒中还放入小勺便于取用。

问题二：怎样才能磨出面粉？

准备结束，开始磨面。幼儿们选择自己喜欢的粮食倒入石磨内，转动石磨的把手磨面，随着石磨的转动，粮食被磨成面粉。

小插曲：

可儿在用石磨磨面时发现，石磨往右边转，半天都磨不出面来，她反复尝试无果，眉头紧紧地皱在一起。"老师，我这个石磨是坏的，我都转了好久了，面一点也磨不出来。""石磨怎么坏了呢？你磨一下我看看。""你看就是这样。"可儿边皱着眉头，边用小手使劲抓着石磨把手顺时针旋转着。"嗯，确实磨不出来呢，你看看旁边小朋友是怎么磨的。"可儿若有所思地看着旁边的梦泽磨面，一旁的梦泽看到了，忙走过来说："我试试。"说着梦泽双手握住石磨把手逆时针旋转起来，不一会儿面就磨了出来。"我再试试。"可儿学着梦泽的样子将石磨逆时针旋转，果然磨出了面。"我磨出面啦！"可儿高兴地说，边说还边加快了手上的动作。"为什么刚才磨不出来，现在可以了呢？"我笑着问可儿，"嗯，石磨的方向变了。""你观察得真仔细。石磨要往左转（逆时针）才可以磨面，你不仅成功了，还发现了石磨的小秘密。"说着，我向可儿竖起了大拇指，可儿的脸上也露出了开心的笑容。

磨面结束，孩子们观察发现不同粮食磨出的面粉也各不相同。

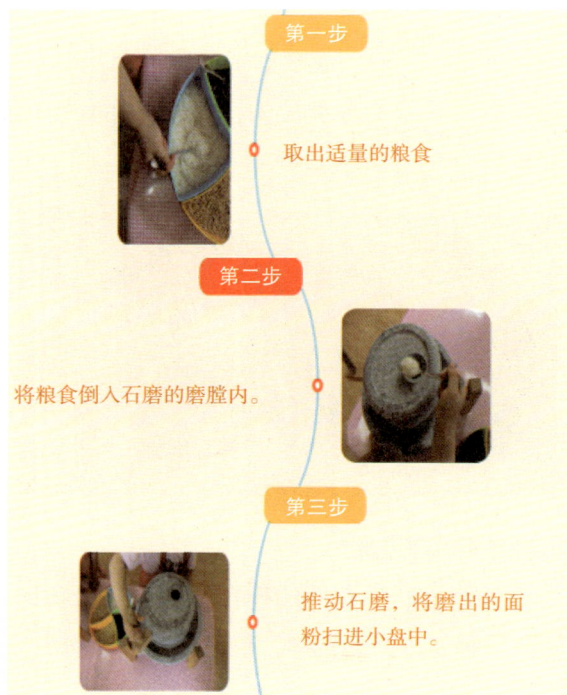

第一步
取出适量的粮食

第二步
将粮食倒入石磨的磨腔内。

第三步
推动石磨，将磨出的面粉扫进小盘中。

磨面步骤

体验磨面

我们的成果

将磨好的面和磨面用的粮食放入对应的小瓶中，做好标记贴上贴纸，一个个可爱的面粉"小精灵"就诞生了。

老师的话：

探究性课程是儿童在教师的支持下，围绕值得学习的主题进行深入探究的活动。如何做适合小班幼儿年龄特点，又让孩子在已有经验的前提下进行的深入探究呢？小班下学期我们尝试在适宜活动前，引导幼儿根据自身已有经验，确定需要的材料和活动内容。在"磨面需要准备什么？"这一问题情境中，幼儿们根据自身已有经验通过商讨和表征确定需要的材料，教师只负责记录和准备。这一过程中，幼儿们在讲述，在倾听，在思考。活动真正以幼儿为主体，提高了幼儿参与活动的主动性，进一步拓展幼儿的已有经验。

小班幼儿对事物的认识和理解很大程度上要依赖行动，在磨面的过程中，幼儿们都能积极参与到活动中，兴趣浓厚，不仅掌握了磨面的方法和步骤，还发展了动作的协调性。

探究四：面粉故事会

活动一：绘本分享

"面粉可以做什么？""面粉能变魔法吗？"带着这些有趣的问题，我们一起从幼儿园"温馨书吧"里分享了有关面的绘本故事：《神奇的面粉》《魔法面粉》《奇思妙想面包店》等。幼儿们在分享后进行讨论，原来面粉可以做出各种各样的美食。

绘本故事	幼儿讨论
神奇的面粉	鲍鲍：神奇面粉本领大，能变出好看的花卷。 潘潘：只要让面粉喝饱水、睡足觉，再打个滚，就能变出身强力壮的馒头。 泊然：面粉可以吸水，变成面团。 可儿：面粉能变出细细长长的面条。 所所：面粉可以做出这么多美味的食物呀。 诗然：面粉可以做出我最喜欢吃的水饺和蛋糕。
魔法面粉	小树：面粉真的可以魔法吗？ 骁骁：魔法面粉可以变出恐龙，有大恐龙、小恐龙、口袋恐龙。 承瑾：我也想要故事里的魔法面粉。 绍帆：如果我有魔法面粉，我想变成很多小猫。 晖晖：我想用魔法面粉变出各种各样的花。
奇思妙想面包店	铎清：我也想有一家这样神奇的面包店。 承霖：我喜欢扭扭小蛇三明治和吃了不打打闹闹的表情面包。 若中：狐狸店长做出的面包很有趣，小动物都喜欢。 广语：我也想吃面包。 霖霖：面团可以做出各种形状的面包。 梦泽：我想和爸爸妈妈一起做面包。

老师的话：

绘本阅读作为幼儿早期阅读的重要组成部分，对于幼儿语言的发展起着重要作用，在"面粉故事会"活动中，幼儿们一起分享了有关面粉的绘本故事。面粉真是一位神奇的魔术师啊！它可以变成面包、可以变成面条、饺子、还可以变成烙饼，馒头、包子、饼干，还有更多有趣的事情呢。绘本中形象有趣的形象和内容深深吸引着幼儿，加深了幼儿对面的认知，拓宽了幼儿的视野。对于小班幼儿而言，让他们敢说、愿说、会说，无疑是活动中的一个重点。我们注重让幼儿在轻松愉快的氛围中，通过阅读分享后的交流环节，大胆表达自己的想法。

　　绘本分享结束，幼儿们对面粉的兴趣更加高涨，想要更多的表达和创作。顺应孩子们的兴趣，我们进行了自制绘本活动，幼儿们用手中的画笔进行大胆的设计和绘画。对于小班幼儿来说，用绘画来表达想法，会比用文字来表达更容易得多。因此，我们提供机会让幼儿用绘画的形式来表征自己的生活经验和想象创意，并将一个个美好的画面变成一本自制图书。制作完成还进行分享阅读，让孩子们更有成就感。每个孩子都是大画家，他们用稚嫩的小手描绘心中的美好。每一个孩子都是小说家，他们用童趣的语言创编有趣的童话。让我们珍视孩子的"画"与"话"，鼓励支持孩子们自由自主的表达，陪伴他们从自制一本书开始。

探究五：制作传统面点

　　通过前面的探究活动，幼儿们对各种面点有了更浓厚的兴趣。我们一起搜集了中国传统面点的图片和视频资料，并让幼儿们结合自己的已有经验进行欣赏和讨论。

传统面点	我知道的	传统面点	我知道的
饺子	包水饺要先擀皮。我在家里和妈妈一起包过水饺。韭菜肉的水饺特别香。	春卷	春卷里面有很多菜。春卷外面是一个卷起来的小饼。我们很少吃春卷。
元宵	元宵圆圆的，吃起来黏黏的。元宵甜甜的我喜欢吃。我喜欢吃黑芝麻的元宵。	藕合	藕合中间有肉。藕合外面是一层面，里面是藕。我们过年会吃炸藕合。
麻花	麻花是长长的、卷卷的。麻花酥酥脆脆特别香，我吃过天津大麻花，麻花上还有很多芝麻。	包子	包子是圆圆的，里面有馅。我喜欢幼儿园的肉包子。

（续表）

传统面点	我知道的	传统面点	我知道的
面条	每周一幼儿园都做面条。 面条是细细长长的。 我喜欢吃西红柿面条。	煎饼	煎饼是一张大饼叠起来做成的。 煎饼是粗粮做的。 煎饼薄薄的，像纸一样。
油旋	油旋是我们济南特色面点。 油旋是圆圆的，中间是一圈一圈的。 油旋酥酥的很好吃。	绿豆糕	绿豆糕是绿豆面做的。 绿豆糕是方形的，很好吃。 我吃过绿豆糕，又甜又软。

通过对传统面点的观察讨论。幼儿们对传统面点有了进一步的认识和了解，都想亲自尝试制作。于是我们为幼儿们提供了纸黏土和彩色纸盘，幼儿们选择自己喜欢的面点，分组制作。搓面条、拧麻花、做油旋、团汤圆、包水饺、卷春卷……孩子们用自己能干的小手揉一揉，捏一捏，搓一搓，团一团，压一压，瞧，漂亮的面点在孩子们的手中诞生啦！

老师的话：

在之前的传统文化课程和节日课程中，幼儿们了解了很多中国的饮食传统，在这次有关面的生活类探究性课程中，幼儿们把目光聚焦到了传统面点的花样上。这些传统面点历经一代又一代人的传承，深藏着中国人的智慧和文化。传统面点的魅力深深吸引着幼儿们，他们不只满足于观察、欣赏和讨论，更喜欢动手去制作。

在进行制作前，教师不仅提供了材料支持，还提供了技能支持。揉、捏、搓、团、压，幼儿在制作的过程中不断尝试和调整，不仅了解了面点的制作方法，还掌握了简单的面点制作技能，发展手部的精细动作，提升了小肌肉的控制能力。幼儿通过分组制作传统面点，小组展示作品，体验到了合作手工的乐趣和成就感。

探究六：小面点大创意

小面点大创意	
问题一	你喜欢吃什么面点？
问题二	你想制作什么样的面点？
问题三	制作面点需要准备什么？
问题四	怎样制作花样面点？
问题五	蒸熟的面点有什么变化？
问题六	美味的面点谁来吃？
问题七	我们应该怎样珍惜粮食？

通过前面的活动，幼儿们已经对面点有了不少了解，他们在一日活动中也会和老师、同伴聊起有关面点的话题。于是我们顺应幼儿们的兴趣，一起分享了自己喜欢吃的面点。分享的这些面点不仅花样繁多，而且既美味又营养。

问题一：你喜欢吃什么面点？

小树："我喜欢吃由各种面做成的彩色窝窝头和蔬菜形状的彩色小馒头。"

潘潘："我喜欢吃香香的菜饼。"

骁骁："我喜欢妈妈做的菠菜馒头。"

晖晖："我喜欢奶奶做的枣卷，每次我都能吃两个。"

问题二：你想制作什么样的面点？

承霖："这是我在家做的酥皮苹果派，要先擀面饼然后放上苹果馅，把苹果馅包起来，包的时候边要压紧，最后刷上蛋黄液，撒上芝麻，用烤箱烤好就能吃了。"

梦泽："我也想做好吃的彩色面点。"

佳芸："我想和好朋友卿好一起做小兔面点。"

通过孩子们的话，我们发现他们已经不满足与分享和讨论，孩子们有自己的面点创意想法，也想尝试亲自动手制作面点。

问题三：制作面点需要准备什么？

嘉骏："制作面点需要各种面，我在家的时候都是妈妈提前发面。"

卿好："我们这么多人，需要很多面。"

乐乐："制作面点需要面板，在家的时候每次都是在面板上包水饺。"

老师："幼儿园里谁做面点最好？"

霖霖："食堂老师每天都会给我们做好吃的。"

老师："嗯，我们可以请食堂的专业面点师给我们讲讲制作面点需要注意什么。"

根据师幼共同讨论，我们确定了制作面点需要有哪些准备。

问题四：怎样制作花样面点？

一切准备就绪，面点制作开始了，大家提前洗好小手，戴好围裙、帽子，大胆设计自己想要制作的面点。我们还邀请了食堂的面点师为我们讲解示范面点制作小妙招。让我们一起体验制作面点的乐趣吧！

铺面粉

巧手制作

创意面点

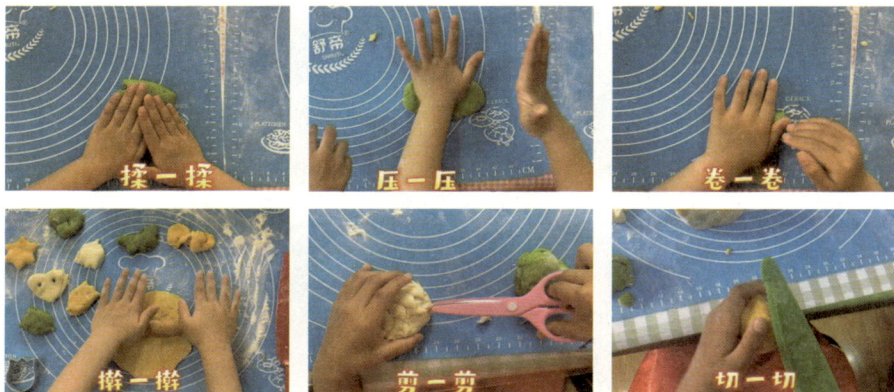

巧手制作

小插曲：

在制作面点的时候，诗然小朋友想用模具制作一个小花面点，她先用小手将面团一团压成饼，然后将模具使劲地压上去。小花造型的模具压好了，她想用按的方法把模具中间的面团按出来，但是这时候问题出现了，模具和中间的面团紧紧粘在了一起，诗然反复试了好几次都没有成功，一旁的承瑾也遇到了相同的问题，她用模具做了一个小花饼同样按不出来，她俩你看看我，我看看你，反复试了几次都没有成功。于是她们开始寻求我的帮助："老师，我的面拿不出来怎么办呀？"看到这种情况，我没有马上告诉她们方法，而是问道：

"面团为什么拿不出来？"

"面团和模具粘住了，面太黏了。"

"你们再想想办法，有什么是可以帮助面团从模具里出来的？"

"我用刀试试。"诗然拿来了小筐里的塑料刀，想用刀把面捅出来，但是塑料刀的刀头太粗大，试了两次，不仅没有让面出来，还把中间的小花捅了一个洞。

"看来这个方法不行呀，还有什么办法吗？"

"我想不出办法了。"

"面为什么会出不来呢？"

"面太黏了。"

"有什么办法让面不这么黏？"

"对了，用干面，食堂的面点老师说过，铺上面粉面就不这么黏了。"

"这是个好办法，你们快来试试吧。"

诗然和承瑾铺了一层干面粉，重新尝试，这次面成功地从磨具中按了出来。诗然和承瑾的脸上都露出了开心的笑容，她们还把这个方法分享给了其他小朋友。

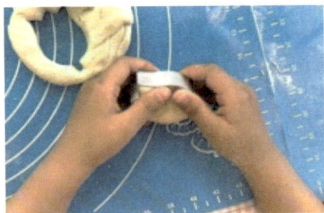

加入干面降低面的黏度

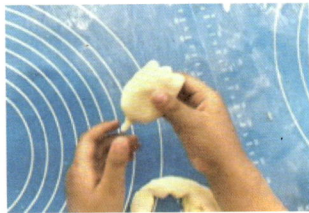

面太黏无法从模具中取出

小花面点成功取出

面点制作完成

我设计的创意面点	
	小树：我做的麻花面点，是用两种颜色的面圈在一起做出来的。 嘉和：我做的是绿色的叶子面点，有两片小叶子。 灿灿：我做的是三色蛋糕，上面有三层，有三种颜色。
	承霖：我做的是蔬菜饼，里面绿色的是蔬菜。 羿泽：我做的是巧克力味汉堡，中间夹了绿色的生菜叶子。 诗然：我做了一只可爱的小刺猬，上面的刺是剪出来的，眼睛是红豆。
	承瑾：我做的是许愿蛋糕，上面有一个许愿娃娃，吃了这个蛋糕可以许个愿望。 希言：我做的是双色小饼，上面还有奶油。

（续表）

我设计的创意面点

霖霖：我做的是小鱼，上面还装饰了红豆。

橡橡：我做的是大饼，绿色的是苹果味道，黄色是香草味，两个口味的。

问题五：蒸熟的面点有什么变化？

面点蒸好后，老师将它们端进教室，幼儿们看到后开心地欢呼。他们纷纷围了过来，看着面点七嘴八舌地讨论了起来。

羿泽："这些面点怎么变样了？"

羿泽："比我们做的时候变大了很多。"

老师："你是怎么发现的？"

羿泽："我做的菜饼和旁边的面点原来是分开的，现在它们连在一起了。"

橡橡："嗯，面点不光变大了，颜色也变浅了。"

问题六：美味的面点谁来吃？

和恩："老师，请你尝尝我做的星星饼。"

老师："谢谢宝贝们，你们都是懂得分享的孩子，你们还想把面点分享给谁呢？"

铎清："我想分享给食堂老师，是她们给我们准备的材料。"

广语："我想分享给园长妈妈。"

经过谈话讨论，幼儿们决定把做好的面点分成两部分，一部分自己品尝，一部分拿去分享。

甜甜的面点吃在嘴里，美美的笑容挂在脸上

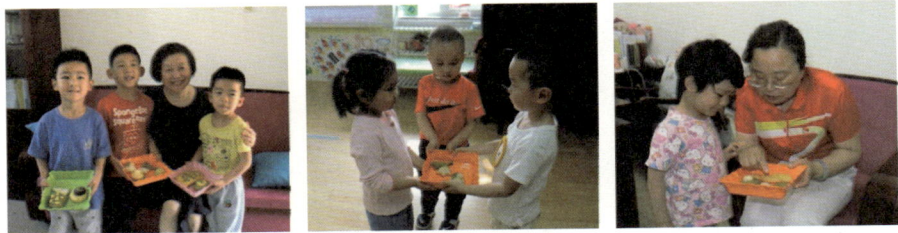

好吃的面点要一起分享

问题七：我们应该怎样珍惜粮食？

这次制作面点从前一天的讨论和准备材料，到第二天上午制作，中午蒸熟，午休后品尝和分享，整整经历了两天的时间。到了离园前的谈话环节，幼儿们都在讨论着这次制作面点的感受和体会。

承瑾："做面点太有意思了，我想回家和妈妈一起做。"

乐乐："做面点真不容易。"

老师："为什么说做面点不容易呢？"

乐乐："需要和面、揉面再做成面点，做好还要蒸熟，还要打扫卫生。"

老师："是呀，你觉得不容易的事情，食堂老师每天都在做，而且做得更多。"

金穗："食堂老师辛苦了。"

老师："我们知道面从哪里来，也知道了制作面点的过程。这个过程需要很多工序，特别辛苦。我们应该怎样珍惜农民伯伯和食堂老师的劳动成果呢？"

绍帆："面点吃多少拿多少，不多拿。"

橡橡："我们吃饭时不浪费，都吃光。"

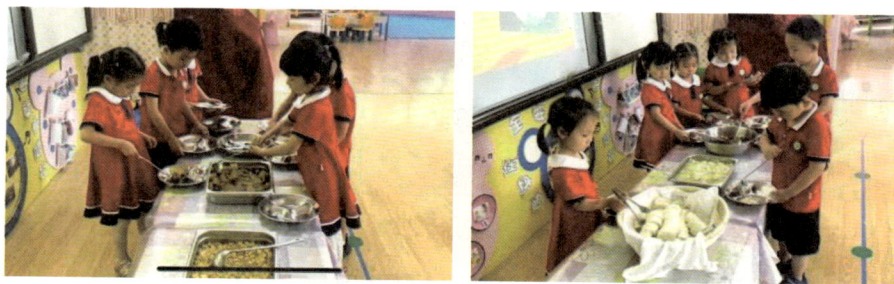

自主取餐

饭菜香　不浪费

"光盘行动"从我做起

老师的话：

当幼儿在项目活动中提出问题后，他们需要借助于具体的环境与事物，在参与、操作、体验的过程中想办法进行探索，进而在探索中建立新旧经验的联系，并在解决问题的过程中总结、内化为自己的新经验。在"小面点大创意"探究活动中，老师以问题为导向，引导幼儿们一步步进行探究，实现了深度学习。

"你喜欢吃什么面点？""制作面点需要准备什么？"这两个问题的探究让幼儿们回顾了自己以往的生活经验。通过师幼共同讨论，我们确定了制作面点需要准备的材料，幼儿们用绘画涂鸦的方式进行表现。"你想制作什么样的面点？"这个问题的讨论，激发了幼儿制作面点的兴趣，培养了幼儿们初步的目标意识。这个过程中，我们发现幼儿们的已有经验比我们想象中的要丰富得多，他们的观察和学习无时无刻不在发生着。

"怎样制作花样面点？""蒸熟的面点有什么变化？"幼儿们在这个过程中观察、思考、操作、分享，老师也给了幼儿们技法上的支持，让他们能充分发挥自己的想象力和创造力制作面点。值得一提的是，在制作面点过程中，诗然和承瑾小朋友遇到了面太黏无法和模具分离的情况，幼儿向我求助后，我没有直接把答案告知她们，而是抓住这个教育契机，让她们自己动脑筋想办法。当孩子的尝试遇到瓶颈时，用"有什么办法让面不这么黏？"的追问，支持孩子用已有经验解决问题，提高了幼儿发现问题解决问题的能力。

最后，"美味的面点谁来吃？""我们应该怎样珍惜粮食？"两个问题是本次探究活动的生成问题。朱小蔓教授指出："教育不仅要培养知识丰富的人，而且要培养情感经验丰富、内心世界丰富的人。"幼儿们在讨论和实际行动中，感受到了劳动的不易，懂得了要珍惜粮食；知道了什么是分享，体验到了分享的快乐，获得了更加深刻的情感体验。

探究七：快乐游园会

快到"六一"儿童节了，这是属于孩子们的节日，结合"面面相'趣'"探究课程，我们将生成具有本班特色的游戏体验区。玩什么？准备什么？去哪儿玩？怎么玩？孩子们有自己想法。

游园会我们这样玩	
问题一	玩什么？
问题二	准备什么？
问题三	去哪玩？
问题四	怎么玩？
问题五	玩得怎么样？

问题一：玩什么？

老师："'六一游园会'快到了，我们小一班是一个游戏主题区，你们觉得平时的活动中什么最有趣，想玩点什么呢？"

佳芸："我想玩磨面，上次磨面的时候特别有意思，我还想再试试。"

鲍鲍："我想用纸黏土做面点。"

老师："这两个想法都很好，我们需要再准备些纸黏土和纸盘。"

宸宸："我想做上次的彩色面点，做好了带给妈妈吃。"

小一班的师幼经过共同商量，根据前期的活动内容生成了三个游戏体验区。

我的游戏我做主	
游戏区一	"快乐磨坊"
游戏区二	"创意面塑吧"
游戏区三	"巧手制作屋"

问题二：准备什么？

这个"六一"怎样玩？需要准备些什么？幼儿们奇思妙想，创设游戏环境，设计游戏海报，制作游园卡，我们将创造欢乐的能力交予他们，让幼儿们自己做主自己的节日。

把班级布置好看，让幼儿园的小朋友都来我们班玩

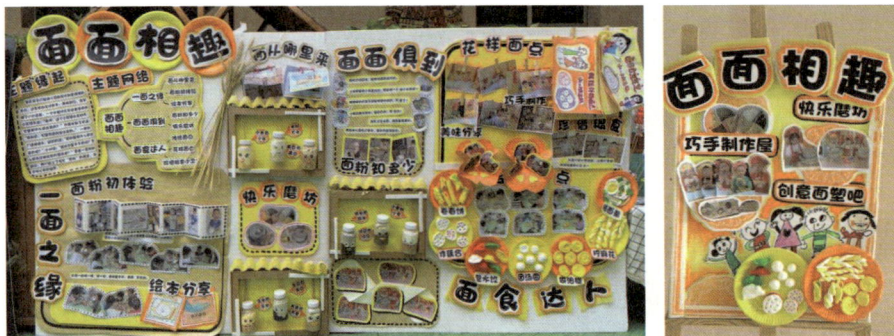

师幼共同设计制作的宣传海报和主题展板

用幼儿绘画和手工作品制作的游园卡，布置的展示台

周一的升旗仪式上，我们班级的小小宣传员针对本班游戏体验区的创设进行了介绍，使全园的小朋友对不同班级的体验区有了初步了解。

问题三：去哪儿玩？

听了每个班级的介绍，那怎么安排自己的体验计划呢？怎么规划自己的行动路线呢？怎样避免活动当天自己想要体验的区域满员了呢？幼儿绘制了自己的游戏计划图。

问题四：怎么玩？

"六一游园会"开始了，幼儿们在音乐声中选择自己喜欢的主题，开始了快乐的游园会活动。

游戏体验区一：

乐磨坊

游戏体验区二：

意面塑

游戏体验区三：

手制作

问题五：玩得怎么样？

游园会结束，一上午的游戏体验时间幼儿们还意犹未尽。我们对幼儿们进行了随机"采访"，并设置了"今天游园会你去哪儿了""玩了哪些游戏""有什么新发现"等问题，让幼儿将他的收获分享给大家。

老师的话：

计划、工作、回想是项目化活动的实施策略。本次的"面面相'趣'"探究课程恰逢"六一游园会"，这正是一个让幼儿们深入探究和游戏体验的好机会。

计划阶段是让幼儿自己表达想法，设计流程计划的过程。"玩什么？"——师幼经过共同讨论，根据前期的活动内容生成了三个游戏体验区。"准备什么？"——幼儿们奇思妙想，创设游戏环境，师幼共同制作游戏海报和展板，让幼儿们自己做主自己的节日。"去哪儿玩？"——幼儿们根据自己的意愿进行了绘画表征。一系列问题的探究层层递进，在唤起孩子们对有关面的已有经验基础上，进行进一步的经验迁移和延伸。

"怎么玩？"是幼儿们的工作阶段。幼儿用多种形式实践想法，专注游戏体验。工作是幼儿们根据"计划"进行的具体实践行为，在"六一游园会"的活动中，我们小一班"面面相'趣'"场馆热闹非凡，"快乐磨坊""创意面塑吧""巧手制作屋"三场游戏体验区场场爆满，幼儿们自主选择游戏体验区和游戏伙伴，畅玩其中。我们教师作为幼儿游戏支持者，还在一些小细节上考虑周全，如，根据游园卡控制每场游戏人数，保证每场游戏质量；准备充足的操作材料，保证幼儿游戏的充分体验；准备纸盘、塑封袋，方便幼儿在游戏后将自己的作品带回，让幼儿更好的欣赏和展示作品。

"玩得怎么样？"是孩子们的回忆阶段。我们采用采访的方式，请幼儿在轻松的氛围中分享自己的所思所想和游园会中的收获，这个过程让孩子大胆表达，充分体验游戏后的成就感。其实项目化活动重要的不是儿童记住了什么，也不是儿童懂得了什么，而是让儿童发现自己有能力去做些什么。相信一次小小的"采访"会让这次游园会留给孩子更深的印象和更多的思考。

探究八：绘制思维导图

活动告一段落，我们通过观看照片和视频的方式回顾了整个活动历程。在认识面粉、了解面粉、探秘面粉、玩转面粉的过程中，幼儿们都有哪些发现和想法呢？幼儿们拿起手中画笔，分组对自己喜欢的环节进行了绘画表征。

面从哪里来

霖霖：我们知道了小麦是怎么加工成面粉的。

面粉大搜集

乐乐：我们从超市和家里搜集到了各种各样的面粉。

面粉初体验

承锦：原来面粉是干干的、软软的、滑滑的，轻轻吹一下会像烟雾一样散开。

（续表）

快乐磨面

诗然：我们会用石磨磨面了，磨出了好多面粉。

面粉故事会

佳芸：我们一起分享绘本，还制作了我们小一班《面粉变变变》绘本。

制作传统面点

希言：我们会用纸黏土：搓面条、拧麻花、做油旋、团汤圆、包水饺、卷春卷。

小面点大创意

梦泽：我们用彩色面团做了各种各样的面点，还一起品尝和分享。

美味分享

广语：我们把做好的面点分享给了园长妈妈、老师和小朋友。

（续表）

珍惜粮食

鲍鲍：我们取餐时拿多少、吃多少，不浪费。

快乐游园会

橡橡：游园会我们可以选择自己喜欢的游戏体验区。

　　幼儿绘画表征后，教师将幼儿们的作品整合成为思维导图。思维导图制作后，幼儿们看到自己的作品把活动流程一一呈现，都很有成就感，他们一起分享和讲述着自己的课程故事。

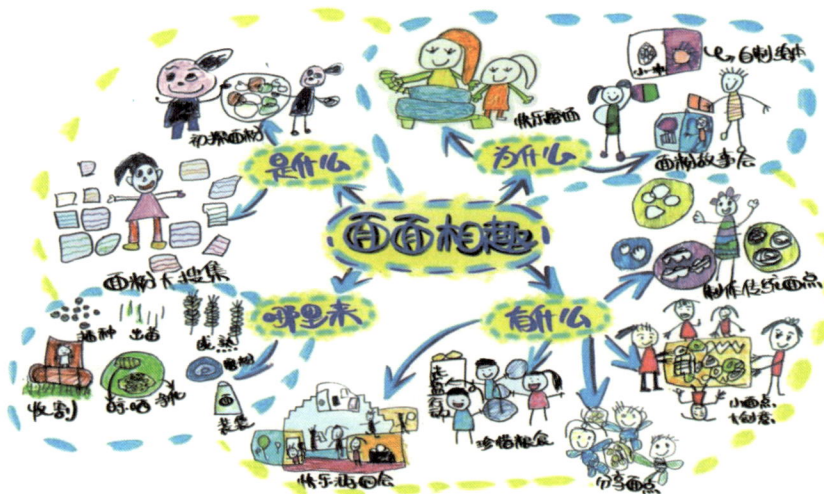

老师的话：

在前面的活动中，幼儿经历了有关面的多路径探究，幼儿内在经验也经历了不断重组、拓展与更新。在项目活动中教师帮助幼儿搭建交流和展示的平台，支持幼儿进行绘画表征，梳理有关面的经验探究面的过程。幼儿和同伴一起经历了各种有关面的人、事、物，有了新体验，获得了新经验和成长。师幼共同绘制思维导图，把幼儿的所思、所想融入其中，这对他们来说是最有益的。一方面幼儿们对事物的认识是逐渐扩大和深入的，小班下学期的幼儿能用简单的颜色、线条和图案来表达出他的内心世界，通过绘画表征能让幼儿大胆表达和直观感受，教师也能通过观察更加深入地了解幼儿；另一方面小班幼儿对思维导图的概念还是初识的阶段，教师将幼儿零散的绘画和经验进行整合梳理，制作成思维导图提升幼儿经验，对孩子们来说有着启示作用。值得一提的是，教师巧妙运用作图软件制作的思维导图，让幼儿的思考看得见，这是教师根据小班年龄特点提供的相应支持，如果是大班幼儿完全可以进行小组合作，充分放手让幼儿完成整幅思维导图的绘制。

项目化的生活类探究性课程中有非常重要的三个特点：一是基于幼儿生活经验和兴趣主动参与的学习，二是基于发现问题、解决问题的深度学习，三是跨领域的，整合过程和内容的学习。儿童是有能力的学习者，这样的活动模式真正让幼儿在探究中学习，在获取关键经验中成长。

项目中教师的思考

幼儿在本次项目课程中经历和体验各种与生活中的"面"相关联的活动，进而在课程中获取经验、拓展经验。孩子们通过探索、发现、动手操作，知道了面从哪里来，感知了面粉的特征，发现了有关面粉的小秘密，感受到了制作传统面点和创意面点的独特魅力。活动不仅丰富了幼儿对面粉的认知，还让幼儿知道了粮食的来之不易，养成珍惜粮食的好习惯。在活动过程中教师始终关注小班幼儿的学习特点及关键经验，通过预设和生成将零散、片段式的小活动串联起来，使课程的实施成为"基于经验—拓展经验—提升经验"的动态过程。

1. 从幼儿兴趣出发，以生活经验入手，为幼儿搭建学习支架

项目化学习必须关注幼儿的学习兴趣和已有生活经验，通过讨论我们发现，幼儿对各种各样的面点和面点的制作原材料面粉很感兴趣，面食是幼儿在一日生活中常见的食物，幼儿对它的原材料——面粉有过接触，但了解不多。面粉是怎么来的？它可以变成哪些好吃的、好玩的呢？根据孩子们的兴趣点和已有经验，教师进行分析和预设，为幼儿搭建适宜的学习支架。通过直接感知，了解小麦如何加工成面粉；通过多感官体验，了解面的特征；通过对磨面准备的讨论预设，强化幼儿目标意识；通过动手操作，掌握磨面步骤，体验磨面快乐等。教师搭建的学习支架走在幼儿发展的前面，通过不断跨越幼儿的最近发展区，把幼儿的发展从一个水平引导到另一个新的更高的水平。所以，教师搭建的支架应该是动态的，如在幼儿讨论中生成了分享面点的活动，教师及时为幼儿准备托盘等材料，支持幼儿实践自己的想法，这些都给幼儿的关键经验发展起到重要的助推作用。当然，教师应该随着幼儿对方法和知识的掌握而逐渐撤去支架，从而转化为幼儿自身主动探究。

2. 教师把握教育契机，提供适宜支持，促进幼儿主动学习

项目化学习注重探究的过程性，孩子们在体验、尝试、失败中发现了更多的问题，教师应及时抓住教育契机，努力发掘其中蕴含的教育价值。如，磨面的过程中，可儿小朋友发现石磨磨不出面，求助教师后，教师没有告知方法，而是引导可儿通过观察向同伴学习，了解石磨的正确转动方向，一个小小的随机教育，不仅提高了可儿观察学习的能力，教师还在可儿正确磨面后及时给予鼓励，赏识教育让可儿更有自信。在制作面点过程中，诗然和承瑾小朋友遇到了面太黏无法和模具分离的情况，教师抓住这个教育契机，引导幼儿自己动脑筋想办法，当孩子的尝试遇到瓶颈时，用"有什么办法让面不这么黏？"的追问，支持孩子用已有经验解决问题，提高了幼儿发现问题解决问题的能力。这些教育契机中，教师引导幼儿对接自己的原有经验，经过学习反思来修正或者重构自己的认知，从而获得新经验和新发展。

3. 家园合作，整合多种有效资源，助力幼儿成长

家庭是幼儿园不可或缺的教育资源，幼儿园活动离不开家长的支持和参与。听说班里要进行有关面的活动，佳芸妈妈从老家带来了面粉的原材料小麦，让孩子们可以近距离的观察和接触小麦。在面粉初体验探究活动中，孩子们进行了"面粉大搜集"活动，和爸爸、妈妈找一找生活中的面粉。面粉和我们的生活息息相关，日常生活中不论是在家或是去超市，我们都会接触到面粉。在搜集的过程中，孩子们对面粉有了新的发现。评价是项目化学习不可缺少的一部分，对于计划随时可以调整的项目活动而言，过程性评价尤为重要。我们定期收集关于幼儿活动照片，分享到班级群中，建立由教师、家长共同参与的多元过程性评价，活动后制作公众号和视频号分享给家长，使教师、家长通过积极参与的交互活动中，助力幼儿成长。

4. 师幼共同绘制思维导图，为幼儿搭建成果分享展示的平台

成果分享展示是项目活动的高潮部分，也是项目不可缺少的一个环节。此时师幼共同绘制思维导图，把孩子的所思、所想融入其中，对幼儿是有益的。小班幼儿对思维导图的概念还是初识的阶段，教师将孩子零散的绘画和经验进行整合梳理，制作成思维导图提升幼儿经验，对孩子们来说有着启示作用。师幼运用思维导图的形式，对项目过程及成果进行呈现，通过展示分享，让幼儿获得成功体验。项目化学习为孩子们提供了一个提问、寻找资源、应用信息、再进一步提问的学习环境，在这样的学习氛围下，我们将思维导图布置在主题墙上，支持孩子们持续探究。关于面粉的故事未完待续，期待着孩子们更加闪光的发现。

｢案例点评｣

"面面相'趣'"是一个完整、丰富，处处体现着科学性，却又不失小班幼儿童真、童趣的优秀案例。课程基于小班幼儿学习特点，以其真实感受和体验为出发点，对标关键经验，激发他们的探究兴趣，构建科学的探究目标，创设合作、交往机会，逐渐引发幼儿深度学习。在体验探究快乐的过程中，不断延伸、生发探究课程的深度和广度，用先进的教育理念和专业的教育行为助推幼儿的学习与发展。

1. 针对学习特点，对标关键经验，构建探究目标

小班幼儿的学习特点和认知规律主要是以直接经验为基础，思维由行动引起，先做后想或边做边想。遵循幼儿的发展规律，客观分析课程的潜在价值，进而构建完整、科学的知识、能力、情感三维度目标，引导幼儿体验项目课程的探究乐趣。

在认识小麦和加工面粉的问题中，幼儿不仅通过看、摸、闻、说对真实的小麦和面粉进行多感官感知，而且主动操作实践，从感知表面特征，到探究"小麦"到"面粉"的变身，幼儿主动建构了自己认知体验的过程。教师作为活动建构者和积极促进者，在遵循幼儿年龄特点和认知规律的基础上，为探究活动提供了丰富的物质和经验支持，促使探究目标更具方向性和科学性。

2. 激发探究兴趣，坚持正向鼓励，引发深度学习

当一种现象或一个事物引起幼儿注意的时候，就是教师发现幼儿，引领幼儿进行深入学习、科学探究的最佳机会。捕捉幼儿兴趣，鼓励、支持他们的观察发现，让幼儿的"话题"成为一个具有科学的目标指向、高度清晰的框架结构以及充满乐趣和创造性的项目课程。在本次项目课程活动中，幼儿的深度学习得以有效发生。

首先，在认知层面，幼儿问题解决能力不断提高。例如，幼儿通过阅读《神奇的面粉》《魔法面粉》绘本、观察生活中的面粉及有关面粉加工的图片视频等多种途径，对面粉的质地、用途等有了进一步的了解，期间幼儿的信息整合能力、建构新知能力不断发展；此外，幼儿在磨面时遇到"磨不出面"的问题，他们通过观察、交流，发现"石磨要逆时针转动才可以磨面"，期间幼儿的批判性思维、反思能力、迁移应用能力得以发展……可见，一环又一环的探究活动显示出了幼儿巨大的探究能力与问题解决能力。

其次，在动机层面，幼儿的积极情绪被调动且助推探究持续展开。在本次探究活动中，我们看到的是一个"全人整体性投入的活动"，幼儿在强烈的内部动机、浓厚的探究兴趣、积极的态度的驱使下，其探究活动得以一环扣一环地持续展开。而正是这种浓厚兴趣下进行的活动，为幼儿的探究走向深度学习提供了无限可能。

最后，在社会文化层面，幼儿的人际互动能力得以发展。本次探究活动中充满了师幼互动，幼幼互动。例如，在"美味的面点谁来吃""我们应该怎样珍惜粮食"等探究项目中，教师通过巧妙的语言引导，幼儿主动提出自己的想法，用实际行动表达了自己的情感，这种幼儿调动已有经验并进行反思、迁移应对真实问题的深刻体验无形中加强了幼儿的品德教育和劳动教育；在"自制绘本《面粉变变变》"环节，幼儿根据自己的经验和想象完成创作，汇集成册，制作出一个属于他们独特美好的绘本时，幼儿之间的合作交流已然开始，思维碰撞的火花已经悄悄绽放。可见，整个项目活动是同伴合作、互动交流的过程，是师幼协同探究、体验探究快乐的过程。

3. 整合课程资源，再创"面面"新趣，延续探究深度

优秀课程资源的整合和共享，是幼儿园形成高质量课程体系的重要方式，同时，也是项目课程进一步深入探究的有效措施。本次探究活动教师充分调动环内、环中、环外的教育资源，助推环环相扣的探究活动持续展开。具体来看：

首先，教师充分调动环内资源。在探究过程中，教师结合幼儿的实际探究需要，组织幼儿在科学区探究面粉的用途、在图书区阅读"面粉"的系列故事、在美工区制作面包、花卷、甜饼等传统面点，并组织班级内有面点制作经验的教师走进班级，和幼儿一起感受捏、搓、压等制作工艺，一道道美食呈现在幼儿面前，幼儿的探究活动不断迎来高潮，探究热情持续高涨。

其次，教师充分利用环中资源。在探究过程中，教师整合了幼儿园食堂、"温馨书吧""生活体验吧"等幼儿园专业活动室及家长资源，一个个充满了趣、味、料、理的探究项目跃然产生。例如，在"面粉大搜集"等活动中，幼儿与家长在日常生活中共同寻找面粉，发现、分享面粉的秘密；"六一游园会"期间，幼儿玩"面"乐趣依然高涨，因此自然而然促成了"面面"新趣。幼儿作为游戏的发起者、主导者，在前期游戏过程中积累的经验有机会运用、迁移。在创设班级游戏体验区的过程中，幼儿自由讨论，自主设计，在教师的协助下呈现出特色鲜明的主题展板和海报。"去哪儿玩""玩什么"既是推动幼儿进一步探究的有效线索，也是幼儿生成新经验的过程。在幼儿绘画表征结束后，教师制作完成的思维导图，给幼儿带来完整的视觉感和成就感。

最后，教师充分利用环外资源。在探究活动中，教师根据幼儿的实际探究需要，整合超市资源、网络资源等环外资源，在潜移默化中拓宽了探究的"广度"和"深度"。例如，在"面粉大搜集"环节，幼儿在超市的各个区域进行搜集，最终在"粮食区"发现了小麦粉、玉米面、黄豆面、黑豆面等各种面粉，幼儿经过对比观察，总结出"黄色的是玉米面、绿色的是黑豆面"等内容；当幼儿提出"小麦怎样加工成面粉的"这一超出幼儿现有水平且难以通过探究得出结论的问题时，教师及时利用网络资源，搜集有关面粉加工的图片和视频，助力幼儿了解面粉是用小麦通过多道工序研磨加工而成的，进而产生了后续"面粉初体验""快乐磨坊"等一系列探究内容。

可见，环内、环中、环外的教育资源是探究性课程得以持续开展的助推器，是影响幼儿后续探究学习的关键因素，是探究活动取得"深度"和"广度"的驱动力。

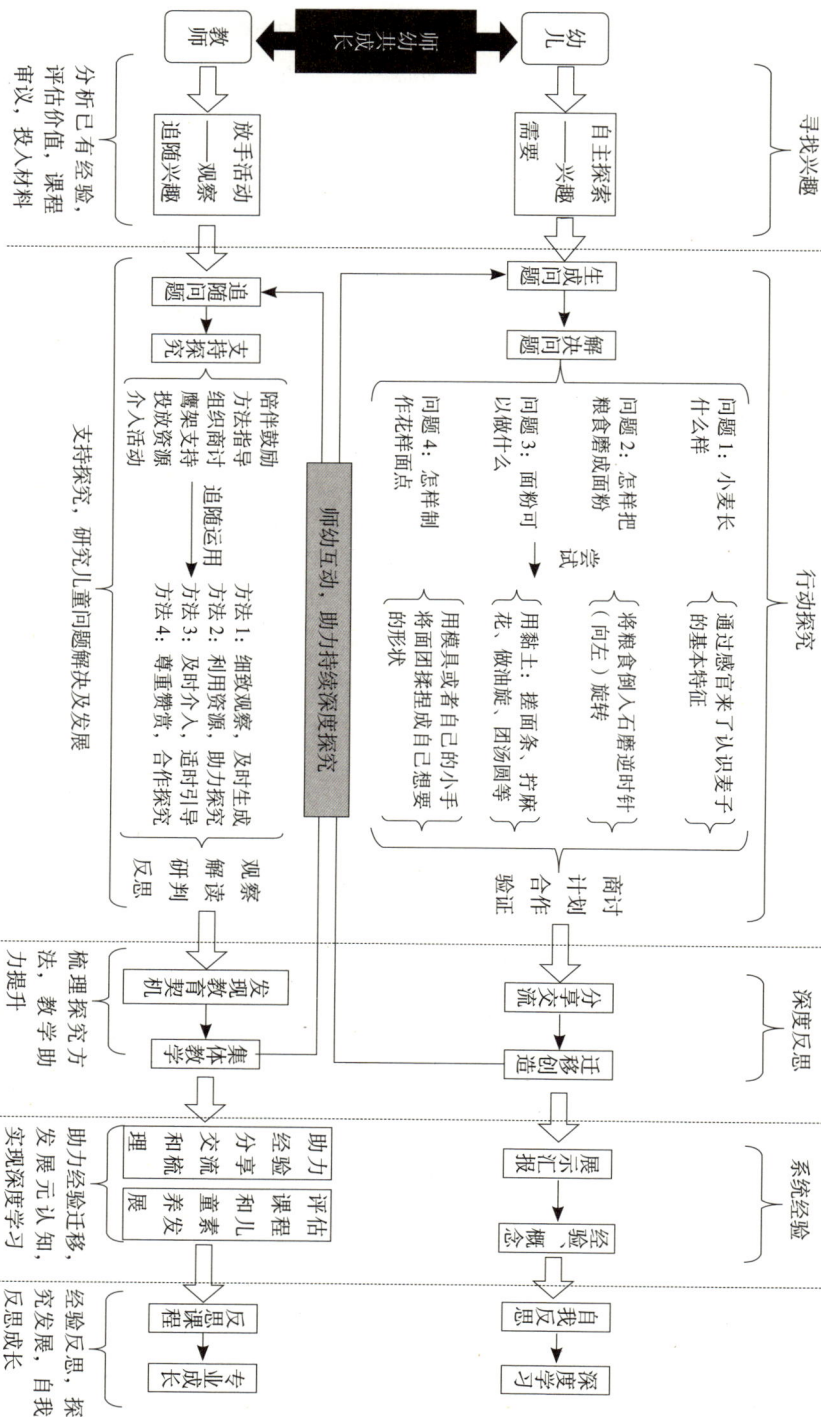

幼儿 ◄──► 师幼共成长 ◄──► 教师

寻找兴趣

幼儿：需要 — 兴趣 → 自主探索 → 生成问题

教师：放手活动 — 观察 → 追随兴趣；分析已有经验，评估价值，课程审议，投入材料

行动探究

生成问题 → 解决问题

- 问题1：小麦长什么样 —— 通过感官来了解小麦子的基本特征
- 问题2：怎样把粮食磨成面粉 —— 将粮食倒入石磨逆时针（向左）旋转〔学试〕（向左）
- 问题3：面粉可以做什么 —— 用黏土、搓面条、揉油旋、团汤圆等
- 问题4：怎样制作花样面点 —— 用模具或者自己的小手将面团揉捏成自己想要的形状

商讨计划 合作验证 → 分享交流 → 迁移创造 → 展示汇报 经验概念

师幼互动，助力持续深度探究

追随问题 支持探究：
- 陪伴鼓励
- 组织商讨 追随运用
  - 方法1：细致观察，及时生成
  - 方法2：利用资源，助力探究
  - 方法3：及时介入，适时引导
  - 方法4：尊重攀赏，合作探究

观察 解读 研判 反思 → 发现教育契机 → 集体教学

支持探究，研究儿童问题解决及发展

深度反思 — 系统经验

助力经验迁移和梳理，交流分享童素养发展，评估课程 反思课程 专业成长

助力经验迁移，反思发展元认知，究发展，反思成长

深度学习 自我反思

幼儿及教师在探究性课程中的师幼互动双培育路径

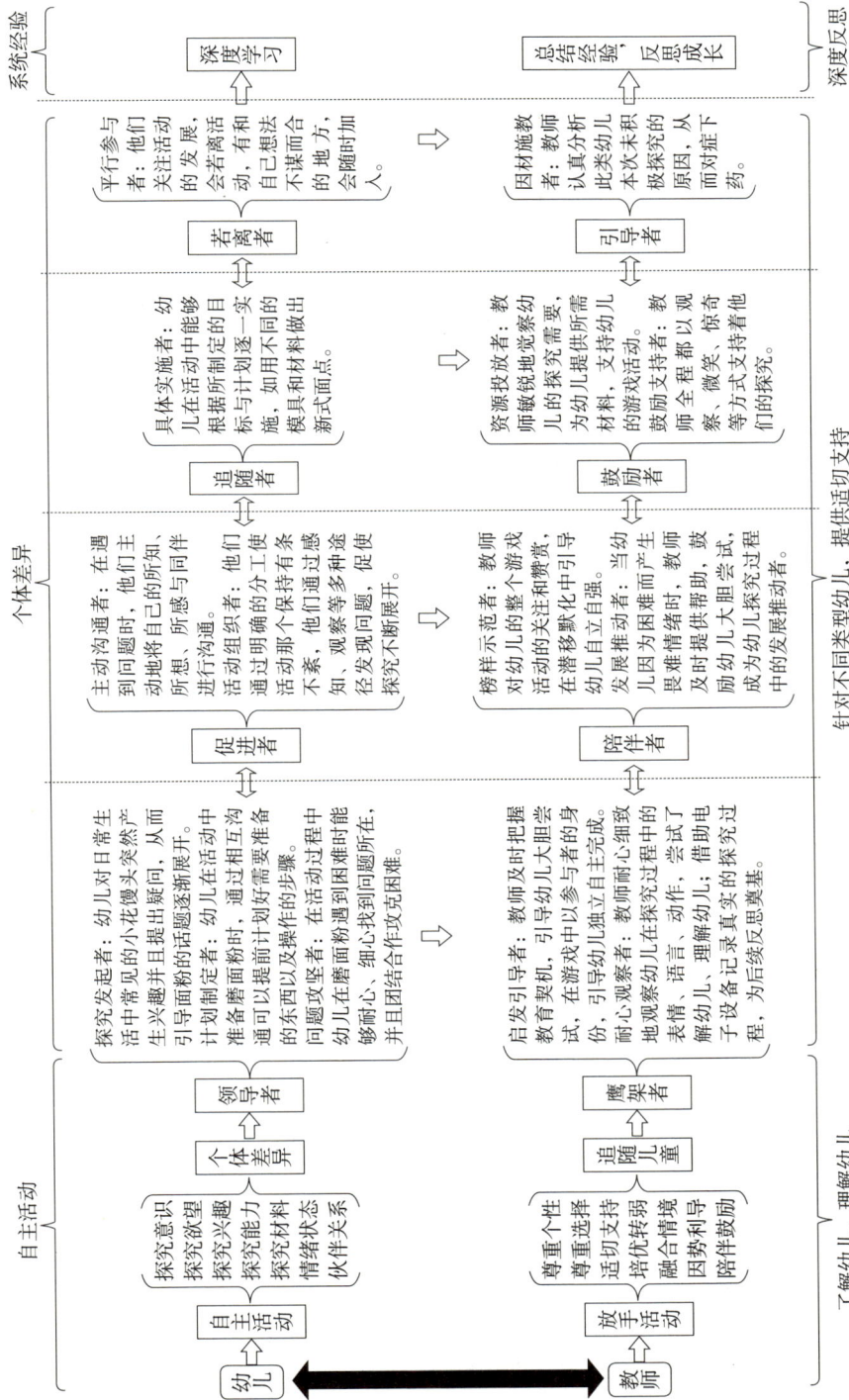

幼儿 ⟷ 教师

幼儿

自主活动
- 探究意识
- 探究欲望
- 探究兴趣
- 探究能力
- 探究材料
- 情绪状态
- 伙伴关系

个体差异

领导者
- 探究发起者：幼儿对日常生活中常见的小花慢头会突然产生兴趣并且提出疑问，从而引导面粉的话题逐渐展开。
- 计划制定者：幼儿在活动中准备磨面粉时，通过相互沟通可以提前以及操作需要准备的东西以及操作的步骤。
- 问题攻坚者：在活动过程中幼儿在磨面粉遇到困难时能够耐心、细心找到问题所在，并且团结合作攻克困难。

促进者
- 主动沟通者：在遇到问题时，他们主动地将自己的所知、所想、所感与同伴进行沟通。
- 活动组织者：他们通过明确的分工使活动保持有条不紊，观察等多种途径发现问题，促使探究不断展开。

个体差异

系统经验

追随者
- 具体实施者：幼儿在活动中能够根据所制定的目标与计划逐一实施，如用不同的模具和材料做出新式面点。

若离者
- 平行参与者：他们关注活动的发展，会若离活动，有和自己想法不谋而合的地方，的会随时加入。

深度学习

深度反思

教师

放手活动
- 尊重个性
- 尊重弱差
- 适切支持
- 培养选择
- 融合情境
- 因势利导
- 陪伴鼓励

追随儿童

鹰架者
- 启发引导者：教师及时把握教育契机，引导幼儿大胆尝试，在游戏中以参与者的身份，引导幼儿独立自主完成。
- 耐心观察者：教师细致地观察幼儿在探究过程中的表情、语言、动作，尝试了解幼儿、理解幼儿，借助电子设备记录真实的探究过程，为后续反思奠基。

陪伴者
- 榜样示范者：教师对幼儿的整个游戏活动的关注和欣赏，在潜移默化中引导幼儿自立自强。
- 发展推动者：当幼儿因为困难而产生畏难情绪时，教师及时提供帮助，鼓励幼儿大胆尝试，成为幼儿发展推动者中的发展推动者。

鼓励者
- 资源投放者：教师敏锐地观察幼儿的探究需要，为幼儿提供所需材料，支持活动。
- 游戏支持者：教师全程以观察、微笑、惊奇等方式支持着他们的探究。

引导者
- 因材施教者：教师认真分析此类幼儿本次未积极探究的原因，从而对症下药。

总结经验、反思成长

了解幼儿、理解幼儿

针对不同类型幼儿，提供适切支持

幼儿及教师在探究性课程中的角色定位

教师 ⟷ 幼儿

科学素养

幼儿 科学素养

科学知识的学习

科学方法的获得

科学情感的培养

教师 支持策略

科学知识的支持策略

科学方法的支持策略

科学情感的支持策略

拓宽探究内容，丰富知识

灵活运用科学探究方法，提升探究能力

合作交流共分享，培养探究情感

科学知识的学习

1. 认识到了麦子的特征，小麦需要脱壳、晾晒、研磨才能加工成面粉。
2. 面粉不仅有小麦粉，还有各种不同的粮食研磨成的面粉。
3. 粮食放入石磨内，要左右转（逆时针）方向才能磨出面粉。
4. 面太黏无法从模具中取出，要加入干面降低面团的黏度。

科学知识的支持策略

1. 等待仔细观察的支持方法，留给幼儿自主解决问题的时间和空间。
2. 教师数问幼儿自主解决问题的时间和空间。
3. 教师数问幼儿通过反复的尝试来解决互动中面太黏、磨不出粉。
4. 面太黏无法从模具中取出粉。

普及科学素养的理念，关注教师专业素养

科学方法的获得

1. 结合有关面的绘本内容进行迁移并应用的能力。
2. 利用现用材料巧妙解决实际问题的能力。
3. 幼儿分工协作，其合作能力得以发展，适时调整物体的动手操作。
4. 根据探究发现进行反向迁移并解决实际问题的能力。

科学方法的支持策略

1. 教师通过提问来帮助他们进行梳理和归纳，并引起其他幼儿的注意，并清他们一起参与讨论。
2. 教师充分利用家庭的资源，将幼儿的探究活动通过家庭和幼儿园的共同支持走向深处。

在支持幼儿的自主探究中，提高科学素养和科学教育能力

科学情感的培养

1. 幼儿跟跌表达游戏中的发现，遇到的问题以及尝试解决的想法，享受游戏带来的快乐。
2. 孩子们不断地体验自主学习、合作研究的完整过程。
3. 当面对一次又一次失败时，仍然坚持以形成良好的学习习惯以形成和发展，其良好的学习习惯以形成和发展。
4. 幼儿对科学探究产生了浓厚的兴趣。

科学情感的支持策略

1. 当幼儿面对失败产生放弃的念头时，教师及时的反思并进行给当的介入，引导幼儿进行思考。
2. 教师营造温馨的探究环境。

提高教师对幼儿科学价值观，科学精神培养能力

科学探究能力的提升，深度学习习惯有效发生

生成探究课程，培育科学素养

幼儿及教师在探究性课程中科学素养的提升路径

附录：

幼儿问题解决能力观察表

评价班级＿＿＿＿＿　　教师姓名＿＿＿＿＿　　项目活动＿＿＿＿＿

一级维度	二级指标	三级幼儿行为表现			支持性证据（机动）
		发展阶段 1	发展阶段 3	发展阶段 5	发展阶段 2 / 4
面对问题的态度	积极主动（在遇到问题时，具有自主解决问题的积极态度）	■ 在遇到问题时，出现哭泣、放弃、吵闹等行为	■ 在遇到问题时，尝试解决但没有结果后就立即放弃	■ 在遇到问题时，能自主思考，主动解决问题	
	敢于尝试（当遇到到的问题难以解决时，能够主动思考，敢于尝试）	■ 当遇到的问题难以解决时，逃避问题或附和众人	■ 在成人的鼓励和引导下，接受有挑战性的任务	■ 主动接受和参与有挑战性的任务	
	问题意识（能够意识到问题，并具有通过自身努力，或请求教师帮助试图解决问题的行为倾向）	■ 幼儿对问题不敏感，没有意识到问题	■ 游戏活动中意识到问题或操作尝试，但稍作尝试，便放弃	■ 能够自主发现问题，并主动寻求解决问题的方法；但仍无法解决时，积极问老师或同伴求助	
处理问题的方式	理解与规划（在解决问题之前，能够先观察问题的特点，然后制定解决方案）	■ 在解决问题之前，从不观察问题特点，不制定解决方案	■ 在解决问题之前，能够偶尔观察解决问题特点，制定解决方案	■ 在解决问题之前，总是能够观察问题解决特点，并制定解决方案	

（续表）

一级维度	二级指标	三级幼儿行为表现			支持性证据/（机动）
		发展阶段1	发展阶段3	发展阶段5	发展阶段2/4
处理问题的方式	理解与规划（如果需要解决的问题比较复杂，能够将问题分解成若干小问题，然后逐一解决）	■ 在借助其他条件（教学资源、教师、同伴）的帮助下，仍不能理解问题，无法将问题进行分解	■ 能够自主理解问题，并尝试将问题进行分解，但不会解决	■ 能够自主理解问题，并将问题进行分解，逐一解决	
	坚持性（在解决问题的过程中，为解决完成任务而坚持不懈克服困难，并在此过程中表现出持续或持久的行为倾向）	■ 会有始有终地解决简单的问题	■ 在解决问题的过程中，即使遇到困难也会坚持下去	■ 能很长一段时间内在一件工作上，不轻易放弃或改变自己的目标，能自觉完成需要一段时间完成的任务	
	批判与创造（能够提出多种解决问题的方案）	■ 在遇到问题时，无法提出任何解决方案	■ 在遇到问题时，能提出一种准确的问题解决方案	■ 在遇到问题时，能够提出多种准确的问题解决方案	
	（能够对众多解决方案进行分析、比较，然后挑选出最佳解决方案）	■ 无法对多种解决方案做出任何分析和比较	■ 能够对问题解决方案做出较为准确的分析和比较，但无法选择最佳方案	■ 总是能够对众多方案进行分析和比较，并且能够选择/设计出最佳方案	

（续表）

一级维度	二级指标	三级幼儿行为表现			支持性证据
		发展阶段1	发展阶段3	发展阶段5	发展阶段2/4（机动）
处理问题的方式	分工合作（能够与同伴做好分工，一起合作解决问题）	■ 不参与任何小组合作	■ 愿意和同伴共同解决问题，在与同伴合作的过程中配合非常默契	■ 会制定合作解决问题的对策、组织、带领同伴一起解决问题	
	联系与迁移（解决问题中能够联系、应用已有经验解决问题）	■ 尝试说出问题解决中的所需经验与已有经验的联系，但是有错误	■ 能够正确说出问题解决中的所需经验与已有经验的联系区别，但是不会搭建应用	■ 能够正确说出问题解决中的所需经验与已有经验的联系，并能够迁移应用解决问题	
解决问题的品质	有效性（用来处理问题的方法合理、有效）	■ 用来处理问题的方法无效，幼儿处于盲目尝试状态	■ 用来处理问题的方法有效，但幼儿解决过程中操作不当，导致问题没有被解决	■ 用来处理问题的方法有效，能够被其他幼儿以同样的方式解决自己的问题	
	回顾与描述（能够用语言详细地说出项目活动中自己对问题的解决途径与方法）	■ 在成人的提示下，依旧说不出问题解决的过程	■ 能够简单地说出问题解决过程中遇到困难和解决方法	■ 能够详细说出问题解决过程中遇到困难和解决方法	

（续表）

一级维度	二级指标	三级幼儿行为表现			支持性证据（机动）
		发展阶段 1	发展阶段 3	发展阶段 5	发展阶段 2 / 4
解决问题的品质	反思与评价 （能够反思自己在问题解决过程中的不足和有待改进的地方）	■ 从不反思自己问题解决过程中的不足和有待改进的地方	■ 能够反思自己问题解决方案中的不足和有待改进的地方，但不准确	■ 能够准确反思自己问题解决方案中的不足和有待改进的地方	
	反思与评价 （能够对他人的问题解决过程提出自己的建议）	■ 从不能对他人的问题解决过程提出自己的意见和建议	■ 能够在教师的引导和帮助下，对他人的问题解决过程提出自己的意见和建议	■ 能够自主地对他人的问题解决过程提出自己的意见和建议	

参考文献

［1］国家中长期教育改革和发展规划纲要（2010—2020年）［Z］，2010.

［2］国务院关于当前发展学前教育的若干意见［Z］，2010.

［3］中共中央 国务院关于学前教育深化改革规范发展的若干意见［Z］，2018.

［4］中华人民共和国教育部.幼儿园保育教育质量评估指南［Z］，2022.

［5］中华人民共和国教育部.幼儿园教育指导纲要（试行）［M］.北京：北京师范大学出版社，2002.

［6］中华人民共和国教育部.3—6岁儿童学习与发展指南［M］.北京：首都师范大学出版社.2012.

［7］李季湄，冯晓霞.《3—6岁儿童学习与发展指南》解读［M］.北京：人民教育出版社，2013.

［8］中国社会科学院语言研究所词典编辑室.现代汉语词典［M］.北京：商务印书馆，2018.

［9］［意］玛利亚·蒙台梭利.有吸收力的心理［M］.江雪编，译.天津：天津人民出版社，2018.

［10］［美］约翰·杜威.民主主义与教育［M］.王承绪，译.北京：人民教育出版社，2017.

［11］洪秀敏.学前儿童科学教育［M］.北京：北京大学出版社，2015.

［12］辞海编辑委员会.辞海（1999年版）［M］.上海：上海辞书出版社，2000.

［13］任印录，赵智敏.历史探究教学理论和实践研究［M］.石家庄：河北人民出版社，2007.

［14］靳玉乐.探究学习［M］.成都：四川教育出版社，2005.

［15］钟启泉.现代教学论发展［M］.北京：教育科学出版社，1992.

［16］施良方.课程理论——课程的基础、原理与问题［M］.北京：教育科学出版社 1996.

［17］傅晨，张瑞泉，王雅飞.追随儿童：透视 10 个幼儿园探究性课程故事［M］.长春：东北师范大学出版社，2022.

［18］［瑞士］让·皮亚杰.发生认识论原理［M］.王宪钿，译.北京：商务印书馆，1981.

［19］［美］约翰·杜威.我们怎样思维：经验与教育［M］.姜文闵，译.北京：人民教育出版社，2005.

［20］何妨.幼儿园探究性课程的探索与实践［M］.北京：北京师范大学出版社，2021.

［21］束定芳.外语教学改革：问题与对策［M］.上海：上海外语教育出版社 .2004.

［22］庞维国.自主学习学与教的原理和策略［M］.上海：华东师范大学出版社，2003.

［23］刘晓东.解放儿童［M］.南京：江苏教育出版社，2008.

［24］纪艳红.幼儿园探究式学习项目课程［M］.北京：清华大学出版社，2022.

［25］柳茹.师幼互动中的教师应答策略研究［M］.北京：教育科学出版社，2014.

［26］［美］裘迪·哈里斯·赫尔姆，丽莲·凯兹.小小探索家——幼儿教育中的项目课程教学［M］.林育玮，等，译.南京：南京师范大学出版社，2004.

［27］［加］马克斯·范梅南.生活体验研究——人文科学视野中的教育学［M］.宋广文，等，译.北京：教育科学出版社，2003.

［28］［加］马克斯·范梅南.教学机智——教育智慧的意蕴［M］.李树英，译.北京：教育科学出版社，2001.

［29］［美］丽莲·凯兹，西尔维亚·查德.开启孩子的心灵世界：项目教学法［M］.胡美华，译.南京：南京师范大学出版社，2007.

［30］傅晨.学前儿童科学教育［M］.长春：东北师范大学出版社，2021.

［31］苗曼．天性引领教育——幼儿教育变革路向探寻［D］.南京师范大学，2012.

［32］宋然．儿童自然教育基地设计的行动研究［D］.南京师范大学，2021.

［33］耿永华．论"从做中学"的实践品性［D］.苏州大学，2008.

［34］孙玉花．杜威"做中学"课程思想及其对中小学课程改革的启示［D］.哈尔滨师范大学，2016.

［35］郝明晶．以问题解决为导向的幼儿深度学习的教师支持策略研究［D］.东北师范大学，2021.

［36］郑伟．大班幼儿自主探究中的科学经验建构研究［D］.西南大学，2021.

［37］董梅．我国3—6岁儿童保育政策工具选择倾向及影响——基于《国务院关于当前发展学前教育的若干意见》颁布以来的主要政策文本分析［J］.陕西学前师范学院学报，2022，38（09）：96-101.

［38］虞永平．努力发展以质量为导向的学前教育——学习《中共中央国务院关于学前教育深化改革规范发展的若干意见》的体会［J］.幼儿教育，2019（Z1）：4-7.

［39］梁慧娟．儿童为本过程导向持续改进——聚焦过程质量的幼儿园保育教育质量评估［J］.上海托幼，2022（04）：14-16.

［40］郝亚明．从五个主题词来深刻把握新时代的民族工作——学习党的二十大精神［J/OL］.西北民族研究：1-10［2023-01-02］.

［41］习近平．高举中国特色社会主义伟大旗帜　为全面建设社会主义现代化国家而团结奋斗——在中国共产党第二十次全国代表大会上的报告［N］.人民日报，2022-10-17.

［42］刘晓东．论教育与天性［J］.南京师大学报（社会科学版），2003（04）：69-75.

［43］荆玉梅．学习——学前儿童的天性［J］.文教资料，2007（27）：138-139.

［44］赵婷．游戏是儿童释放天性的重要出口［J］.文教资料，2021（11）：185-187.

［45］刘云艳，张大均．幼儿探究行为与教师态度之关系的实验研究［J］．学前教育研究，2005（Z1）：40-42．

［46］马志成．英国探究性课程的案例分析［J］．基础教育参考，2009（11）：38-41．

［47］叶玉凤．高中历史探究性学习中运用元认知策略的对策研究［D］．广西师范大学，2022．

［48］张晖．科学评估　提升质量　面向未来——在实践中落实《幼儿园保育教育质量评估指南》的精神［J］．早期教育，2022（14）：4-6．

［49］刘莉．探究性课程背景下促进幼儿自主学习的实践研究［J］．江苏教育研究，2020（28）：45-49．

［50］蔡菁．杜威的课程思想以及对我国基础教育课程改革的启示［J］．亚太教育，2016（03）：68．

［51］汪翠满．建构主义学习理论对幼儿教育的启示［J］．当代教育论坛（下半月刊），2009（01）：22-23．

［52］曹盛华．自主学习理论与学生自主学习能力的培养［J］．华北水利水电学院学报（社科版），2011，27（05）：179-181．

［53］朱凤．幼儿游戏中实现深度学习的支持性策略研究［J］．福建基础教育研究，2019（12）：119．

［54］王小英，刘思源．幼儿深度学习的基本特质与逻辑架构［J］．学前教育研究，2020（01）：4．

［55］王翠萍．幼儿园项目活动走向项目课程的实践探索［J］．教育导刊（下半月），2021（03）：66-69．

［56］吴昀．追随儿童的需求，构建成长的乐园［J］．考试周刊，2013（99）：186-187．

［57］单美贤，董艳，洪荣昭．基于项目式学习的同伴在线协作学习活动设计与应用研究［J］．黑龙江高教研究，2021，39（01）：94-100．

［58］谷新龙．以互动合作探究教学促进学生数学思维发展［J］．中国教育学刊，2021（03）：104．

［59］汤文佳，江夏．儿童参与幼儿园课程评价的能为、难为与应为

［J］. 教育探索，2022（09）：81–86.

［60］罗梦欣，孙钠. 幼儿园课程评价研究综述［J］. 新课程教学（电子版），2021（05）：163–164.

［61］苏鸿. 校本叙事：教师专业成长的新路径［J］. 教学与管理，2005（19）：17–20.

［62］［日］佐藤学，钟启泉. 教室的困惑［J］. 华东师范大学学报（教育科学版），1998（02）：16–26.

［63］张华. 陶行知生活教育观：内涵、价值和境界［J］. 中华文化论坛，2017，No.130（02）：54–60.

［64］卫晓萍. 走近真实且面向未来的幼儿园生活教育探索［J］. 上海教育科研，2022（09）：52–56+11.

［65］刘颖.《国家中长期教育改革和发展规划纲要（2010—2020年）》对幼儿园课程发展的指导意义［J］. 幼儿教育，2010（33）：21–24.

［66］单中惠. 杜威的反思性思维与教学理论浅析［J］. 清华大学教育研究，2002（01）：55–62.

［67］Bruner，J.S.（1960）.The Process of Education：Cambridge，Mass：Harvard University Press，1960.

［68］Ausubel，D.P.（1968）.Educational Psychology：A Cognitive View. New York：Holt，Rinehart & Winston. 1968.

［69］陈嘉映. 感知·理知·自我认知［M］. 北京：北京日报出版社，2022：25.

［70］［澳］约翰·C.埃克尔斯. 脑的进化：自我意识的创生［M］. 潘泓，译. 上海：上海科技教育出版社，2007：204.

［71］［英］洛克. 教育漫话［M］. 傅仁敢，译. 北京：人民教育出版社，1985：24.

［72］［法］卢梭. 爱弥儿［M］. 李平沤，译. 北京：商务印书馆，1983：29.

［73］杨雄，黄玉娇. 学前教育史［M］. 重庆：西南师范大学出版社，2018：41.

后 记

在山东女子学院各位领导、幼儿园探究性课程实践园所及山东教育出版社的大力支持下，本书得以顺利与大家见面。

本书的编写就像一个"十月怀胎"的过程。幼儿园探究性课程团队的每一位撰稿者倾其心血，在反复思考的过程中凝练出一条条理论，在不断沉淀的过程中输出一则则优秀的案例。书目中的一个个闪光点的背后，有他们的身影。

本书的出版就像是一个"一朝分娩"的过程。自本书组稿完成，探究性课程团队成员反复推敲，不断研磨，力图为读者朋友带来更好的阅读体验，让幼儿园探究性课程以更好的"姿态"与各位幼教同仁见面。此外，山东教育出版社为本书的出版做了大量的工作，在此一并感谢！

为服务于幼教事业的改革与发展，我们将坚守初心，继续打磨幼儿园探究性课程，向幼儿园探究性课程高质量发展迈进。同时，我们也诚恳地欢迎各位同行专家和广大读者提出宝贵的意见和建议。

傅晨　王飞

2023 年 6 月